JN060628

Studies for the Teacher Training ■■□

やさしく学ぶ 教 職 課 程

教育相談

角南 なおみ [編著]

学文社

執 筆 者

＊角南なおみ　帝京大学

　　　　　　　（序論，第2章 2.1，第9章，第10章 10.1-2，第12，13章）

　石本　雄真　鳥取大学（第1章，第10章 10.2）

　上野まどか　東京都スクールカウンセラー／明治学院大学（非常勤講師）

　　　　　　　　　　　　　　　（第2章 2.2，第4章 4.1,4.2）

　榊原佐和子　東北大学（第3章，第4章 4.3，4.4，特論）

　種村　文孝　京都大学（第3章コラム）

　北風菜穂子　大東文化大学（第5章，第7章）

　曽山いづみ　奈良女子大学（第6章，第8章）

　岡本　　悠　国立国際医療研究センター病院（第10章 10.1-1,3，10.3）

　草柳　和之　メンタルサービスセンター／大東文化大学（非常勤講師）

　　　　　　　　　　　　　　　（第10章コラム，第11章）

　　　　　　　　　　（執筆順，＊印は編者　担当章コラムの表記は省略）

まえがき

　多様化・複雑化した社会において，さまざまな悩みや問題を抱えた子どもが増加しています。子どもの心理的葛藤や負担は学校で生じる以外に，家庭を含めた学校外から持ち込まれることもあります。そのような状況において，子どもの近くにいて悩みに気づくことができる存在の一人が，教師です。

　子どもが困難な状況に置かれているとき，子どもが自分の問題として受け止め，今後のことも含めて自分らしく主体的に考えられるようになることが大切です。そのために必要となるのが，教育相談です。その中心的内容として，"教師が子どもを理解する"ということが挙げられます。

　困難な状況において，"教師が子どもを理解する"ことは，子どもが自身を理解することを促すと考えられます。なぜなら，子ども自身が言葉にならない複雑な思いについて，教師の言葉を借りてその思いを理解していくからです。そして，そのような理解に基づいたやり取りは，教師と子どもとの関係を形成していく手がかりになるでしょう。

　本書は，「やさしく学ぶ教職課程」シリーズの「教育相談」編です。

　これから教師を目指す学生のみなさん，基礎から学び直したい先生方のために，文部科学省による「教職課程コアカリキュラム」の内容に準拠し，やさしく学びながら段階的に教育相談の専門性が高められるように編纂しました。

　学校現場の様子を理解したうえでの心理的・教育的視点による解説の充実を図るべく，執筆陣は，子どもたちの臨床に関わる心理の専門家（公認心理師／臨床心理士等）により構成されています。

　教師はカウンセラーではありませんが，学校現場で教育の専門家として子どもと関わり，教育相談を行うためには，発達心理学，臨床心理学，面接の技法，医学，発達障害などの知識を身につける必要があります。本書では，これらの内容について教育現場ですぐに実践できるよう，① 必要な知識をできるだけ多く紹介する，② 事例をより実際に近い内容にする，③ 教師になったのちも読み返して学べる，という３点をふまえ，段階的に身につけられる構成を目指しました。

　本書の特徴をまとめると以下になります。

- ・学校現場でよくみられる場面を想定し，具体的な理解方法や声かけを多数例示
- ・問題場面→問い→解説という流れの中で考えながら理解を深める形式
- ・個別対応→校内連携→専門職連携の内容に進むにつれて複雑な事例を配置
- ・実践事例（第７章以降）では，それぞれ小学校と中学校／高等学校の２事例を設定
- ・医学的知識に関して，心身症や精神疾患の内容や事例を多数紹介

・発達障害の専門的知識と，子どもおよび保護者に対する具体的な関わりを紹介
・最終章はグループワークによる実践を想定した事例検討を設定
・各コラムは，教育実践の理解に役立つ場面を選定して紹介

　編者は，スクールカウンセラーとして小中高等学校で臨床に携わる過程で，子どもたち，保護者，先生方から直接悩みや話を聞く機会を多く得ました。学校の先生方は子どものために一生懸命なのに，子どもが変わらない，どう関わってよいのかわからない，という悩みをたくさん抱えています。一方，子どもや保護者は，"先生にわかってもらえない"という違う思いをもっていることもあり，このような行き違いが多々あることに気づきました。その行き違いのある状況において，できるだけ同じ方向を向くためには，これまでと少しだけ違ういくつかの角度から子どもや保護者をみることが大切だと思っています。そうすることで，関係性やともに問題に取り組む過程が少し変わってくると感じています。

　また，巡回発達相談も行っているのですが，そこでも先生方から，子どもの行動をどのように理解してよいのかわからない，発達障害をもつ場合の対応が難しい，不登校の子どもの対応に悩んでいる等さまざまな相談を受けます。相談過程では，教育という場のもつ難しさと，教育という場だからこそできることの双方を感じながら，先生方の努力を十分に理解したうえで，子どもの立場に立って心理面を重視した具体的なコメントを行い，また，保護者の立場も十分検討していきます。そうした過程を経ていくと，なんとかしたいと思っている先生方にいくつもの気づきが生まれます。それを拾い上げ，全体で共有し，共通の理解と目標をもって，チームとして"子どものために何ができるか"を各自が伝え合います。その結果，子どもに変容がみられることが多くありました。

　このような過程を丁寧に辿り，教育に関わる方々にぜひ知っていただきたい内容を，事例に基づいてすぐに実践に役立てられるように本書を編集いたしました。そのため本書は，これまで関わってくださったすべての子どもたち，保護者，そして先生方によって学ばせていただいたことが土台になっています。

　本書が，将来の教師および現職の教師の方々にとって，子どもをこれまでとは違った視点で捉えたり，子ども理解が深まるきっかけになれば，執筆者一同これにまさる喜びはありません。なぜなら，教師は日本の宝を育てる重要な役割を担っているからです。

　2020 年 8 月

　　　　　　　　　　　　　　　　　　　　　　　　　　　編者　角南なおみ

目　　次

特論　教師自身のメンタルヘルスケア ———————————————— 165

序論 学校教育における教育相談

　社会の複雑化に伴い子どもの悩みや問題も複雑になり，今日，教育相談[*1]の重要性はますます高まっている。ここでは，第1章からの学びに先立ち，子どもの理解を深めながら行う教育相談について，その定義やなりたち，教師の役割，気づきのプロセスからその概要をみていこう。

1. 教育相談とは

　教育相談は，一人ひとりの子どもをかけがえのない大切な存在として受け止め，発達的観点に立ち援助を図る活動である。それはすべての子どもに対し，あらゆる場面で行われ，子どもを取り巻く環境にも働きかけるものである。

　子どもの悩みや問題に対応する以外に，日頃の関わりの中で子どもの様子に気を配り，気になる様子が見られないときでも，予防的観点を視野に入れすべての子どもと関わる必要がある。

　教育相談において，教師が子どもの悩みと問題に働きかけるには，大きく分けて**子どもとの関わり，保護者との関わり，チーム支援**という三領域が考えられる（**図0.1**）。この関わりは問題が複雑になるにつれて，子ども→保護者→チームへと拡大していくイメージである。保護者やチームとの関わりでは互いに理解し合いながら情報を共有し，ともに検討していくことで，子ども理解が深まりよりよい支援を行うことができるだろう。

　子どもとの関わりにおいては，子どもの葛藤や苦しみがそのときの環境や他者との関わり合いの中で生じるという視点をもって理解することが大切だろう。そこでの相互に関連する意味に気づくとき，子ども理解がいっそう深まると考えられる。また，教育相談の対象には保護者も含まれている。保護者は子どもの支援者という立場だけでなく，支援される立場でもあるということも念頭に置く必要があるだろう。そして，教育相談では発達障害の視点をもつことも重要であり，校内外を含めたチーム支援が求められる。

　このような教育相談を進めるにあたっては，適切な状況把握から子どもを理解するために，多様な見方や知識が必要になる。その一つが「カウンセリング」である[*2]。

　以下では，教育相談とカウンセリングとの関係から，そのなりたちをみていこう。

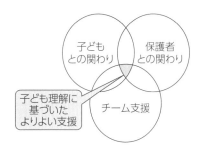

図0.1　教育相談における関わり

*1　教育相談を行う場としては，以下の4種類が挙げられる。①学校の教師が行う教育相談，②学校内でスクールカウンセラーが行う教育相談，③教育委員会による，教育センターや教育相談センターで専門の職員が行う教育相談，④特別支援学校で専門の教師が行う教育相談（特別支援学校のセンター機能）である。本書の対象は，①の学校教育相談である。

*2　2000年度からの教職養成カリキュラムには，教育相談の学びに含める事項として「カウンセリングに関する基礎的な知識を含む」と明記されている。
　なお，大学の教職課程では，1990年度から教員養成カリキュラムにおいて，「生徒指導・教育相談」に関する科目が必修化され，2000年度には「生徒指導，教育相談，進路指導に関する科目」が小学校・中学校・高等学校教諭の免許取得に4単位，幼稚園教諭にも2単位が必修化された。

2. 我が国での教育相談のなりたち

　我が国の教育相談は，1917年に児童教養研究所で始められたものにさかのぼることができるが，今日の形への本格的な流れは，1949年にC. ロジャーズのカウンセリング理論[*3]が紹介されたことから始まる。ロジャーズの**カウンセリング**[*4]の考え方は，日本の風土と相まって，新しい人間観や教育観を示唆するものとして学校現場でも広く受け入れられていった（近藤，1997）。それまで生徒指導の一環として教師が各自で対応してきた個別の心理的支援が，一つの領域として注目されるようになってきたと考えられる。その後，「非行」や「不良」等の問題行動解決の手段として，教師は教師であると同時にカウンセラーでもあるべきだという「**教師カウンセラー論**」が起こった。続けて1960年代になると，学校現場におけるカウンセリングが学校教育を救うといった風潮の「**カウンセリングブーム**」が起きる（近藤，1997）。しかし，この時期の後半にはそれと反するような，「カウンセリングは『指導』と対立するもので生ぬるい」という考え方が出てくる（國分，1981）。

　1970-80年代には，受験競争の激化や「登校拒否」「いじめ」「非行」などの問題が深刻化した。その後，上記のようなカウンセリングに関する否定的な側面を乗り越えるために，教師はカウンセラーとは異なる役割をもつ存在だが，その精神や態度はカウンセラー的であるべきだという「**カウンセリング・マインド**」が必要とされるようになった（近藤，1997）。ここで重視されたのが，受容・傾聴・共感的姿勢などの言葉で表される，子どもの内面に対する理解とそれを深めるための教師の姿勢や態度である。

　1990年代には，「不登校」がさらに増加し，「いじめ」による「自殺」件数も増えてくる。このような問題を受けて，1995年からは心理臨床の専門家（スクールカウンセラー）が学校に配置されて現在に至る。今日，教師には，心理臨床の専門家と連携して，教師としての役割を果たしつつ，カウンセリング・マインドによる子ども理解および受容的態度を基本とした教育相談が求められている。

3. 教育相談における教師の役割―指導と受容の関係―

　教育相談は生徒指導の中に位置づけられているが，両者には違いがある。
　生徒指導提要（2010）では，生徒指導は**集団**に焦点を当て，集団としての成果や変容を目指し，結果として個の変容に至るものであるが，**教育相談は個に対する心理的支援**であり学校教育のあらゆる機会で行われるものとされる。両者の役割として，生徒指導は，子どもの問題行動に対する指導や，学校・学級の集団全体の安全を守るために管理や指導を行う領域を担う。一方，教育相談は指導を受けた子どもにそのことを自分の課題として受け止めさせ，問題がどこにあるのか，今後どのように行動すべきかを主体的に考え，行動

*3　ロジャーズのカウンセリング理論は，「パーソンセンタード・アプローチ」と呼ばれ，受容・教官・純粋性を三条件とする。詳しくは，第5章1.2参照。

*4　カウンセリングとは，発達的視点をもって健康な人も含めて個人の発達を促進するよう支援する関わりを示す。なお，専門家の行う臨床心理学は精神疾患を含む治療的介入を指すことが多い。

につなげるように促すことが期待される（文部科学省，2010）。一般的には生徒指導は**指導的役割**，教育相談は**受容的役割**として捉えられることが多い。

　教育現場における教師の役割は，授業と生活における指導が中心となるだろう。**指導**の主な役割のひとつは，「常に生徒に目的・目標を明確に示し，かつそこへ到達するように導いていく」（保坂，1994）という立場に立ち，子どもの行動変容を目指すものである。一方，**受容**は，聞き手の判断を挟まず，話し手である子どもの気持ちを受け入れることである。では，そもそも指導と受容は教育現場で両立できるのだろうか。

　例えば，以下の事例について考えていきたい。

> 　生徒Aは切れやすくこれまで2回同級生とトラブルを起こしている。その日は以前から気に入らない様子だったBに対し，ちょっとしたいざこざからAが切れてBに「死ね！消えろ！」と叫び，Bに殴りかかろうとしたところを周囲が止めた。直後に近くにいた生徒指導担当の教師が指導したが，AはBへの不満を口にし，その場では十分な指導ができなかった。一方，BはAのことが怖くて明日から学校に行きたくないと担任に言っている。

　担任として教育相談を行う場合，どのように関わったらよいだろうか。

> A「相手の気持ちを考えたことある？」（遠回しの批判）
> B「自分のしたことは悪かったってわかってるよな？」（反省の強要）
> C「今度してしまったら家に連絡するぞ」（脅し）
> D「まずは相手に謝らないといけないよ」（解決の提案）
> E「前から心配してたけど，やっぱりこんなことになったか」（批判）
> F「自分が逆のことをされたらどんな気持ちなの？」（遠回しの批判）
> G「どうしてこんなことしたの」（動機の問い／聞き方によっては批判）

　教育相談としての問いかけは複数あるが，子どもの行動の理由を尋ねることは重要だと考えられる。それに関連して教育相談では，「気持ち」に焦点が当てられるとよい。例えば「これには何か理由があったと思うんだけど」という理由を尋ねることから，子どもの考えを聴いていくこともひとつである。この内容が受け入れられて，次に「気持ち」を尋ねる段階になることが多い。この流れで話を聴くときに，気持ちは善悪の「評価」の対象ではなく，受容の対象となり得るだろう。

　しかし，これまで教育場面での指導と受容は相容れない関わりとして扱われており，相対する価値観を教育現場でどのように実践していくかは大きな課題であった（浦野，2001）。指導は，子どもが集団場面で学習を習得したり，安心して過ごすために必要であり，社会性を育む枠組みでもある。教師は，この指導を基盤としつつ，子どもの問題解決については，同時にその同じ場面においてさまざまな感情が生じている子どもの気持ちを理解し受容していくことが求められる（角南，2013）。それには，問題場面における子どもの行動に対する**指導（生徒指導）**に加え，その行動の結

果とそのときの子どもの気持ちとを区別したうえで，子どもの心に生じた気持ちに対して**受容的関わり（教育相談）**を相補的に行うことで，両方を平行して行うことができると考えられる。このような考え方により，理解できない行動を示す子どもに対して，教育相談という視点から新たな実践を行うことができるだろう。

4. 教育相談における気づきの心理プロセス

それでは，子どもの気持ちを受容することで，子どもがどのような心理プロセスを辿るのか，その一例をみていこう。

教師として何らかの困ったことが起こった場合，子どもの自立を目指す教育現場でよくみられる関わりとして「子どもの気づき→反省→行動改善」を促す流れがある。この子どもが気づきに至るまでのプロセスは，**表0.1** のような一連の流れが考えられる。現状を認めたくない気持ち，認められない理由の部分に焦点を当てることは，教育相談の重要な関わりといえるだろう。それを引き出すには，①〜④までの流れが基盤となり，次に⑤〜⑦の過程を通して気づきに至ると想定される。そこでの気づきの後に適切な自己決定を行うことができ，それにより子どもの行動が変容すると考えられる。

表 0.1　気づきの心理プロセス

① 教師を信頼できると思える
② 自身の言い分を伝える
③ 理解されたという体験をする
④ 心理的に少し落ち着く
⑤ 客観的な状況把握を行う
⑥ 自己省察を試みる
⑦ 他者理解を試みる

この流れでは，学年が上がるほど①〜④の**気づきに至るまでのプロセス**が大切になってくる。つまり，子どもは"この先生は自分のことをわかってくれるか，信頼できるか"を見定め，安心感や信頼感を寄せた時点から自身のことを話し始めると考えられるからである。

ただし，これらは**問題の程度**により対応が変わってくる。すなわち，問題が単純で明らかな要因であれば教師主体で指導を行って解決できることもあるだろう。また，問題が比較的小さいと思われる場合には，教師とのやり取りの中で子どもに問いかけながら⑤〜⑦を中心に据えて問題解決に向かうこともある。しかし，その程度が大きい場合には①から始めるような受容的関わりを日常生活の中で時間をかけて行っていく必要があるだろう（**図0.2**）。そして，①を行うためには，子どもの枠組みで現状を眺める姿勢が必要となる。具体的には，教師がその状況をどのように判断したか，子どもを反省させるためにどう指導するかといった考えを脇に置き，「自分がこの子の立場だったら，どう考えるだろうか」といった姿勢である。

真の子ども理解はここから始まると考えられる。　　　　　　[角南なおみ]

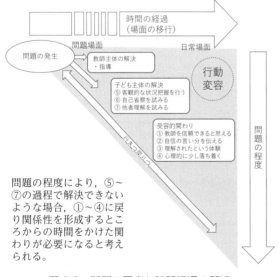

問題の程度により，⑤〜⑦の過程で解決できないような場合，①〜④に戻り関係性を形成するところからの時間をかけた関わりが必要になると考えられる。

図 0.2　問題の程度と時間経過の関連
（出所）角南（2013）を改変

幼児期・児童期から青年期にかけての発達の理解

▶キーワード

幼児期，児童期，思春期，青年期，感情，道徳性，抑制機能，心の理論，
第二次性徴

　学校教育が対象とする子どもは，人生の中でも特に大きな変化が生じる時期
である。生徒指導や教育相談においては子どもの発達を理解し，それぞれの時
期の特徴，その時期にできることやできないこと，またそれらには個人差があ
ることを理解しておくことが非常に重要である。そのことによって，各時期に
生じやすい問題が理解できるとともに，その問題の背景についても理解するこ
とが可能になる。また，子どもの能力を大幅に超えることを求めてしまうなど，
不適切な指導や支援を避けることにもつながる。本章で子どもの発達の概要を
つかむとともに，胎児期・乳児期および成人期以降の発達についてはぜひ自ら
学びを深めていただきたい。

1.1 幼児期の発達

*1　見聞きした物事，経験した出来事などを心の中に再現したもの。心の中に思い浮かべるイメージや言葉などが該当する。

　例えば，幼児が心の中で思い浮かべる今朝の父親の動きや仕草などは表象であり，表象を利用することで目の前にはない物を模倣することもでき，"ふり"も可能になる。

*2　ある物を別の物に見立てること。例えば，砂をケーキに見立てたり，新聞紙で作った棒を剣に見立てたりすること。これによって，ごっこ遊びが成立する。

*3　見た目が変わってもその量は変化しないということの理解。表象の力の発達によって，頭の中で変化を巻き戻すことができるようになることで獲得するとされる。ただし，その対象ごと（量，長さ，面積など）に獲得の時期は異なる。

　幼児期は，**表象**[*1] および **象徴機能**[*2] が発達する時期であり，このことによって"ふり"やごっこ遊びができるようになる。また，表象の発達に伴って言葉を理解する力や操る力も発達し，他者との豊かなコミュニケーションが可能になるだけではなく，後述するように感情の表現や理解の発達にもつながる。幼児期はピアジェの発達段階では「前操作期」にあたり，保存の概念[*3] をもたないということや，他者の視点から物事を捉えられない自己中心性をもつという特徴が指摘されてきた。しかしながら，近年ではピアジェが想定していたよりも早い時期から保存の概念を獲得していることや他者の視点を取ることができることが明らかになってきた。このように，研究の進展によってそれぞれの能力が獲得される時期については更新が続けられている。ピアジェの発達理論については発達の道筋を把握するうえで今でも有用なものであり，子どもと関わるうえでは理解が必要であるが，研究が続けられる中でそれぞれの能力が獲得される時期については参考程度にとどめておくことが望ましい。ここでは，ピアジェの発達理論の中心にある認知発達についてではなく，（認知発達とも関連が深いが）教育相談との関連が深い感情や抑制機能の発達についてみていきたい。

1. 感情の発達

*4　感情に類似する用語として，情動がある。これらは区別して用いられることもあるが，ここでは特に区別せず「感情」という用語を用いる。いわゆる「気持ち」のことを指す。

　幼児は3歳ごろまでに悲しみ，怒り，嫌悪，興味，喜び，驚き，恐怖，苦痛といった基本的な**感情**[*4] に加えて，自己意識の発達に伴って羨望，当惑，誇り，恥，罪悪感といった感情も経験するようになる。同時に，幼児期には感情を表す言葉のボキャブラリーが増加し（渡辺，2019），感情についての語りの内容が豊かになる（久保，2016）。感情の表現は豊かになるだけではなく，社会的な要請に沿う形になっていく。3，4歳であっても，社会的に望ましくない表情を隠すことができる（Cole，1986）。しかしながら，どのような感情であっても隠すことができるわけではなく，状況や隠す意図によっては，幼児期では難しいものが多い（池田，2018）。また，3歳では突然の理由のない称賛に対しても笑顔を示す子が多いものの，4歳では笑顔を示す子はほとんどいなくなり，理由を尋ねる子が多くなることから（加用，2002），4歳になると単純なおだてで喜ばせることは難しくなるといえる。

　自分の気持ちの表現だけではなく，他者の気持ちの理解についても幼児期に大きな発達がみられる。感情の表現と同様に，感情を表す言葉の発達に支えられる形で（浜名・針生，2015；Shablack & Lindquist，2019），

3 歳ごろから 6 歳ごろにかけては表情からの感情の認識が細分化する（Widen, 2013）。一般に笑顔の認識が最も早く，怒りの認識がそれに続く（Bayet & Nelson, 2019）。一方で，嫌悪は怒りと混同されやすく認識が難しい。状況から相手の感情を理解する能力についても幼児期に発達がみられる（森野，2010）。しかしながら，明確にひとつの感情が定まりやすい状況での感情の推測は幼児期に発達する一方で，一つの感情に定まりにくい多義的な状況での感情の推測は，幼児期には難しい（近藤，2014）。さらに，同じ状況であっても対象者の好みや経験によって感情が異なることを理解する能力も幼児期に発達がみられ（近藤，2016），4, 5 歳までにはほとんどの子どもが対象者の好みが感情に与える影響を理解する（Pons & Harris, 2019）。具体的な例としては，チョコレートが好きか嫌いかによって，チョコレートをもらったときの感情が異なることを理解するということである。表情が必ずしも真の感情を表していないことの理解，つまり表情を偽ることがあることや偽る理由についての理解も幼児期に進む（Pons & Harris, 2019）。ただし，偽りの喜びの表出については多くの 6 歳児で理解ができる一方で，偽りの悲しみについては 6 歳児でも理解が難しい（溝川，2007）[5]。

*5　加えて，感情の影響についての理解も幼児期に進む。喜びや悲しみの表出が周囲の人に与える影響（例えば，悲しみの表出が周囲からの共感を引き出す）について 5 歳では半数の理解（ここでは表現）にとどまるが，6 歳ではほとんどが理解できるようになる。一方で，自己の怒りの表出の影響に対しては，6 歳でも理解が難しく，特に建設的な影響（問題解決の行動につながるなど）は 6 歳でも 3 分の 1 が語れるにとどまる（久保，2007）。

2. 抑制機能と心の理論の発達

　幼稚園などでの集団生活を送るうえでは，刺激に対する反応や自分の感情を上手にコントロールすることが不可欠である。このような，刺激に対する反応や欲求，感情をコントロールすることに関わる**抑制機能**[6]は，幼児期（3〜5 歳ごろ）に大きく発達することが知られている（森口，2012）。抑制機能は遅延抑制と葛藤抑制に分類することができ（Carlson & Moses, 2001），遅延抑制とは楽しいことや好きな物に向かうことを抑制することであり，葛藤抑制とは優先的に出てきやすい反応を抑え，そうではない方の反応を示すことである。より具体的には，友だちが使っているおもちゃを使いたいときに押し倒したり噛みついたりせずに待つことが遅延抑制，窓の外で行きかう自動車の音が耳に入ってきたとしても，先生の方に注意を向けることが葛藤抑制であるといえよう。それぞれ対人関係を適応的に築くことや活動をスムーズに行ううえで必要な能力であるが，3 歳ごろまでは十分な能力をもたないため周囲からの支援が必要であり，言語的に抑制を求めるだけでは効果がないといえる。

　抑制機能の発達は，**心の理論**[7]の発達につながる（森口，2012）。なぜならば，自分が知っていることについての考えを抑制することで，他者の考えを回答することができるからである。心の理論をもつことによって友だちの気持ちに思いを寄せ，援助することができるようになる一方で，大人に見られていないことがわかれば，やったことをやっていないと嘘をつ

*6　抑制機能は実行機能のひとつであり，実行機能とは目標に向かって自分の考えや行動を意識的に調節することである。実行機能は 3 つの因子に分けられると考えられており，抑制のほか，シフティング（切り替え）とアップデーティング（更新）がある。このうち，アップデーティングはワーキングメモリのことを指す。

*7　心の理論とは，他者（および自己）が心の中で考えていること（目的，意図，知識，信念，思考，疑念，推測，好みなど）を推測し理解する機能である。「○○ちゃんは〜と考えている」と考えられるのは，心の理論をもつからであるといえる。

くこともできるようになる。また，友だちが自分のことを好きかどうかに関心を向けることができるようになったり，友だちが心から謝罪しているかどうかの判断を行ったりすることもできるようになる (小川，2013)。

　一方で，心の理論をもたない3歳までの時期はただ能力が未熟であると捉えるのでは十分ではない (木下，2013)。心の理論をもたない時期は，他者からの評価を気にせずにのびのびと過ごせる時期であると考えることもできるのである。また，心の理論をもたない3歳までの子どもが相手の気持ちや考えていることを想像するのは難しいのだが，だからといって相手の気持ちを考えさせるような指導が不要であるということではない。できないことを前提とすることは重要であるが，相手の気持ちを想像させるような指導が心の理論を育んでいくと考えられる。

　このような抑制機能の発達や心の理論の発達は，日常場面における子どもたちの変化につながっていく。例えば，自分の欲求を抑制する必要がある場面において，4歳ごろでは外的な指示には従えるものの自ら欲求を抑制することは難しいことが多い。5歳ごろになると規範を重視し自ら欲求を抑制することが可能になってくる。さらに6歳ごろには欲求を抑制する場合にもその根拠を重視するようになる (鈴木，2006)。おもちゃの取り合い場面では，3歳から4歳にかけて他のおもちゃを使ったり，共有や交替で使ったりすることが選択されるようになる (Cole et al., 2009)。また，3歳から5歳にかけて，行動的な主張が減る一方で，言語的な主張が増える (長濱・高井，2011)。これらの変化からは，抑制機能の発達に伴って，ただ"我慢すること"を増やすだけではなく，主張すべき場面では主張をするようになるという発達が幼児期には生じることがわかる。

　以上のように，幼児期は感情の理解や抑制能力が大きく発達する時期であるが，幼児期の終わりにおいても，児童や青年，大人と同じ能力をもつわけではない。このため，感情の理解や抑制機能が発達途上であることを踏まえて，十分でない部分については周囲の大人がサポートすることが求められる。また上述のように，発達途上であるということは単に能力が未熟であるというだけではなく，その時期固有の価値があると考えることもできる。周囲の大人は，十分でない部分を補ったり発達を促したりするだけではなく，その時期の姿を尊重しつつ関わっていくことも必要であろう。

1.2 児童期の発達

　小学校に入ると，多くの子どもは保護者や教師を伴わず，ひとりでまたは同級生や年長児とともに学校に通うようになる。周囲からは幼児ではなく「小学生」として見られ，ある程度自分のことは自分でできるということが期待される。また，幼児期にも遊びを通した学習は行っていたものの，はっきりと“勉強”としての学習が始まる。加えて，特に日本においては，小学校に入るとさまざまな制約が強くなり，時間や場所，持ち物，服装等において自分の意思で決められる範囲が狭くなる。このように幼児期から児童期への移行においては，周囲の環境変化が非常に大きい。一方で，子ども本人についていえば，児童期になったからといって突然飛躍的な発達があるわけではなく，小学校低学年では幼児と似た姿をみせることも少なくない。このようなズレはときに**小1プロブレム**[*1]という形で生じることもある。また，子どもだけで過ごす時間が長くなるにつれて児童期には友人関係の変化もみられる。幼児期には一緒にいて楽しいことが中心であった友人関係であるが，児童期には徐々にそのグループの一員であることが重要になり，友人から受け入れられることに意味をもつようになる。そのような友人関係は，以下に示すような感情の発達や道徳性の発達においても大きな意味をもつ。

1. 感情の発達

　幼児期に大きく発達した感情の理解や調整についての発達は，児童期にも引き続き発達が進む。児童期の感情の発達に関連する認知的な発達として，二次の心の理論の発達が挙げられる。自己の表情の抑制について，3，4歳から社会的に望ましくないと考えられる感情を隠すことを前節で述べたが，隠すだけではなく偽る子どもは小学校段階で増加する (Saarni, 1984)。これは，例えば欲しくないプレゼントをもらう状況において，笑顔を示していれば「プレゼントの贈り主が『私が喜んでいる』と思う」という**二次の心の理論**[*2]による理解によって増加すると考えられる。また，二次の心の理論の獲得に伴って，小学校の高学年では相手に自分の本心を知ってほしいかどうかで表出する感情を使い分けることもできるようになる (Hayashi & Shiomi, 2015)[*3]。児童期には入り混じった感情についての理解も進み (Pons et al., 2004；渡辺，2019)，一つの状況において複数の感情（楽しいけど怖いなど）が生じることがあることもわかるようになる。

　他者の感情の認識においては，表情からの認識に遅れて声からの認識が児童期に進む。意味を持たない内容の声（「あー」など）から怒りや幸福の

*1　小1プロブレムとは，幼稚園や保育所といった環境と小学校の環境の違いにより，小1児童が小学校の環境に適応しきれず，教師の話を聞かなかったり，授業中に立ち歩いたりするといった状況が継続することを指す。これを予防するためとして，椅子に座らせる時間を増やしたり，小学校への入学を踏まえた指導を行ったりすることが幼稚園や保育所に対して求められることがある。しかしながら，幼稚園や保育所にはそれぞれ固有の役割があり，小学校への準備機関ではない。また，過剰な制約は昨今求められるアクティブラーニングの流れに反するものでもある。むしろ近年小学校以降の過剰に制約を求める学校文化に対して批判的な目が向けられる中，小学校側の問題として捉えることが求められる。

*2　二次の心の理論とは，他者がまた別の他者の心の中で考えていることについてどう考えているかを推測し，理解する機能である。Aさんが，「Bさんは『Cさんが○○と考えている』と考えている」といったことを推測できるのは，二次の心の理論の発達によるものである。

*3　例えば，相手に行動を変えてほしいときには怒りをそのまま表出し，相手を傷つけたくないときには怒りを抑制するなど。

感情を認識することは幼児期には難しいが，小学校の前半には認識できる子が多くなり小学校の後半にかけてさらに緩やかに発達する。ただし，悲しみについては小学校の後半になっても声からの認識は難しい (Chronaki et al., 2015)。また，6歳ごろから9歳にかけて言葉の内容だけではなく言い方からの感情理解が増加し，9歳児では言っている内容と言い方が矛盾する場合に言い方から感情を推測することが多い (池田・針生，2018)。

児童期には大人を伴わず自分で感情調節を行うことが増える。特に，意図的に考えを切り替えたり，物事の別の側面を考慮したり，自分で自分を励ますといった方法による感情調節は児童期に発達する (Denham, 2019)。

このように，児童期においては単純な感情の表出や理解だけではなく，意図をもった表出や複数の情報からの理解を行うようになっていく。しかしながらこれらの発達には個人差があるため，ストレートに感情を表出してしまったり，真意が伝わらなかったりすることによってトラブルになることも多い。また発達途上であることから，常に上手に感情の表出のコントロールや感情の理解ができるとも限らない。このため，感情の表出が相手に与える影響や相手の真の感情を考えさせたりするなどの，周囲の大人のサポートが重要であるといえよう。

2. 道徳性*4 の発達

児童期には何が良いか，何が悪いかについて考える道徳的判断が発達し，他者に怒られるからなどの外的な基準による判断から相手の意図なども考慮した判断へと変化していく。また，よしあしについての判断は幼児期の中盤から児童期の初期にかけて，結果からではなく意図から判断されるように変化し，8歳ではほとんどの子どもが意図からよしあしを判断するようになる (Margoni & Surian, 2017)。具体的には，意図せず誰かを助けた子よりも，助けようと意図していたけれど失敗した子の方がよい子である，意図せず人や物に害を与えた子よりも，害を与えようと意図していて失敗した子の方が悪い子であるという判断をするようになる。

また公正観*5 も幼児期の中盤から児童期の初期にかけて変化し，例えば，報酬の分配場面において，自分の欲求が判断の中心である段階から平等であることが重視される段階を経て，8歳ごろにはおよそ半数が相手の貢献や状況も考慮しつつ配分を考えるようになる (渡辺，1986)。

このように道徳的な判断については児童期に深まりをみせるが，必ずしもこのことによって，他者を援助する行動や規範を守る行動が増えるわけではない。**役割取得能力**^{*6} の発達によって小学校高学年では相手に恥ずかしい思いをさせないようになどと考え，援助を控えることも増える (Midlarsky & Hannah, 1985)。また小学校高学年では，規範よりも友人関係を重視するあまり，規範を破る行動もみられるようになる。

*4 ここでの道徳性は主に道徳的判断を指すが，道徳的であるためには，判断のほかに道徳感情（他者に対して共感を示すことなど）や道徳的行動も必要となる。2018年に小学校で導入された「特別の教科 道徳」の目標としても，「道徳的な判断力，心情，実践意欲と態度を育てる」ことが掲げられている。しかしながら，これまでの道徳教育では，道徳的判断である規範意識に偏っていた面がある (渡辺，2019)。

*5 公正観とは，順番や時間・量の配分について，どのような形が公正で皆が満足できるかについて判断する考え方である。

*6 役割取得能力とは，他者の立場に立って，相手の感情や思考を理解する能力である。心の理論と類似する概念であるが，役割取得能力は自他の違いや相手の性格や状況も考慮したうえで相手の視点に立つことであり，より高度な能力であると考えられる。

1.3 青年期の発達

　青年期は，さまざまな面において大きな変化が生じる**思春期**[*1] を経て始まる。思春期は児童期から青年期への変化の時期であり，生殖可能な身体へと変化する時期である。青年期の初期に該当し，いずれも**第二次性徴**の発現をもって始まる。思春期・青年期には身体面，認知面，対人関係面，心理面において大きな変化が生じる。これらは独立して変化するわけではなく，互いに影響を与えながら変化していく。また，これらの側面は異なるタイミング，異なる速度で発達し，個人による発達のタイミングや速度のばらつきも大きい。このような個人内の発達のばらつきや個人間での発達のばらつきは，ときに不適応につながることもある。

1. 身体面の発達

　思春期における明確な変化として身長の大きな伸びと第二次性徴の発現が挙げられる。10 代に訪れる身長の大きな伸びは**思春期スパート**と呼ばれ，日本での調査において女子では 10 歳，11 歳，男子では 12 歳，13 歳が最も大きく身長が伸びる時期である（文部科学省，2019a）。女子の方が男子よりも 2 年程早く思春期スパートを迎えるため，10 歳から 11 歳にかけては女子の身長の方が高くなる。第二次性徴の発現の一つである**初経**は小 6 でおよそ 60％，**精通**は中 3 でおよそ 50％とこちらにおいても女子の方が早く発達を迎える（東京都幼・小・中・高・心性教育研究会，2014）。このほか，女子では乳房の発達，性毛などの体毛の発毛，皮下脂肪のついた丸みのある体形への変化などが生じ，男子では変声，性毛やひげなどの発毛，筋肉質な体形への変化などが生じる。

　社会が求める身体像（スポーツでも有利な筋肉質で大きな体格）に近づく変化を迎える男子に対して，社会が求める身体像（痩身でスタイルの良い体格）とは離れる変化を迎える女子では，思春期の身体発育が抑うつ傾向や不安症状（向井，2010），摂食障害[*2] 傾向（上長，2007a）につながることもある。また，第二次性徴の発現を迎える時期には個人差があり，他者と比較したときの相対的な時期の早さも抑うつ傾向[*3] や学校適応に影響を与える（上長，2007b；2008）。ここにおいても男女で影響の受け方が異なり，男子では早熟なほど抑うつ傾向が低く学校適応が高い一方で，女子では早熟なほど抑うつ傾向が高く学校適応は低い。身体発育は思春期を迎えた子どもの心理にこのように直接的な影響を与えるだけではなく，見た目の変化が他者からの扱いや期待を変え[*4]，そのことが子どもの心理に間接的にも影響を与えることとなる（齊藤，2015）。

[*1]　思春期の開始時期について，第二次性徴の発現をスタートとして考え，青年期と同時に始まるとする場合もある。しかしながら，外から観察可能な第二次性徴の発現よりも前の段階で身体内の変化は生じており，明確な開始時期を特定することは難しい。また，思春期の終わりについても明確に定義することは難しいが，一般的には高校生（18 歳）までとされることが多い。

[*2]　摂食障害とは，神経性やせ症，神経性過食症，過食性障害等が含まれ，9 割以上を女性が占める。このうち神経性やせ症は 10 〜 19 歳での発症が多い。

[*3]　抑うつ傾向はうつ病に特有の症状を有している傾向を指す。なお，日本における調査では，うつ病（大うつ病性障害）をもつ者は小学校 4 年生で 0.5％，小学校 5 年生で 0.7％，小学校 6 年生で 1.4％，中学校 1 年生で 4.1％であり（傳田，2008），他国の調査でも 12 歳頃から急激に増加し，15-17 歳で成人の有病率とほぼ同じ値になることが示されている（傳田，2016）。

[*4]　大人として見られるようになる，女性，男性として見られるようになるということ。

11

上に挙げたような変化のほか，思春期は夜眠たくなるのが遅くなり，朝目覚めるのも遅くなっていくという変化も生じる（Roenneberg, 2010；渡会訳，2014）。このことは生活の変化によるものや意識によるものではなく，異なる文化においても共通するもので（Roenneberg et al., 2004），人間以外の動物でも生じる変化である（Hagenauer & Lee, 2013）。おおよそ20歳前後が最も遅くなる時期であり，この生物学的な変化ゆえに思春期，青年期においては朝早く起きることは困難になる。なお，この変化においてもわずかながら女子の方が早く最も遅い時期を迎える。

2. 認知面・心理面の発達

青年期には抽象的なものを対象とした思考や論理的思考，客観的思考が可能になる。そのような認知面での発達は，さまざまな側面に影響を与える。他者との比較や自分に対する客観視が可能になることによって，**劣等感や自己嫌悪感**[*5]を抱くなど（石川，2017），自己評価が低下する（佐藤，2015）。一方で一見矛盾するようではあるが，青年期には**自己愛**[*6]の高まりがみられ誇大的な自己像をもつ時期でもある。このことは実際には矛盾するものではなく，自己評価を下げる働きに対して自己評価を維持する機能として自己愛が高まると考えられる（中山・中谷，2006）。この自己愛の高まり自体は一般的な発達の過程であるが，高まった自己愛を解消していくことは青年期の課題でもあり，適切に解消することができなかった場合には続く成人期において健全な対人関係を結べないことや早期の離職につながることが示されている（原田，2013；2017）。

認知面の発達は**時間的展望**[*7]の発達にもつながり，過去や未来を見通したうえで現在の行動を調整できるようになる（石川，2017）。このような時間的展望の発達は，エリクソン（Erikson, 1950/1963）が青年期の発達課題として挙げた**アイデンティティ**の発達にもつながる。アイデンティティの発達は，時間的展望の力を基に，時間の流れの中で自己のまとまりを確認する過程と，社会との関わりの中で自己のまとまりを確認する過程の両者の側面がある（溝上，2008）。より具体的にいえば，さまざまな時期，さまざまな場面での一見バラバラな自分や自分の行動をまとまりのある物語として紡ぎあげるという側面と，発達の過程で築き上げた自分の価値観に基づいて行動し，それに対する社会・他者からのフィードバックによって価値観を修正するという側面であり，後者の側面も自分の価値観と社会・他者の反応とを同時に考慮することができるようになったという認知面の発達に支えられている。なお，アイデンティティの発達は青年期

*5　劣等感は他者との比較の上で自分が劣っていると思ったときに感じる否定的感情であるのに対して，自己嫌悪感は必ずしも比較を伴わず自分のことを嫌だと感じる感情である。いずれも，否定的な感情である一方で，自己形成につながる可能性もあるものである。

*6　自己愛とは，自信や優越感など自分に対する肯定的な評価ではあるが，現実に根差したものではなく防衛的なものであるとされる。自己愛は自分に対する高い評価や攻撃性で特徴づけられる誇大性と他者からの評価への敏感さで特徴づけられる過敏性の両面をもつ。

*7　時間的展望とは，過去や未来に対する見通しや欲求，感情を指す。青年期には未来への展望が拡大し，現実と空想の区別が進むとされる。

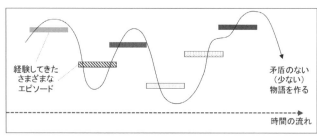

図 1.1　時間の流れの中で自己のまとまりを確認する過程

に終わるものではなく，アイデンティティの揺らぎと再形成は生涯続くものである。

このほか思春期の心理面での特徴として，リスクを考慮しない危険な行動をとりやすいことが挙げられる（中村，2015）。これは，快楽に対する脳の反応が多世代よりも大きく，一方で抑制機能はまだ十分に発達しきっていないという

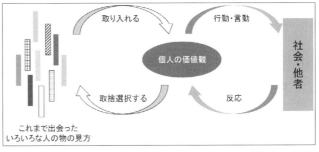

図 1.2　社会との関わりの中で自己のまとまりを確認する過程

脳の発達的特徴から説明される。また，快楽に対する脳の反応が大きいという特徴から，依存に陥るリスクも高い（Jensen & Nutt, 2015）。

3. 対人関係面の発達

思春期は**第二反抗期**[*8]や**心理的離乳**[*9]の時期といわれるように，これまで密接な関係であった親から距離を取り，一方で友人との距離を縮める時期であるとされる。しかしながら，近年では思春期の親子関係はかつてよりも良好になってきており（池田，2017），思春期の頃の反抗期はなかったと振り返る大学生も少なくない[*10]。

反抗期は減っているとしても，青年期には先述のように認知面の発達に伴って親の価値観と自分の価値観や他の価値観を比較検討することができるようになり，親の価値観を絶対視することは少なくなる。また，客観的な視点を取ることができるようになることで，友人からの評価を気にすることが増える。友人と自分との比較によって，性格が似ている友人を選ぶようにもなる。このような認知発達に伴う対人関係面の発達は時代の変化の中でもみられるものである。

4. 青年期の適応上のリスク

日本では青年期を含む 10 ～ 39 歳の死因の 1 位は**自殺**であり，特に近年では全世代の自殺率が低下を続けている一方で，19 歳以下の自殺率は横ばいの状況が続いている（厚生労働省，2019）。また，不登校児童生徒数は多くの子どもが思春期に入る中学生で急増し（文部科学省，2019b），いじめについても，現在のようにけんかやふざけ合いの一部もいじめとしてカウントするようになる前までは中学生で急増する様相が示されており，深刻ないじめについては中学生で増加すると考えられる。実際にいじめ問題による自殺は近年中学生が最も多い。加えて，精神疾患をもつ人の半数は 10 代半ばまでに発症しており，4 分の 3 は 20 代半ばまでに発症していることが明らかになっており（Kessler et al., 2007），日本の五大疾病[*11]の中でも最も患者数の多い**精神疾患**に対して，青年期での予防や早期対応が重要であることが示されている。　　　　　　［石本 雄真］

*8　第二反抗期とは，親に対して批判的になり反抗や反発を示す時期のことである。なお，第一反抗期は 2 歳から 3 歳ごろにかけて生じる自己主張が強くなる時期を指す。

*9　心理的離乳とは，親への精神的な依存から離れ，自立に向かうことを指す。なお，心理的離乳を三段階に分けて捉える立場もあり，反抗によって特徴づけられる時期は第一段階であるとされる。その後，親に感謝する段階を経て，人によっては親から与えられた価値観を越えた自分らしい生き方を確立する段階に至るとされる（西平，1990）。（第 3 章 **3.1** も参照）

*10　他方，キャラを用いた友人関係の拡がりにみられるように（瀬沼，2009），近年では距離を取った本音を話さない友人関係がみられる。このことを反映してか，日本では他国よりも青年の友人関係における満足感や安心感が低いことも示されており（内閣府，2014；2019），親子関係から友人関係への移行といったこれまでの青年期の対人関係における変化は，日本においては形を変えつつあるとも考えられる。

*11　五大疾病とは，がん，脳卒中，急性心筋梗塞，糖尿病，精神疾患を指す。2011 年にそれまで四大疾病とされていたものに精神疾患が加えられ五大疾病となった。

【発展問題】

・近年，義務教育学校や中等教育学校など，これまでの学校の区切りとは異なる区切りを採用する学校が増えてきています。このことが発達に与える影響について考えてみましょう。
・日本の青年は社会的活動への参加が少ないことが知られています。この理由やこのことが青年の発達，さらには社会に与える影響について考えてみましょう。

推薦文献

・渡辺弥生 (監修)『まんがでわかる発達心理学』講談社，2019 年

　　読みやすいだけではなく，重要なキーワードの解説も多く含まれており，生涯発達の概要が理解できる。発展的な書籍を読む際にも適宜合わせて参照することで具体的なイメージがつかみやすい。

・藤村宣之 (編)『発達心理学 [第 2 版]：周りの世界とかかわりながら人はいかに育つか』ミネルヴァ書房，2018 年

　　発達心理学の基本と現在の地点の両者を踏まえた理解につながる。

コラム　放課後等デイサービス

　放課後等デイサービス（以下，放デイ）は，放課後や学校休業日に障害をもつ小中高校生を対象に（最大20歳まで）生活能力の向上のために必要な訓練，社会との交流の促進等を行う 2012 年に創設されたサービスです。さまざまな障害および疾病をもつ子どもが利用できますが，その利用者の大半は発達障害（ここでの発達障害には知的障害も含みます）のある子どもたちであり，発達障害のある子どもたちへの継続的な地域における支援の担い手として重要な役割を果たしています。放デイは利用に際して必ずしも診断を必要としないことや，利用者が負担する費用は多くの場合 5,000 円未満であること（世帯所得によって異なります），送迎のサービスも受けられることなど，保護者にとって利用のしやすいサービスとなっています。このこともあって，放デイは急激に事業所数，利用者数が増加しており，2018 年時点で事業所数は 2012 年の 4.1 倍にあたる 12,734，利用者数は 7.6 倍にあたる 320,486 人となっています。

　放デイは「障害児の学童保育」と呼ばれることもあり，保護者にとって放課後や学校休業日に子どもを預かってくれることが大きな助けとなっているという側面もありますが，本来はただ預かるだけではなく，子どもたちの成長を支えていくものでなければなりません。しかしながら，職員の専門性に関する要件や支援内容に関する要件は非常に緩く，事業所によって職員の専門性や支援内容等の質に大きなばらつきがあることが課題となっています。このように課題も残る放デイではありますが，特別支援学校や特別支援学級ではない一般学級に在籍する子どもも多く利用するサービスであり，そのような子どもに対する支援は学校内では限界があることからも，綿密な連携を図っていくことが重要です。具体的には，学校での様子，事業所での様子の情報共有をはじめ，個別の支援計画のすり合わせを行うことや保護者の支援についても情報を共有しつつ連携して行うことが求められます。学校としては校区や近隣にある事業所がどのような特徴をもっていてどのような支援を行っているのかについても情報を収集しておくとよいでしょう。

[石本 雄真]

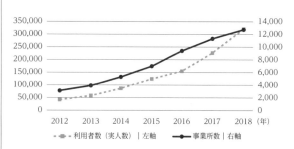

図　放課後等デイサービスの事業所数および利用者数

児童期の悩みと理解

▶キーワード
愛着，関係性，愛着障害，分離不安障害，選択性緘黙，起立性調節障害，
自尊感情，自己肯定感，感情と体験の共有，シェアリング

　児童期は心身の発達に伴い悩みが複雑になる時期である。その中のひとつと
して，関係性についての悩みを愛着や自己概念の観点から解説する。また，学
校現場でみられる子どもの心身状態や精神疾患としての，分離不安障害，選択
性緘黙，起立性調節障害について学校現場での関わりを踏まえて説明する。

　愛着や自己概念の理解に基づくと，子どもの悩みのひとつに自尊感情の低さ
に関連する内容が浮かび上がる。そこで第2節では，日々の学校教育の中で
教育相談における関わりを意識して子どもの自尊感情を育むために，子どもの
どのような様子を気にかけ，どのような声掛けをしたらよいのかについて考え
ていく。

2.1 児童期の心理的発達と悩み

子どもは遊びや生活が中心だった保育所／幼稚園から学習中心の集団活動の場である学校生活へと移行していく。児童期[*1]には次第に悩みが複雑になっていくため，さまざまな心身の悩みや問題を抱えるようになる。そのような子どもの理解には，発達心理学や医学領域の知識が必要とされる。それらを踏まえたうえで子どもの心身状態について，心理的観点から説明する。

*1 本書では，文部科学省(2010)の定義を参考に，児童期は主として小学生，青年期は主に中高生として区分する。

1. 関係性と自己形成の基盤となる愛着

まず，子どもの心の理解を深めるため，子どもの自立を支える愛着についてみてみよう[*2]。

愛着 (Attachment) とは，子どもと特定の他者との情緒的な絆 (emotional bond) のことを指す。ストレンジシチュエーション[*3]という実験により，愛着には，「安定型」と，不安定型 (「回避型」「抵抗型」) があり，後に「無秩序型[*4]」が加えられた (表 2.1)。この実験は 1 歳 6 ヵ月に行われ，その後愛着の型の影響を 6 歳時点で再度調べたところ，ある程度の持続する傾向が示された (Main et al., 1985)。このことから，乳児期に形成された愛着の型はそれ以降も影響を与えるとの見方がある。

*2 養育者と安定した愛着を形成することで，何かあったら養育者がいつでも助けてくれるという**安全基地**となる。この時期の養育者との関係性の型は，**内的作業モデル** (Internal working model) と呼ばれ，その後の自己や対人関係に影響を及ぼす。

*3 Ainsworth らが行った実験。母子を実験室で分離し，戻ってきた母親に対する子どもの反応を 3 つの型に分類した。

*4 この型の親は虐待やトラウマ体験を持ち「未解決型」の傾向をもつ (Van Ijzendoorn, 1995)。

表 2.1 愛着の 4 つの型

愛着の型	母親の退出時と再開時の子どもの状態
回避型	退出時に混乱を示し，戻った母親が近づくと接触を避ける
安定型	退出時に多少泣くが，戻った母親を見ると喜んで抱き付き落ち着く
抵抗型	退出時に強い不安を示し，戻った母親に接触と抵抗を繰り返す
無秩序型	顔をそむけながら母親に近づくなど近接と回避を同時に示す

(出所) 遠藤・田中 (2005)

*5 **簡単な課題**：2 つ木のパネルの間の狭い隙間に入っているキャンディを取り出すような幼児一人でできる課題。
難しい課題：長いチューブからキャンディを取り出すために，棒の端から端までを押し込むなど，大人が手伝わなければできない課題。

*6 自尊心と言われることもある。自分自身について価値があると思う心情を示す。(2.2 で詳述)

それでは，愛着の型による子どもの状態にはどのような違いがみられるだろうか。2 歳児を対象に，簡単な課題と難しい課題[*5]を与える実験を行った。難しい課題において，生後 12 ヵ月時に「不安定型」の子どもは，すぐに怒り出して課題を解くことを諦めたが，「安定型」の子どもは根気強く課題に取り組み大人に助けを求めた (Matas et al., 1978)。ここから愛着の形成は，自分はやればできるといった**自尊感情**[*6]や情動コントロール，対人関係の質にも影響を及ぼす可能性も考えられる。一方，どのような母親の対応が子どもの愛着の型と関連するかを調べた研究がある。「安定型」の赤ちゃんをもつ母親は，赤ちゃんの欲求に敏感であり**応答感受性**が高く (Clarke-Stewart, 1973)，「不安定型」を示す赤ちゃんの母親は自分の思いや気分により反応する傾向がみられた (Stayton & Ainsworth, 1973)。愛着の個人差については，子どもの**気質**と環境の**相互作用**という考えが主流になってきており，母親 (養育者) の役割の大きさがわかる。ただし，母親自身もその親による被養育体験があり，世代間連鎖の影響を受けていることが多く，その複雑性を十分考慮した関わりが求められるだろう。

2. 関係性の悩み

　次に，子どもの悩みについて，心理社会的発達に伴う親子関係，友だち関係に着目してみていこう。

(1) 親との関係

　子どもの基本的な関係は誕生から主に親との間で形成される。この関係性は子どもの発達に伴い変化していく。**自立**するとは，母親との適度な距離感を見つけ新しい関係を作る過程であり，それには十分な甘えが必要だとすれば（河合，1987），それは行きつ戻りつするだろう（**図 2.1**）。子どもが複雑な心的体験を辿る過程では，それまでの安定した愛着形成が必要とされる。

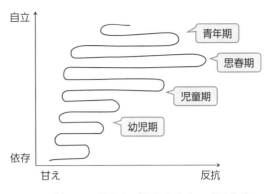

図 2.1　甘えと反抗および依存と自立の成長曲線

　親との関係において，例えば，友だちと遊んでいる時間に親からの外出の声かけがあった場合，小学校低学年のうちはまだ友だちと遊びたくても親の意見に従い，中学年では親と友だちとの選択を迷うようになり，高学年になると次第に親より友だちを選ぶようになる。このような発達の過程において，親の期待に応えたいが反抗したいあるいは応えられない辛さ，親や自身によるきょうだい間の比較，親からの過度な重圧とそれに反する自身の思い，**優越感と劣等感**や**依存と反発**の間の揺れ動き等，複雑な心の動きが生じてくる。さらに青年期にかけて**第二次性徴の時期**に入るため，心と身体のバランスが崩れてくる。その過程は，親に反発しながら親だけでなく自身をも否定するような葛藤や悩みを抱え，これまでの価値観を崩し再構築することに多大なエネルギーを費やす時期だともいえるだろう。そのような状態で，**図 2.1** にあるような**甘えと反抗の揺れ**が大きくなると考えられる。変化の大きなこの時期は，心身ともに不安定であり，揺れ動き苦しみながら歩む道のりとなるだろう。

　他者との関係性における傷つきやすさは，親との愛着形成に影響される場合もあるだろう。すなわち，安定した愛着が形成されていないと自身を支える土台が弱くなり，他者からの否定的な言葉に傷つきやすくなると考えられる。ただし，後述するように生得的な性質として過敏である場合には，その子どもに適した検討が必要になる。

(2) 友だち関係

　小学校低学年では仲の良い友だちとの遊びの発展から，中学年になると**ギャング・グループ**（友だちと徒党を組んで仲間同士の世界を共有する関係），**チャム・グループ**（同性の友だちとの同質性や秘密を共有する関係）へと移行する[7]。そして，思春期に入ると，これまでの視点に変化がみられる傾向がある。実際，大学生の回想の中で「小学校 4-5 年生くらいに周りの景色がそれまでと違って見えるようになった」という話を聞くこともある。最近

*7　ギャング・グループ，チャム・グループについて，詳しくは第3章3.1にて詳述。

の小学校では，「1/2成人式」といった，10歳という年齢を節目として自覚させるような取り組みもある。その時期以降子ども自身の見え方が変わってきて，自分が中心の見方から周囲からの見られ方を意識するようになっていく。

3. 自己概念の発達と他者との比較による悩み

幼児期から児童期にかけて，自身について身体的・外的属性カテゴリーに関する言及は減少し，行動および人格特性カテゴリーに関する言及は増加するという傾向がみられる（佐久間他，2000）。また，Damon & Hart (1982) は，幼児期・児童期前期には身体的自己，児童期中期・後期には行動的自己，青年期前期には社会的自己，青年期後期には心理的自己が順に現れるとしている。すなわち，児童期最初には外見や所属や服装といった目に見える内容が重視されるが，年齢が進むにつれて行動や能力等の内容への移行と**自己概念***8 の発達に伴い自己という存在についても問われるようになるだろう。このことは上述の視点の変化とも関連し，友だちとの比較による優越感と**劣等感***9 等も生じてくると考えられる。優越感が高い場合により自慢傾向が強くなり対人関係に影響を及ぼし，逆に，過度に低い場合には劣等感が強められ自尊感情に影響し活動も消極的になると考えられる。そのどちらも自己の悩みを深めていくと推察される。また，高学年になると異性に対しての意識も生じてくる。劣等感により自尊感情と自己像が低ければそこでも悩みにつながると考えられる。

このような時期に"ありのままの自分でもよい"と思えるならば，少しずつ心の安定が得られるだろう。環境はすぐに変えられないが，教師の日々の小さな関わりの積み重ねが子どもの心に影響を及ぼすと考えられる。

4. 学習や能力に関する悩み

学習に関しても，学年が上がるほど客観的な判断ができるようになる。そのため，得意であることは自尊感情を高め，苦手な場合にはそれを低めることになる。「自分はどうせできない」と取り組む前から諦めてしまう傾向は「**学習性無力感***10」(Miller & Seligman, 1975) と呼ばれ，努力の継続が難しくなり，さらに結果が悪くなる悪循環に陥ってしまう。このことは，無意識を含む心理面に着目するといくつかの解釈ができるだろう。ひとつ目は，努力しないことで悪い結果が生じても自身の能力とは関係がないためダメージが最小限になる可能性，2つ目に課題に取り掛からないことで教師からの指導が増え結果として注目*11 を得る可能性，3つ目に努力せず不本意でもやったところ偶然少しできたときには予想外の結果を得て能力の高さが示される可能性，4つ目に何らかの悩みを抱え心的エネルギーが低くなっており学習に取り組むことができない可能性等である。そのため，教

*8 　自らが自己を対象（客体）として客観的に把握した概念。

*9 　自分が他者よりも劣っているという感情である。客観的に他者よりも劣っているということよりも主観的に劣っていると思い込むことにより生じる。アドラーは劣等感と優越感を相互補償的な関係で捉えた。

*10 　**学習性無力感**：デュエック (C. S. Dweck) は学業不振対策の一環として帰属変更プログラムを示した。つまり学業不振児は，学業での失敗を自らの能力の欠如に原因付け，無力感を生じさせていると考えた。そのため，彼らに努力不足による失敗であったと誘導的に帰属変更させることにより，無力感の解消と達成の努力を触発させようとするものである（いずれも，中島ら，1999）。

*11 　行動療法では，注目はその対象となる行動を増やす（強化する）影響要因（強化子）の一つとみなされる。

育相談の観点から児童期のこのような状態に接したときには，まず子ども
の状態とその背景を理解していくことから始める必要があると考えられる。

5. 児童期の心身状態および精神疾患

　子どもは一見変化がみられなくても不安や何らかの心身症状を抱えてい
ることもある。本人自身も言葉にならず，教師もその理由がわからず対応
に困難を抱えることも多い。ここでは，それらを検討する手立ての一つと
して児童期に現れやすい心身状態に関連した，愛着障害，分離不安障害，
選択性緘黙，起立性調節障害をとりあげる。

(1) 愛着障害 (Attachment disorder)

　1. でみた愛着形成がなんらかの要因で阻害されてしまった場合，その
影響は，大きな感情起伏，一貫性のない行動，自傷・他害，反社会的行動，
摂食障害，解離性障害[*12]等となって現れる場合がある。それは児童期か
ら青年期にかけて生じやすいという（宮本，2020）。その背景を親子の相
互作用の観点から軽度，中等度，重度の3種類で示したものが表2.2で
ある。中程度に分類されるような親子に心理的距離が
存在する場合は見過ごされやすいとの指摘もあり，気
になる子どもを理解するときにこのような背景も考慮
する必要がある。

　愛着障害という用語は診断とは別に近年多く使われ
るようになってきたが医学的定義によると表2.3の
ように2種類に分類される。

　反応性愛着障害は，その後抑うつ症状や引きこもり
行動を伴う内在化障害，**脱抑制型対人交流障害**[*13]
は反抗挑戦性障害[*14]等の外在化行動により特
徴づけられる。両者は5歳以前に発現し，小児
期の適切な養育の欠如（社会的ネグレクト）や頻
繁な養育者の交代，愛着を形成する特定の対象
（人）を持っていないという共通点がある。相違
点として，反応性愛着障害は愛着や社会的行動
が抑制されており，脱抑制型対人交流障害は愛着を示す対象への選択性に
課題がある（Prior & Glaser, 2006=2008）。

　このように，愛着形成の阻害がみられるとき，教師にできることはどの
ようなことだろうか。例えば，子どもがもつ大人への不信感を意識しなが
ら時間をかけて教師との安定した関わりをもつことが挙げられる。愛着は
養育者以外とも形成することができるため[*15]，問題解決の視点とともに
不安定な体験により積み重なった思いを推察しながら日々子どもの様子を
見て教師が丁寧に関わることは，子どもの将来を見据えた日々の教育相談

*12　摂食障害，解離性障害は
次節で解説。

表 2.2　愛着形成が阻害される背景の程度表

程度	具体的内容
軽度	親子の物理的関係の阻害 ・親：長期不在 ・子ども：長期入院など
中程度	親子の心理的距離の拡大 ・親：自分を優先するライフスタイル ・子ども：愛着行動を乏しくさせる特性
重度	ネグレクトや虐待

（出所）宮本（2020）より作成

表 2.3　愛着障害の下位分類とその状態

下位分類	反応の状態
反応性 愛着障害	安心・支え・保護・愛情を進んで求めることがない。さらに苦痛を感じた時に養育者の慰めにほとんど反応しない
脱抑制型 対人交流障害	初対面の人に対し過度に馴れ馴れしい。本物でない感情表現。友だち関係は表面的でいさかいが多い

（出所）APA（2013=2014）を基に筆者作成

*13　ICD-10 では「脱抑制性愛
着障害」と表記されている。

*14　反抗挑戦性障害：怒りっ
ぽく，口論好きで挑発的な行動，
執念深さなどが持続する状態を
指す（第9章で詳説）。

*15　養育者以外の愛着対象を
「代理となるアタッチメント対象」
と呼び，子どもと支持的な関係性
をもつ大人を指す。

といえるだろう。

(2) 分離不安障害 (SAD：Separation Anxiety Disorder)

　　分離不安障害の基本的特徴は，家または愛着をもっている人物からの分離に関する，過剰な恐怖または不安である (APA, 2013=2014)。分離への恐怖があるため，家から離れ学校やその他の場所に行くことに抵抗を示す。具体的には登校時に母親等との分離を過度に嫌がり，泣き叫び離れられない状態等である。このような子どもをどのように理解し，関わったらよいのだろうか。

　　児童期は母親 (養育者) への愛着が身体接触をともなう物理的近接[*16] から心の中に選別された対象像をもつような表象的近接[*17] へと実質的に切り替わる一大転換期でもある (遠藤, 2010)。同時に，子どもは，母親が他者から危害を加えられること，母親を失ってしまうこと，母親と離れることへの不安を持っている場合もある。そのため，このような子どもの心理状態を理解するうえで以下の内容も含めて考慮できるとよいだろう。①母親は子どもと離れても安全でいられることを子どもが理解すること，②子ども自身の不安を学校で緩和できること，③母親との心理的つながりを実感できること等である。具体的には，母親との十分な約束，学校が安心できるような教師の声掛けや対応の検討も有効である場合が多い。また，母親と子どもの心情と状態を共有し子どもの不安を受け入れたうえで，お揃いのキーホルダーや母親と一緒に写っている写真 (プリクラ等) をどこかに忍ばせ，不安になったときそっと目にできるとよいかもしれない。そのうえで段階的に母親と離れるような行動的支援が行われるとよいと考えられる。

　　ただし，大切なことは上記を含めた方法論を，教師と保護者，子どもとの関係の中で，安心感を重ねていく多様な関わりの一部として捉えることだろう。子どもの心情に即した共通の理解のもとで，保護者と子どもの性格や状態に合った対応が検討できると考えられる。

(3) 選択性緘黙 (SM：Selective Mutism)

　　家庭では元気に話をするにもかかわらず，園や学校などの集団活動では声を発しないといった症状がみられる。言語を用いた他者との相互作用が行われないことは，社会活動が制限され，社会性の発達に影響を及ぼす。

表 2.4　選択性緘黙の要因

要因	状　態
気質的要因	親に恥ずかしがり屋の性質があり，本人の性質として社会的孤立，否定的感情 (神経症的特質)，行動抑制がある場合
環境要因	親の社会的抑制が子どものモデルとなる，親が他の不安症群をもつ場合
遺伝要因	選択性緘黙と社会不安症の顕著な重複から遺伝により受け継がれた性質をもつ場合

(出所) APA (2013=2014) より作成

　　選択性緘黙の要因として，気質的要因，環境要因，遺伝要因等が挙げられるが十分明確化されていない (表 2.4)。現在の治療法は，早期発見・早期介入による医学的治療 (山村他, 2014)，心理面のアプローチとして遊びを中心とした遊戯療法 (角南, 2018)，行動面に段階的にアプローチする行動療法 (加藤他, 1985) 等に大別される。いずれにしても選択性緘黙は，

それを維持する複数の要因が考えられるため，今後の子どもの目標を“話す”ことだけでなく，話せない状況をどのように理解していくのかも重要になる（第 8 章で詳説）。

（4）起立性調節障害 (OD：Orthostatic Dysregulation)

　自律神経[*18] 機能の不全のひとつで身体の病気である。症状の一部として朝起きられないことも多く，その場合登校に支障をきたす（**図 2.2**）。不登校の初期状態や一見怠けているようにみえる状態と相似する点があるため，この症状を理解していなければ過度な叱咤激励を繰り返し，子どもの無力感を増大させる可能性もある。そのため，心理的な状態を丁寧に聞きながら身体面での不調にも気を配る必要がある。具体的には，**表 2.5** にあるような状態にいくつ当てはまるのかといった検討をしながら，子どもの状態に適した対応を考える必要がある。その場合，担任だけでなく養護教諭や校内で状況を共有することにより，子どもに対して一貫した対応が可能になる。自身の学級でない子どものことも気にかけ積極的に声をかける先生方も多い。だが，状況を知らない先生から“どうしてこんな時間に登校してるの？　夜ゲームばっかりしてるんじゃないの？　明日から朝ちゃんと学校においでよ”といった声かけは，たとえ明るい雰囲気で冗談の交じったものであってもこのような状態にある子どもにとっては辛さが増す場合もあるだろう。

　教師は，子どもの心理面だけでなく身体面にも気を配り，校内で連携を取り，その影響要因の程度によっては医療機関を紹介しながら保護者と連絡を取り合うことも望まれる。それにより，たとえ状況が急に変化することはなくても，子どもの心理的負担が軽減し現状により適した対応が可能となると考えられる。

＊18　自律神経：個人の意思とは関係なく働く体内機能。昼間や身体を活発に動かすときに働く「交感神経」と，夜間や身体を休めるときに働く「副交感神経」の 2 種類がある。

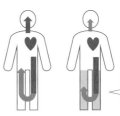

起立時も脳血流が維持されるが，ODでは調節障害のための脳血流が低下する

図 2.2　OD における脳の血流状態（右側）
（出所）岡山県教育委員会（2019）より引用

表 2.5　起立調節障害の簡易的チェックリスト

・立ちくらみ，あるいはめまいを起こしやすい
・立っていると気持ち悪くなる，ひどくなると倒れる
・入浴時あるいは嫌なことを見聞きすると気持ちが悪くなる
・少し動くと動悸あるいは息切れがする
・朝なかなか起きられず午前中は調子が悪い
・顔色が青白い
・食欲不振
・おへその周りの腹痛を訴える
・倦怠あるいは疲れやすい
・頭痛
・乗り物に酔いやすい

（注）しばしば起こるたまに起こるが 3 つ以上の場合起立性調節障害 OD の可能性がある。
（出所）岡山県教育委員会（2019）より作成

（5）教師の関わり

　発達の過程で，愛着や心身の不調に起因した不安定さを抱える子どもにどのように接したらよいのだろうか。スクールカウンセラーに紹介する他，教師にしかない強みがある。それは日々子どもと接する機会を持てることである。愛着形成が不全であったり，自尊感情が低く友だち関係がうまくいかない子どもに対し，頭をなでたり肩を叩いて微笑んだり，休憩時間や放課後に一緒に遊ぶこともできるだろう。そのような教師との関係が子どもの学校での居場所と安心感につながると考えられる。そこで子どものつぶやきを聴くことから，新たな子ども理解や関わりの契機が生まれるかもしれない。

[角南なおみ]

2.2 児童の自尊感情の状態を理解する

*1 自尊感情と自己肯定感は隣接する概念であり，研究者によって定義は異なっているが，本書では明確に2つを区別せず，自分自身を「これでよい」と無条件に受け入れる感情 (Rosenberg, 1965) を「自尊感情」と定義する。

教育相談において大切にしたい子どもとの関わりのひとつが**自尊感情**[*1]を育むことである。心理学領域においては，子どもの対人関係，精神的健康，学力，何かを達成する力に大きく影響する心理的要因として注目されている。また，学校現場で対応を必要とするさまざまな課題（いじめ，不登校，発達障害，非行，虐待など）には自尊感情の低さが関連することが指摘されている。以下では，教育相談に必要な自尊感情の理解と対応についてみていこう。

1. 自尊感情とは

自尊感情の尺度を作成したローゼンバーグ (M. Rosenberg) は，自分自身への評価のあり方として，「とてもよい (very good)」と「これでよい (good enough)」という2つの側面があると指摘した。前者の「とてもよい」は他人との比較で優越性を含む意味合いである。「自分にはできることがある」「自分には価値がある」「自分は優れている」といった感情で，ほめられたり，成功体験を積んだりすることによって得られる自信や誇りの源である。いい成績をとったり，周りの期待に応えたり評価されたりして維持・向上する感情である。他者との比較や評価で変わってくる状況依存的なものなので，他者から叱られたり，失敗したり，他者の評価を得られないと感じられた場合には自己否定感に繋がってしまう。

一方，後者の「これでよい」は他者との比較を前提としておらず，自分をありのままに肯定的に受け入れ尊重する感情である。ローゼンバーグは，「これでよい」と感じる程度が高いほど自尊心が高いと考えている。「自分が自分であって大丈夫」「このままでいい」「これ以上でも以下でもない，自分は自分なのだ」といった自分に対する安心感の感情である。ありのままの自分を，長所および短所と感じられる部分も含めて受け止められ，他者の評価によって簡単に傷ついたり，凹んだりすることはなく，安定した自己に対する尊敬の感情である。自分のことを尊重できると同時に，他者も尊重できて攻撃的になる必要もない。安定した対人関係を築くための基盤である。

なお，我が国では研究者が類似した意味合いで，前者を「社会的自尊感情」（近藤，2013）や「競争的自己肯定感」（高垣，2004），後者を「基本的自尊感情」（近藤，2013）や「共感的自己肯定感」（高垣，2004）と区別している。

2. 児童生徒の自尊感情の状態を理解することから

　児童生徒の自尊感情を育てるには，単純に褒めたり，得意なことを増やしたりすればいいというものでもない。なぜなら，褒められたり得意なことが増えたりして向上する自尊感情は，優越感といった**他者との比較に基づく自尊感情**であり，周囲の評価によってしぼんだり肥大したりする性質があるので，とても不安定なものである。そのような周囲の状況に依存した自尊感情の**土台**になっているのが，**自分自身を無条件に受け入れる自尊感情**である。この２つの大小の組み合わせで**図 2.3** のような４つのタイプが想定される（近藤，2013）。近藤（2013）は土台部分の自尊感情を「基本的自尊感情（Basic Self Esteem：Ｂまたはｂと略す）」，その上に積みあがっているものを「社会的自尊感情（Social Self Esteem：Ｓまたはｓと略す）」としている（**図2.3**）。① SB はどちらのタイプの自尊感情も十分に育ちバランスよく形成された安定タイプである。② sB は基本的自尊感情は安定しているが，社会的自尊感情が低いのんびり屋のタイプである。③ Sb は土台が貧弱なのにもかかわらず社会的自尊感情が熱気球のように肥大しているタイプである。内面では不安を抱えているが，いつも誰かから評価を受けようとして努力するので自信があるように見える。そのため，本人は疲弊し苦しい状態にあって

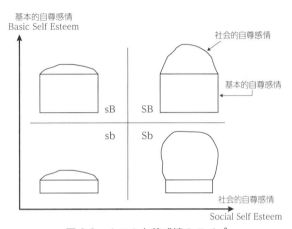

図 2.3　４つの自尊感情のタイプ
（出所）近藤（2013）を基に作成

も気づかれない傾向がある。④ sb は両方とも育っていない自信欠如タイプである。孤独で周囲から見ても不安そうに見える。

　sb タイプは周囲からみても自信がなさそうにみえるが，Sb タイプのように，一見すると自尊感情が育っているかのように見られやすい子もいるので，よく観察し児童生徒の自尊感情の状態を理解するよう努めたい。Sb タイプは，例えば，普段からよく頑張っているが保健室に来室している，間違えることを恐れている，成果を得ることに必死になっている，一人でぽつんとしている等，ふとしたときに見せる言動や表情から手がかりを得られることがある。

　sB や sb のように，他者との比較に基づく自尊感情（社会的自尊感情）が育っていない場合には，ほめる，成功体験を積ませるなど，児童生徒を評価したり認めるといった方法をとられることが多い。その際には，児童生徒の発達段階に合わせたほめ方をしたり，タイミング（すぐにほめるか，あとでほめるか，個別でほめるか，集団の中でほめるか等）や言葉かけなどを工夫したりすることができる。しかしより注意深い観察を行い，地道な関わりが求められるのは**土台**となっている**自分自身を無条件に受け入れる自尊**

感情の方であろう。

では，特に土台となる自尊感情の土台部分を育てる関わりに焦点を当ててみていこう。自尊感情は，乳幼児期に養育者との愛着関係を基盤として育まれていく。養育者が赤ちゃんをかけがえのない存在として丸ごと無条件に受け入れ，基本的な欲求を満たし，さまざまな感情や体験の共有を通して育まれる基本的信頼感と近似した感情である。したがって，養育者との関係は自尊感情の形成にあたり重要である。では，教師の関わりは児童生徒の自尊感情に影響しないのかというとそうではない。例えば，親との愛着関係が十分にもてなかった場合でも，教師の関わりによって，大人や他者に対して信頼感をもち自尊感情を高められる児童生徒もいる。教師のどのような関わりが子どもの自尊感情を育てるのだろうか。

（1）共感と受容

自尊感情や自己肯定感の形成には，相手の思いや気持ちに関心をもち耳を傾ける「**共感**」が重視されている[*2]（高垣，1999）。学校現場における教師の共感について例を挙げる。嘘をつく子どもがいたとする。その際に，指導的・評価的な視点で見れば，子どもの行動を律するために「嘘をついてはいけません」と指示することになるかもしれない。一方，共感的な視点で見れば，教師は，その行動の背景には何があるのかと子どもの視点に立って思い巡らせ，子どもをわかろうとした声掛けをすることになるだろう。子どもにとっては，わかろうとしてくれる他者に対して安心感を持ち，**他者に受け入れられることを通して，不完全な自分自身をも受け入れる**ことがしやすくなるのである。時には自分の課題について「私，つい嘘ついちゃうんだ。直したいんだけどできなくて……」と教えてくれたりもする。共感と受容を通して，児童生徒が自分自身を受容し，行動を変化させるための意欲をもち，結果として問題行動が解消・軽減することもみられる。

また，子どもにとって，辛い時や悲しい時，どうにもならない感情を抱えた時に，それを一人で抱えていくことは孤独で耐え難い道のりである。しかし，その感情をあたかも同じ体験をしているように理解してくれ，そばにいてくれる人がいたら，その子どもは辛い体験を乗り越えていく力を得るだろう。

もし，児童生徒が悩みや困り感を抱えているなど，気になる様子がみられたら，あなたならどのように声を掛けるだろうか。**表2.6**のSOSを受け止める時の言葉の例に示されているように，子どもの思いを受け止められる教師の共感的な関わりを体得しておきたい。一方，『言ってはいけない言葉例』に示されている言葉は，時には励ましや勇気づけになるが，耐え難い苦しみを抱えている時には追い打ちをかける言葉かけになってしま

表 2.6　児童生徒の SOS を受け止める時等の言葉例

気にかかる様子が見られた時の言葉例	相手の思いを受け止める時の言葉例	言ってはいけない言葉例
・どうしましたか？ ・どうしたの？　何か辛そうだけど ・なんか元気ないけど大丈夫？ ・何か悩んでいる？　よかったら話して ・何か力になれることはない？ ・何か悩み事があるんじゃない？ ・もしよかったら，心配なことを話してくれませんか？	・辛かったですね ・大変でしたね ・よく耐えてきましたね ・今までよく頑張ってきましたね ・よく話してくれましたね ・力になりたい ・私にできることはある？	・頑張れ ・命を粗末にするな ・逃げてはダメだ ・そのうちどうにかなるよ ・ご両親や友達が悲しむよ ・そんなこと考えちゃダメ

（出所）東京都教育委員会（2018）より抜粋

う。状況や相手によって異なるため，教師は自分自身の言葉かけや態度が児童生徒の目にどう映るのか，どう伝わるのかを常に意識をしていたい。

(2) 児童生徒同士の共有体験

　自尊感情を高める関わりとして，「**共有体験（感情と体験の共有）**」を積み重ねることも有効である（近藤，2010）。教師と子どもの間だけでなく，子どもたち同士が共有し合える学級作りを行うことも重要である。学級内で意見したことが受け入れられる，ありのままの自分が認められる，辛い思いをした時に声をかけてくれたりそばにいてくれる友だちがいる，といった学級は，児童生徒にとって受容的で，自尊感情を養うために適した空間である。運動会や体育祭，文化祭や合唱祭，遠足や修学旅行といった行事に向けて学級がまとまり，さまざまな感情を共に味わう体験も仲間との共有体験となる。

　授業においては，共有体験ができる活動を取り入れていく工夫ができる。例えば，五感を使うなど体験的な授業は，児童生徒にさまざまな感覚や感情が起こるため，その感覚や感情を子ども同士が共に味わうことができる。音楽や体育などで，楽しみながら協力し合ったりタイミングを合わせる課題もよいだろう。課題に取り組んだ後に，**シェアリング**の時間を設ける実践もある。シェアリングが，「浅い」ものにならないように，①子どもが自分の感じたことや気づきについて静かに思い起こせる時間を作る，②シェアリングのためのルールと手順を明確にする，③気づきを言葉や絵などにして書く，④聞き手に伝える，といった工夫が必要である。子どもがうまく言語化できない場合には，教師が共感的に聴いて代わりに伝えたり，子どもたちが記入した振り返り用紙に記入された内容を，後日，口頭やプリントなどで学級全体に伝えるシェアリングの方法もある。

　子どもたちが日ごろから共有体験をできるように，**エンカウンター・グループ**[*3]や**ピア・サポート活動**[*4]も有効である。子どもたち同士，また子どもと教師が日頃から体験と感情の共有ができるクラスづくりを心掛けたい。　　　　　　　　　　　　　　　　　　　　　　　　　　［上野まどか］

*3　詳しくはコラム「エンカウンター・グループ」，5.1 の*3 を参照。

*4　「ピア・サポート活動」の「ピア」は年齢の近い仲間という意味である。児童生徒が，人間関係を豊かにするための学習を行い，そこで得た知識やスキルを基に，相手を思いやり，支える実践活動のことを意味する。人間関係づくり，学習支援，居場所作り，などの実践例がある。ピアサポート学会が 2006 年に発足している。

【発展問題】

・教育相談で子どもの理解に努めても，どうしても子どもの言い分が自分勝手に思えて理解したくてもできない場合，どうすればよいか考えてみましょう。

・あなたは，これまでどのような「共有体験（感情と体験の共有）」がありますか。小さい時やこれまでの経験の中で，「ほっとした」「胸があたたかくなる」「心地のよい」他者との関わりを思い起こして，その時の感覚を味わってみましょう。また，周りの人にもどういう体験があるかを聞いて，一緒に味わってみましょう。

【推薦文献】

・近藤邦夫『教師と子どもの関係づくり』東京大学出版会，2004年

　　教師と子どもの関わりが教師の視点から丁寧にまとめられた一冊。教育相談の場と学校教育の指導の場がいかに違う感覚であるのかを筆者自身の体験も交えて解説されている。教師として当たり前の感覚や価値観が子どもに及ぼす影響について考えさせられる。

・高垣忠一郎『長きることと自己肯定感』新日本出版社，2004年

　　わかりやすい理論で自尊感情のタイプが解説されている。子どもたちの自尊感情のタイプを理解し関わり方を考えるきっかけになる。具体的な実践例・授業例も参考になる。

コラム　エンカウンター・グループ

　学校生活の中では，子どもたちはしばしば本音で伝え受け入れてもらう経験をすることが難しいと感じている現状があります。自分が何を感じているかを正確に気づくことが難しかったり，伝える勇気が持てなかったり，伝えるスキルや経験が未熟であったりします。また，聞き手が相手の話を否定してしまう場合もあります。エンカウンター・グループでは，本音と本音で交流することを支えることを通して，子どもたちの関係性を育て，自他への気づきと理解，自己受容などを促進します。

　エンカウンター・グループには，話題を決めずに自由に話をする形態と，みんなで取り組む課題（エクササイズ）が決まっている形態があります。学校現場で行う場合は，後者の構成的エンカウンター・グループと呼ばれるもので，エクササイズの後にシェアリングをするという構成になっています。エクササイズの内容は，教師のねらいによって決めます。例えば，クラス替え後であれば関係性作りを目的としたものや，クラスに所属感を感じられるよう居場所作りを目的とするなど，クラスの実態に合わせてねらいを考えましょう。その他に，子どもの年齢や交流の深さ，所要時間，教師のエンカウンター・グループの経験値などによって内容を決めます。シェアリングでは言葉による振り返りとわかちあいを行います。エクササイズでの自分の感情や気づきを明確化し，それをメンバーに伝え，相手の体験も聴きます。シェアリングは，エクササイズのねらいを深める働きもあります。

　実施の際には唐突な感じをもたれないように，学校や学年の行事，学級活動に合わせて実施するといいでしょう。教員研修や保護者会で実施することも可能です。エクササイズの具体的な内容やインストラクションの方法，シェアリングのコツ，ルール設定など，詳細は他書を参考にしてください。教師の共感的態度や自己開示によって，子どもたちの安心感や自己理解の深さも異なってきます。エンカウンター・グループをメンバーとして体験する経験を持っていただくと，より実施しやすくなり，エクササイズのねらいをより定着することができるでしょう。

[上野まどか]

青年期の葛藤と理解

　青年期は，子どもから大人になる端境期であり，親子関係・友人関係など大きな変化を遂げる時期である。青年期を通して，それまで慣れ親しんだ子どもから，大人というそれまでになかった自分を試行錯誤しながら作り出さなくてはならない。そのため，青年期は大きく成長する時期でもあるが，さまざまな心理的葛藤を抱えやすく，さまざまな精神疾患が生じる時期でもある。本章では，青年期の親子関係や友人関係の特徴を説明していく中で，青年期に生じやすい心理的葛藤や精神疾患の説明を行う。

1. 青年期危機説と青年期平穏説

　青年期の入り口において，身体的には「**第二次性徴***1」が起こり，生物学的に大人への第一歩を踏み出す。精神的には，親からの自立に向けた動きが生じる。この時期，親の庇護下での生活に疑問を感じるようになったり，完璧と思っていた親の欠点に気づくようになったりして，親への反抗的態度や行動が生じることがある。この現象を「**第二反抗期**」と呼ぶ。この気持ちは親だけでなく，教師を含む周りの大人に対しても広がっていく。それと反比例するように同年代の仲間との絆が強くなり，それを糧に心理的に不安定な青年期を生き延びる。かつて青年期は疾風怒涛の時期，心理的危機の時期と言われることが多かった。しかし，1960 年代後半以降，日本の多くの青年が目立った反抗や混乱を示さず，親とも仲良く過ごし，特段の不適応もないまま大人になっており，彼らは疾風怒濤の青年像と一致しなかった。そのため，現在では，青年期を疾風怒濤の時代と捉える「**青年期危機説**」と，多少の波風がたったとしても特に重大な危機は生じないとする「**青年期平穏説**」，その両方が青年期にラベルづけされている（杉原，2001）。この 2 つの説はどちらも青年期の現実を示している。確かに，現在では特に大きな問題や不適応を起こさず青年期を通り過ぎ大人になる者も多いが，中には精神医療的介入が必要となるような病的な心理的危機に陥る者もいる。また他の者から見ると大きな不適応はないものの，よくよく見るとその個人なりに心理的葛藤を抱え悩んでいる青年も少なくない。教師として青年期の者と対峙するとき，この時期に生じやすい心理的葛藤についての知識を持っていることは有用であろう。

2. 青年期の人間関係

　青年期の心理的葛藤を考える際，青年期の親子関係，友人関係，恋愛関係等の人間関係の特徴を理解しておくことは役立つ。

（1）親との関係

　青年期では，第二次性徴等の身体的変化が生じたり，抽象的思考の獲得による認知の変化が生じたりすることにより，親子関係に変化が生じる。

　L. S. ホリングワース（L.S. Hollingworth）が提唱した「**心理的離乳***2」理論を実証研究した落合・佐藤（1996）によると，中学生から大学生にかけて，心理的離乳へ向かって発達的に変化する（**表3.1**）。中学生の時期の「親が子を抱え込む関係」，「親が子を危険から守る関係」という親から庇護されている子どもと子どもを守る親という関係から，大学生にな

ると「子が親から信頼・承認されている関
係」，「親が子を頼りにする関係」という大
人同士の対等な関係に移行する（落合・佐
藤，1996）。この移行の途中で，親と子の
間で理想とする親子関係のずれが生じ，そ
こに心理的葛藤が生じることもある。例え
ば，親がまだまだ子どもだと思って子ども
を守ろうとしても，子どもの方が親を「過
保護すぎる」と反発を覚え，親に対して反
抗的な態度をとったり，家出を試みたりし

表 3.1　心理的離乳への 5 段階仮説

5	対等な親子関係	子は子でありながら親になり，親は親でありながら子になる親子関係
4	手を切る親との関係	子との心理的距離を最も大きくとる，子と手を切る親との関係
3	成長を念じる親との関係	目の届かない遠くに行ってしまった子を信じ，成長を念じる親との関係
2	守る親との関係	子を目の届く範囲において，子を危険から守る親との関係
1	抱え込む親との関係	子を手の届く範囲において，子を抱え込み養う親との関係

（出所）落合・佐藤（1996）に一部筆者加筆

て，早急に自立に向けた動きをとろうとしたりすることもある。

(2) 友人との関係

　青年期は，友人関係も大きく変化する。親からの心理的離乳に伴って，
自分の気持ちを預ける，頼る対象が親から友人へと変化していく。

　中学生によくみられる友人関係に「**チャム・グループ**」がある。この時
期，互いの趣味や興味に共通点があることを強調し，自分たちが仲間であ
ることを確認し合う。その集団でしか通用しない言葉を作り，大人には分
からない自分たちだけの世界に意味を見出す。また，秘密を共有すること
で強い仲間意識を醸成する。このチャム・グループはどちらかというと女
性に特徴的にみられる。チャム・グループも，児童期後半男児に特徴的に
現れる「**ギャング・グループ**」も，グループメンバー内での同じであろう
とする圧力（これを「同調圧力」という）が極めて強い。そのため，例えば，
グループ内で万引きをしようということになったときに，内心「万引きは
良くない」と思っていたとしても，自分は万引きしないと他のメンバーに
主張できず，その結果，他のメンバーと一緒に反社会的行動を取ってしま
うこともある。また，同質性を強調するギャング・グループやチャム・グ
ループでは，同質性が少しでも損なわれたとき，それが仲間外しにつなが
り，グループメンバーに対する壮絶ないじめが生じることもある。

　高校生になると，それまでの何をするにも一緒である，同じことを重視
する人間関係から脱却していく。互いの価値観や理想などを語り合い，他
者との共通点だけでなく，違いを理解しようと試み，認め合い，尊重する
ことができるようになる。これを「**ピア・グループ**」と呼ぶ。ピア・グルー
プは，チャム・グループとは異なり，男女混合であることも多く，年齢層
も幅広い。こういった仲間関係の変化を通して，私たちは異質性を認め合
い，親密な関係を育み，自己を確立し，大人になっていく。

(3) 恋愛関係：親密な関係

　青年期は，**異性**[3]への関心が高まり，恋愛関係，つまり特定の人との親
密な関係を築く時期でもある。現代では結婚する者の大多数が恋愛関係を

*3　ここでは，便宜的に「異性」
と書いたが，下記に述べるように
人の性的指向はさまざまであるこ
とは言うまでもない。

経たうえで結婚する*4。そのため，青年期に親密な関係をもつということは結婚につながる重要な練習ともなる。恋愛は，安心感を得たり，自分を成長させたりするポジティブなものと捉えられることが多いが，「**デートバイオレンス***5」といったネガティブな要素も生じる可能性がある。「デートバイオレンス」とは，「恋人間の暴力」を指す。デートバイオレンスには，ドメスティックバイオレンス（DV）と同様に，殴る・蹴る・髪を引っ張るといった身体的な暴力，大声で怒鳴る・バカにする・交友関係を制限する・行動を監視するといった心理的な暴力，借りたお金を返さない・貯金を勝手に使うといった経済的な暴力，性行為を強要する・避妊に協力しない・嫌がっているのに裸等を撮影するといった性的な暴力が含まれる。

　3年ごとに内閣府が行っている「男女間における暴力に関する調査」では，20歳以上の交際をしたことのある者のうち，男性の11.5％，女性の21.4％が何らかのデートバイオレンスの被害を受けていた（内閣府男女共同参画局，2018）。これは，交際経験のある人のうち，女性の約5人に1人，男性の約9人に1人が，恋人から暴力の被害を受けた経験をもつということである。さらに同調査によれば，デートバイオレンスの被害経験のある人のうち，男性の12.1％，女性の21.3％が交際相手からの暴力による命の危険を感じた経験をもっていた。以上から考えると，デートバイオレンスは，比較的多くの人が経験することであり，またその被害も命の危険を感じるほど深刻なものになる可能性もある。自分が一度でも好きと感じた恋人からの暴力は，怪我をする等の身体上の悪影響だけでなく，その被害を受けた人が自信を失ったり，夜眠れなくなったり，不安や落ち込みが強くなったり，誰も信じられなくなったりする等甚大なメンタルヘルス上の悪影響を及ぼす可能性もある深刻な問題であり，予防が必要な問題である*6。

(4) 自分との関係

　青年期には，上記に述べたようにさまざまな他者との関係に変化が生じるが，その根底に自分自身をどのように捉えるのかという自分との関係についても大きな変化が生じる。青年期の入口において第二次性徴が起こり，身体が大きく変わる。また，周りも異性への興味を強めていく。その中で，自分の「**性的指向**」や「**性自認**」が他者と異なるということで孤独を強める**LGBT***7の者も多い。

3. 性的指向，LGBTへの理解

　「性的指向」とは，自分がどういった性別の人を好きになるかであり，異性を好きになる人，同性を好きになる人，性別にかかわらず好きになる人，誰も好きにならない人など多様なバリエーションがある。「性自認」とは，自分をどういう性だと思うかということであり，男性だと思う人，女性だと思う人，どちらでもあると思う人，どちらでもないと思う人，性

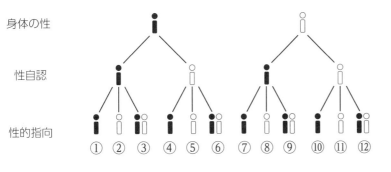

図 3.1　「生物学的性」「性的指向」「性自認」の組み合わせ例
(出所)「東京レインボープライド」ホームページより筆者一部改変

別は決めたくないと思う人などこちらも多様なバリエーションがある。つまり，性は男性と女性だけに分かれるものではないが，理解しやすくするために便宜上男性と女性と示して図式化すると（図 3.1 参照），生物学的に男性として生まれ，自分自身も男性と感じ，女性を好きになるという②と，生物学的に女性として生まれ，自分自身も女性と感じ，男性を好きになる⑩が「異性愛」である。それ以外が LGBT と呼ばれる。

　LGBT に該当する人はどのぐらいいるのであろうか。LGBT 総合研究所 (2019) の調査では，LGBT に該当する者は 10.0% であったにもかかわらず，83.9% の人が「身の回りに LGBT の人はいない」と回答している。自分を取り巻く大人の中に LGBT の人がいないように見えるこの世界[8] で，青年期の LGBT の人は「自分は何者なのだろうか」「自分だけがこうなのだろうか」「この先どう生きていったらいいのだろうか」「周りの人に自分が LGBT であるとカミングアウトしたほうがいいのか，したらどうなってしまうんだろうか」などと苦悩することが多い。「**カミングアウト**」は LGBT 当事者にとって重要な問題である[9]。2015 年に都内の大学に通う男子学生 (A) が同級生の男子学生 (B) に告白したが，その後，B が周囲の学生に対して A の性的指向について，A の許可なく周囲の学生に暴露し，その後，A が自死したことについて遺族が大学を相手に訴訟を起こしている。LGBT の人の性的指向や性自認を本人の意思に反して他者に暴露する行為を「**アウティング**」と呼ぶ。アウティングは人権侵害であり，あってはならない行為である。

　現在，欧米では LGBT の人の人権が強く言われるようになってきており，日本においても企業では LGBT の人がより働きやすい職場づくりが進められている。将来生徒が巣立っていくグローバル化した社会では，働く人一人ひとりの LGBT に対する深い理解がさらに必要となる。教師は，そういった社会情勢も踏まえ，自らの LGBT に関する理解を深め，それを踏まえた教育を行っていかなくてはならない。

*8　LGBT 総合研究所 (2019) の調査では，LGBT に該当する者の 78.8% が誰にもカミングアウトしていなかった。つまり，10 人に 1 人というかなりの割合で身近に存在しているはずの LGBT に該当する者の大多数が誰にもそのことを話していないため，周りの人は気づいていないと考えられる。

*9　親や友人にカミングアウトして受け入れられれば，丸ごとの自分が受け入れられた気持ちになり，安心することができるが，受け入れられなかった場合には素の自分が否定された感じがして大きく傷つく。
　性自認や性的指向は周囲から見てわかるものではない。そのためカミングアウトしないで生きることも可能である。カミングアウトするかどうかは，自分がどう生きるかということにもつながる。そのため，いつ，だれにカミングアウトするのかということは，LGBT 当事者が自分で決めることであり，周囲の者は LGBT 当事者が自分で決めることのできる環境を整えることが重要である。

3.2 青年期の精神疾患と危機介入

1. 青年期の精神疾患

　青年期を通して，人は親から自立し，個としての自分を形成していかなくてはならない。そのため，青年期では自己意識が急速に高まるが，その際，自己を否定的に捉えがちとなり，同時に否定的に捉えている自己を克服しよう葛藤する（千島，2014）。このような中で，青年期に精神的に不安定になる者もおり，児童期までには見られなかった精神疾患が青年期に現れることがある。教師が青年期に現れる可能性のある精神疾患について知識をもっていることで，より適切な対応をとることができよう。ここでは青年期にしばしばみられる精神疾患について簡単に説明する。

(1) 摂食障害

　摂食障害は大きく2種類ある。一つは，食事をほぼとらない「拒食症」，もう一つは拒食症とは逆に，大量の食べ物を摂取する「過食症」である。

　拒食症では他者から見ると骨と皮のような状態になっても，本人はまだ自分が太っていると感じ，食べることを拒否する。標準体重の60%以下になると，低栄養による腎不全，電解質異常による不整脈，抵抗力が低下し結核等の感染症に罹患するなど重い身体疾患を合併しやすくなり，最悪の場合死に至ることもある。また，「拒食症」も「過食症」も食べたことに対して後悔し，怒り・落ち込み・不安が強くなり，自傷行為をしたり，自殺を図ったりするなど，精神的に非常に不安定になることも多い。

　摂食障害のきっかけはさまざまである。青年期では，だれもが自分の外見を気にする。多くの女性が「自分は太っている」と思い，社会の「やせている人が美しい」という価値観とも相まって，ダイエットを試みる人が多い。このダイエットをきっかけに摂食障害になる者もいる。

(2) 心身症

　心身症とは，身体疾患のうち，発症や経過にストレスの影響が大きいものをいう。心身症の代表的なものとしては，「過敏性腸症候群」「機能性ディスペプシア」「本態性高血圧」などがある。青年期初期は，自らの心理的葛藤を言葉で語ることが難しい場合もあり，心身症として現れることも少なくない（岡本ら，2015）。

(3) 社交不安障害

　青年期になると，子ども時代の自分は何でもできるという万能感から脱却し，自分は特別な存在ではないと感じるようになり，他人と自分との違いに敏感になる。そのため，自分の外見が気になったり，自分が人からどう思われるのかということが気になったりするようになる。そういった中

で，人前で話をすることや人が多くいる場所に行くこと等に強い不安を感じる「社交不安障害」になることがある。社交不安障害のある人は，不安を回避するために，人前で発表することや，外出することや人と会うことを避けるようになり，社会生活に大きな困難が生じることも少なくない。

(4) 強迫性障害

「強迫性障害」では，行うことに意味がないと自分で思っていても，繰り返しその行為をしないと不安でたまらなくなるために，その行為をやめることができなくなる。たとえば，家の外に出かけると自分が非常に汚いと感じ，家に帰ってから何時間も手を洗ったり，シャワーを浴び続けたりする。そうなると，日常生活に支障が出て，学校に行ったり，宿題をやったりといった，やらなくてはならないこともできなくなってしまう。

(5) うつ病／双極性障害

うつ病になると，気持ちが落ちこんだり，それまで興味があった活動にも興味が持てなくなったり，やる気が出なくなったりとさまざまな精神症状が出る。さらに不眠や食欲低下，疲労感，倦怠感等の身体症状としても現れる。またうつ病の症状として，過度の**自責感**や**無価値感**[*1]が生じ，「死にたくなる」気持ちが強まり，自殺の危険性が高まる。

「うつ病」は気分の落ち込みが主症状であるが，これとは反対に気分が異常にハイになる「躁病」というものがある。躁病では，気分が過度に高揚し，ほとんど寝ず，多弁になったり，普通であればリスクがある行為（例えば，高額な買い物をして借金を作ったり，誰とでも性行為をしたりする）をし，周囲の信用を失う場合もある。また，「自分は何でもできる」といった高揚感を感じるとともに，イライラした焦燥感も感じ，些細なことで怒ることもある。「躁病」だけ体験する者もいるが，「躁病」を体験する者の多くが，他の時期には「うつ病」を患い，「躁とうつ」という２つの極を体験することからこの症状は「双極性障害」と呼ばれる。

(6) 統合失調症

統合失調症は，約100人に1人がかかる比較的出現頻度の高い心の病気である。発症早期に適切な治療を行うと予後が良いことが多く[*2]，早期発見，早期治療が大切である。統合失調症は，多くが青年期〜30歳位までに発症するため，中・高・大学の教員は，症状に関する知識をもち，自分が関わりのある生徒・学生が統合失調症の症状が出ている可能性がある場合には，精神科等の専門治療機関につなぐ等の適切な対応をとる必要がある。

統合失調症は，一般的に前兆期・急性期・回復期という経過をたどる。前兆期では強い焦り・不安が生じ，不眠・食欲不振・集中困難・気力減退等が生じるため，授業を受ける態度が悪くなったり，成績が急激に低下したりすることもある。急性期では，陽性症状と呼ばれる**幻覚・妄想**[*3]と

*1　「自責感」とは，自分を責める気持ちである。自責感が強くなりすぎると，自分が生きていると周りに迷惑をかけてしまう，そんな自分は生きてはダメだと感じるようになることがある。

また，「無価値感」とは，自分には，生きたり，何かしたり，他者から大切にされたりする価値がないと感じることを指す。

*2　病気が良くなった後，症状が残らなかったり，残ったとしても軽度で社会生活には大きな問題がない状態になったりすることも少なくない。

*3　「幻覚」とは，実際にないものを感じることを指し，統合失調症の症状で多い幻覚として「幻聴」がある。幻聴の典型例としては，現実には誰も話していないのに，本人にとってはまるで実際にだれかが「お前は馬鹿だ」と悪口を言っていたり，自分の行動を逐一実況中継している声が聞こえるなどがあげられる。また，「妄想」とは，他者から見ると明らかに誤った内容にもかかわらず，本人は現実と信じ，周りが修正しようとしても修正できない考えを指す。多くの場合，「被害妄想」として現れ，典型的には「街ですれ違う人がこちらをチラチラ見て，自分を襲おうとしている」「教室にいる人が鼻をすするのは，自分を嫌いでここから出ていけという意味だ」「テレビで自分のことをFBIからの逃亡者と言っている」等があげられる。その他にも，「自分の考えが世界中の人に知れ渡っている」「自分の体に何かが埋め込まれた」など他者から見ると奇妙な考えをもつこともある。

いった統合失調症に特徴的な症状が出現する。

　また，急性期には，本人としては，あたかも世界が終わるような強烈な不安・恐怖・切迫感（これを「**世界没落体験**」ということもある）を感じ，行動にまとまりが欠けたり，周囲とのコミュニケーションがうまくとれなくなったりして，日常生活に大きな障害が出ることもしばしば生じる。

　回復期は薬物治療等により急性期の症状が徐々に治まる時期を指す。ただし，陽性症状が治まっても，疲労感や意欲の減退といった陰性症状が残る場合があり，本人としては日常生活を送るのに苦労することもある。

(7) 自傷行為

*4　自傷行為の定義は，研究によっては，ナイフ等で自らの身体を傷つける身体への直接的損傷だけでなく，自殺企図，薬物乱用，過量服薬，抜毛，タバコを皮膚に押し付ける等幅広く含む場合もある（穴水・加藤, 2017）。

　リストカットに代表される「**自傷行為**[*4]」とは，意図的に自らの身体を傷つける行為を指す。中学生・高校生の約1割（男子7.5%，女子12.1%）が刃物で故意に自らの身体を切った経験をもっており（Matsumoto, & Imamura, 2008），大学生においても約1割が刃物で自らの体を傷つけた経験を持っている（岡田, 2005）。自傷行為の多くは死ぬことを目的としていないが，事故や自殺に発展し亡くなる場合もあり（松本, 2009），長期的にみると自傷行為は自殺の危険因子である（Owens et al., 2002）。そのため，学校における自傷行為の予防・早期発見早期対応が重要である。

　ただし，自傷行為の多くが，イライラ，怒りや絶望感といった本人にとって辛い感情をやわらげるために行われており（Matsumoto et al., 2004），生きるために自傷行為を行っているという見方をすることもできる。そのため，教師は，本人としては自傷行為をしなくてはならないほど辛い状況であることを踏まえ対応することが望まれる[*5]。

(8) 発達障害の二次障害としての精神障害

*5　自傷体験者に対する研究により，教師が自傷行為に目をそむけるでもなく，自傷行為をする自分ごと受け入れてくれるという体験をし，教師から日常的なサポートを受けることで，教師の存在に支えられ，自傷を手放そうと思えるプロセスが見いだされている（坂口, 2013）。

　発達障害が故に生きづらさを感じたり，周囲の理解が得られずに適切なサポートが受けられず特性に合わない環境に置かれ続けたり，強く叱責されたりすることにより，抑うつや不安障害等の精神障害を併発することも少なくない。発達障害を一次障害とすると，それに関わる状況から生じる精神障害を発達障害の「二次障害」と呼ぶことがある。

　青年期に初めて精神科を受診する発達障害のある者の多くは，青年期以前に本人的には生きづらさを感じていたり，さまざま心身症様症状を呈していたりすることもあるが，知的には問題なく，大きな不適応がなく病院受診までには至っておらず，青年期に入り二次障害としての精神障害が大きな問題となって初めて受診に至る（岡本ら, 2015）。発達障害は生まれつきの症状であるため予防することは難しいが，二次障害は周囲の適切な対応により予防することが可能である。杉浦ら（2019）の適応指導教室の教師を対象にした質的調査によれば，発達障害のある子どもの二次障害の症状に教師が早期に気づくことや，学校内外の幅広い社会資源と連携することが発達障害のある者の二次障害の予防に重要であることが示されてい

る。この研究は適応指導教室の教師が対象であるが，通常学級にも多くの発達障害の子どもたちがいることを鑑みると，全教師が同様の視点をもつことで，青年期の発達障害の二次障害としての精神障害の予防に寄与できるだろう。

2. 自殺への対応：危機介入

厚生労働省の『令和元年自殺対策白書』によれば，我が国の自殺者総数は全体的に低下傾向にあるにもかかわらず，20 歳未満の自殺者数は1998 年以降ほぼ横ばいにとどまっている（厚生労働省，2019）。また，同白書によれば，15 ～ 34 歳の若い世代における死因で自殺が第 1 位になっているのは，先進国では日本のみであり，その死亡率も高い状況であり，国際的にみて日本の若者の自殺の問題は深刻であるといえる（**表3.2**参照）。

表 3.2　各国の若者の死因と死亡例

	日本		ドイツ		アメリカ		イギリス	
	死因	死亡率	死因	死亡率	死因	死亡率	死因	自殺率
第 1 位	自殺	16.3	事故	9.0	事故	38.7	事故	15.3
第 2 位	事故	6.4	自殺	7.5	自殺	14.1	自殺	7.4
第 3 位	悪性新生物	5.1	悪性新生物	5.4	殺人	10.9	悪性新生物	6.3

（出所）厚生労働省（2019）からの資料を一部筆者抜粋

警察庁による 2018 年における「自殺の状況」によれば，小学生の自殺者数は 7 名のみであるが，中学生では 124 名と急増し，高校生では 238名，大学生では 336 名，専修学校生等で 107 名と年齢が上がるほど自殺者数が増加している（警察庁，2018）。小学校の高学年ごろから「死にたい」と思う子どもが増加し，中学生・高校生の 2 ～ 3 割が「死にたい」と思ったことがあることが明らかになっている（文部科学省，2009）。このように「自殺」の問題は青年期にしばしば現れる大きな問題である。

教師は以下に述べる自殺前に生徒が出す可能性のある自殺のサインや自殺の危険因子をよく理解し，自殺の危険度が高いと考えられる場合は，「**危機介入**」として，精神科医やスクールカウンセラー等の心の専門家につなぐ等チームとして自殺予防に努める必要がある。

（1）自殺のサイン

自殺の前に子どもが発するサインとして，「自殺のほのめかし」[6] がある。また，形見分けとして，自分の大切な物を友人にあげたり，身辺整理として大切にしていた物を売り払ったりすることも自殺のサインであることがある。さらに，自傷行為や行動・態度・身なりの突然の変化，急激な成績の低下，不登校も自殺のサインとも考えられる（文部科学省，2009）。

自殺に追いつめられる典型的な心理プロセスとして，「強い孤立感」や「自分に対する無価値観」「自分や他者に対する強い怒り」を感じ，自殺だ

[6]　「自殺のほのめかし」には実際に言葉として「死にたい」「どうやったら楽に死ねるかな」といった直接的なものもあるし，「遠くに行きたい」「ゆっくり休みたい」「旅に出る」「居場所がない」「自分なんかいないほうがいい」「生きていても楽しことがない」といった間接的な表現でほのめかされることもある。

けが現状を逃れる唯一の道だと「心理的視野狭窄」に陥り，その結果自殺を試みる。そのため「誰も自分のことを助けてくれない」「居場所がない」等の「強い孤立感」を示す言葉や，「自分なんかいない方がいい」「自分が生きているだけでみんなに迷惑をかけている」「自分は何をやってもだめだ」等の「強い孤立感」や「自分に対する無価値観」を示す言葉や，「自分や他者に対する強い怒り」を示す言葉は自殺のサインである可能性がある。

(2) 自殺の危険因子

うつ病はその症状の一つに「死にたくなる」があり，落ち込み気分が強い等うつ病の症状が出ている者に対しては特に注意が必要である。また，自傷行為をしていた者が自殺に至る場合もあり，「自傷行為をする人は死なない」と思い込まないことも大切である。その他の自殺の危険因子としては，「過去の自殺未遂」「アルコールや薬物の乱用」「絶望感」「孤立感」「ソーシャルサポートの欠如」「攻撃的傾向」「トラウマや虐待の経験」「家族の自殺歴」や「失恋，家族や親族が亡くなる等の関係性の喪失体験」などがあげられる（日本精神医学会精神保健に関する委員会，2013）。

(3) 対応の原則

子どもから「死にたい」と教師が言われたとき，教師自身が不安を感じ，「死ぬなんて馬鹿なことを考えるな」と叱責したり，「大丈夫，なんとかなる」と安易に励ましたりしがちである。教師にこういった対応をされると，子どもは自分の死にたいという気持ちやつらい気持ちを教師に受け止めてもらえなかったと落胆したり，怒りを感じたりして，自殺の危険を下げることができない。自殺の危険が高い子どもへの対応は，左記の「TALK の原則」[7]での対応が求められている（文部科学省，2014）。

現在では学校において自殺予防対策がなされるようになってきてはいるものの，残念ながら毎年多くの生徒が自殺で亡くなっている。自殺で生徒一人が亡くなると，その周囲の友人，クラスメートも衝撃を受け，メンタルヘルスが悪化し，最悪の場合は後追い自殺につながりかねない。少しでも自殺を減らすために，自殺予防のための研修会を校内で開いたり，自殺のサインを見つけた場合にはどのように対応するのか事前に校内体制を整えておいたりするなど，日頃から校内の体制整備をしたり，校外の専門機関との連携を強化したりするなどの対策をとることが望まれる。

3. 事例—別れた彼氏から脅迫された A さん

それまで学校の成績もよく，明るく周囲の友人との関係も良かった高校 2 年生の女子生徒 A さん（以下，A）が，2 学期に入り，授業中寝ていることが多くなり，成績も急降下した。担任の B 教諭が声をかけたところ，A は不機嫌な様子で「なんでもない。相談することなんてない。」とつれない返答であった。

これまでの明るい A の様子と全く違うことを心配した B 教諭が養護教諭に相談したところ，養護教諭も最近 A の気になるうわさを耳にしていた。養護教諭によると，保健室をよく使っている女子生徒 C が，

Aの裸の写真が出回っているという噂があるらしいと話したとのことだった。このことを受け，副校長・スクールカウンセラー・養護教諭・B教諭でこの情報を共有し，今後の対応を検討した。その結果，B教諭からAが最近教室でよく寝ていることから，教室で寝るのであれば保健室を利用するよう声かけし，Aが保健室を利用していく中で養護教諭がAの話を聞くという方針が立てられた。

Aが養護教諭にぽつりぽつりと語ったのは，夏休み中に別れた彼氏が復縁しないと裸の写真をばらまくぞと脅してきた。どうしようか悩んでいるうちに，彼氏が友人のLINEに自分の裸の写真を送ってしまった。親にも相談できないし，どうしていいかわからず夜も眠れないとのことだった。本人の許可を取り，副校長・スクールカウンセラー・養護教諭・B教諭でこの情報を共有し，今後の方針を検討した。その結果，Aの心のサポートのためにスクールカウンセラーを利用できるようにし，またAが警察に相談できるよう養護教諭とB教諭を中心にサポートを継続することとなった。

このような問題は，「**リベンジポルノ**[*8]」と呼ばれる。スマートフォンにはカメラがついており，気楽に写真や動画を撮影することができるようになったため生じるようになった問題である。

典型的な例としては，関係が良いときなどに交際相手の性的行為や裸の写真や動画をとり，それを交際が自分の意に添わず破局したときに復讐としてインターネット上にアップする，あるいは「復縁しないとこの画像や動画をインターネット上にアップするぞ」と相手を脅す。インターネットに一度データがアップされると，たとえすぐにそれをアップした本人が削除したとしても，アップしている間に第三者がそれを保存していることもあるし，リツイートなどを通して一気に拡散することもあり，すべてを消去するということが非常に困難である。現状，スマートフォンのカメラで気軽に何でも撮影することができ，加害者はほんの数秒でSNSなどに画像や映像をアップすることができる。しかし，リベンジポルノの被害を受けた者は，一生，いつ自分の画像や動画がインターネット上に上がってしまうのか不安を感じながら生きていかなくてはならない。スマートフォンはこのような危険をはらむものの，現代ではスマートフォンのない生活は考えられない。青年期のうちにスマートフォンとのうまいつきあい方を学ぶ必要がある。教師は，スマートフォンのこういった危険性も踏まえ教育を行っていく必要があろう。

[*8] リベンジポルノは，比較的新しい犯罪である。2014年に，リベンジポルノを防止する法律「私事性的画像記録の提供等による被害の防止に関する法律」が施行された。

4. おわりに

青年期は子どもから大人になる端境期であり，さまざまな心理的葛藤を体験する時期でもある。そのため，一時的な心理的混乱を呈し，精神疾患といえる症状を呈する者もいる。しかし，心理的混乱を乗り越え，その後特に大きな問題もなく成人としての生活を送る者もいる。もちろん必要に応じて精神医療等の学校外の資源を活用することも重要であるが，教師としては，青年期の精神疾患を個人の病理としてだけ捉えるのではなく，青年を見守り，保護者や学内外の資源と連携し，できる限り環境を整えるという視点も忘れてはならない。

［榊原佐和子］

【発展問題】
・自分の小学校時代，中学校時代，高校時代の親子関係と友人関係を振り返ってみましょう。

【推薦文献】
・黒沢幸子『やさしい思春期臨床　子と親を活かすレッスン』金剛出版，2015 年

　　思春期の子どもたちに向き合う基本姿勢を事例を紹介しながら具体的に解説。子どもとの向き合い方に悩むとき，大いにヒントになるだろう。

コラム　児童期から青年期までの親友関係の変容過程

　青年期は，親や教師などの大人から離れようとする時期であり，相対的に仲間や友人との関係が重みを増す時期です。親からの自立を模索するにあたって，不安定な状態の支えとなってくれるのが友人です。友人関係をめぐって，親友と呼ばれる他の友人とは区別される仲間ができるなど，友人関係や親友関係の形成は大きなテーマでもあります。

　いじめ，無視，仲間はずれなどの友人関係をめぐるトラブルは昔から存在しますが，SNS などの影響もあってトラブルが複雑になったり，把握しづらくなっている面もあります。またいじめなどの，友人関係や仲間関係におけるトラブルが自殺や不登校につながるなど，青年期の子どもや若者にとって，仲間との関係性は大きな影響をもたらします。友人関係や親友関係が児童期から青年期までどのように発達的に変化するかを把握することは，友人関係の発達上の課題を教師が把握する際のヒントになるかもしれません。

　2006 年に親友関係の有無と人数の変化を明らかにした調査があります（種村・佐藤，2017）。

表 1　親友の有無の人数比

	親友の有無		
	「いる」	「わからない」	「いない」
小学生	118 人 (86.1%)	17 人 (12.4%)	2 人 (1.5%)
中学生	77 人 (68.1%)	32 人 (28.3%)	4 人 (3.5%)
高校生	93 人 (67.9%)	38 人 (27.7%)	6 人 (4.4%)
大学生	155 人 (82.0%)	22 人 (11.6%)	12 人 (6.3%)
社会人	43 人 (70.5%)	7 人 (11.5%)	11 人 (18.0%)

表 2　親友だと思える人の人数の平均

	全体	男性	女性
小学生	6.67 人	7.29 人	6.05 人
中学生	5.55 人	6.55 人	4.33 人
高校生	3.48 人	4.29 人	2.81 人
大学生	3.23 人	3.32 人	3.20 人
社会人	2.81 人	2.78 人	2.82 人

　まず親友の有無についての結果をみると，親友がいると答える人はどの段階でも半数を超えていて，多くの人に親友がいることがわかります。ただし，中学生では親友がいる人が 68.1%，高校生では 67.9% と他の段階に比べるとやや割合が低くなっています。そして，親友がいるかどうかわからないと答える人が，中学生で 28.3%，高校生で 27.7% と増えています。

　続いて，親友だと思える人の人数の平均をみると，小学生から社会人になるにつれて少なくなっていく傾向がわかります。

　小学生では，親友の人数を 10 名以上いるという子も多く，仲の良い子，一緒にいて楽しい子を親友と考えるなど，あまり友人と親友の区別をしていません。親友について考えることは比較的少ないのですね。それが中学生や高校生になるにつれて，いつも一緒にいる友人関係というのが狭まってきます。高校生になると親友が 6 人以上いるという人は少なくなり，親友は 1 ～ 3 人程度になってきます。関係性がより密になり，裏切らない人，なんでもわかり合える人など，グループ内での関係が強くなります。

　そのように発達的に友人関係が浅く広くかかわるつきあい方から，深く狭くかかわるつきあい方へと変化してくる中で，親友に求めるものや親友概念も変化していきます。アイデンティティの問い直しとともに，青年期には自分には親友がいるかどうかわからなくなることもあります。そのため，中学生や高校生の発達段階というのは，友人関係や親友関係について，悩みや不安を抱きやすい時期でもあります。

　中高生の時期は，いじめなどの大きなトラブルがなかったとしても，自己の変容や仲間関係の変化などによって親友関係に関する不安が生じやすいものですが，大学生，社会人と発達段階が進むにつれて親友の人数は 1 ～ 3 人へと落ち着いていきます。中高生の時期は，友人関係の変化の時期であり，発達的に不安が生じやすいということも理解する必要があるでしょう。

［種村 文孝］

第4章

教育相談に関する基礎的知識（心理療法）

▶キーワード

フロイト，精神分析，無意識，カタルシス療法，心の構造，防衛機制，ユング，分析心理学，個人的無意識，普遍的無意，パーソナリティのタイプ，アドラー心理学，私的論理，目的論，使用の心理学，共同体感覚，勇気づけ，認知行動療法，ベック，自動思考，認知の歪み，認知再構成法，マインドフルネス

　本章は，学校現場において子どもの心理的理解を促進するために有用であると考えられる心理療法の代表的な内容を解説する。具体的には，人の無意識の領域の理解として，4.1 で精神分析（フロイト），4.2 で分析心理学（ユング）を扱い，その理解とともに代表的な技法を紹介する。続く 4.3 では目的論に基づいたアドラー心理学（アドラー），4.4 では認知行動療法の理論と学校現場における使用について説明する。これらの内容を理解することで，子どもに対する理解の仕方が深まるとともに心理的な配慮を伴う関わりの手がかりとなるだろう。

4.1 フロイト(精神分析)

教師という職業は，人の心を育てる職業であると言っても過言ではない。しかし，心は目に見えない部分が多く，児童生徒の心の状態を推測しながら関わることも多いだろう。精神分析学の父と呼ばれ，オーストリアの精神科医であった**ジークムント・フロイト** (Sigmund Freud, 1856-1939) は，さまざまな症状をもつ患者との出会いや，催眠療法を学んだ経験から，症状の発生メカニズムについて知見を深め心について理論化した。フロイトの理論に妥当性を疑問視する声もあるが，心理療法の礎を築いたことを否定する者はいないだろう。

1. 無意識の発見

フロイトが精神分析の基礎を築くにあたり最大の貢献は**無意識**の発見である。私たちは意識的に自分の行動を決めていると考えがちである。しかし，フロイトは人間の心には膨大な無意識の領域があり，**人間が意識できる部分は氷山の一角**でしかないと指摘した (図4.1)。言い間違えや，見間違え，ど忘れといったことについて，これらの行為を偶然，もしくは不注意で起こったと考えることもできるが，フロイトは無意識の力が働いたために起こったと考えた (錯誤行為)。例えば，人と会う約束をうっかり忘れてしまったとする。これを錯誤行為として扱うならば，本当は行きたくなかったため，そのような無意識の願望が約束があることを忘れさせたと考えることができる。無意識そのものは目に見えるものではないが，次に説明する心のメカニズムと心を安定させるための機能について知見を得ておくことが，児童生徒の言動や悩み等を理解するうえで役に立つ。

2. アンナの症例

フロイトが精神分析を創始するのに大きな影響をもたらしたのが，アンナの症例である[*1]。この症例は，一見するとなぜ生じているかわからないような言動や症状の生起メカニズムへの理解を促してくれる。アンナは，21歳の未婚の娘で，さまざまなヒステリー症状[*2]を有していた。ある時期，アンナは強い口渇を感じながらも水が飲めない生活を送っていた。催眠治療を受ける中で，アンナの家には，アンナが日頃から嫌がっていた使用人がおり，その使用人がアンナのコップで犬に水を飲ませていたのを見たということがわかった。アンナが怒りとともにこの話をした後から，水が飲めないという症状がなくなった。つまり，アンナは自分のコップで犬が水を飲む光景に不快感をもち，使用人に怒りを感じたが，それを無意識

*1 アンナの症例に登場するアンナは，J. ブロイヤーの患者であった。フロイトはブロイヤーとの共著でアンナの症例を含む複数の症例を発表し，ヒステリー症状 (*2) が生じる要因に過去や葛藤があることについて論考した。

*2 当時ヒステリー症状と呼ばれていたものは，現在では転換性障害と呼ばれている。ストレスや心の葛藤を抑圧することでさまざまな身体症状 (手足が動かない，声が出ない等) が現れると考えられている。

の中にしまいこんだために，症状が現れていたのである。のちに**カタルシス療法**と呼ばれるようになったこの治療法を，アンナは「煙突掃除」や「談話療法」と表現した。まるでつまった煙突を掃除するように，抑圧された感情を言語化して発散することで症状が消えたのである。

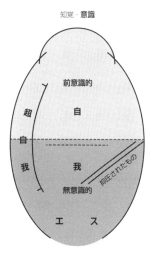

知覚・意識

図 4.1　心の構造
（出所）前田（2014）から引用

3. 心の構造

　フロイトは意識できる程度によって，心に3つの領域があると仮定した。人が意識できる「**意識**」，努力すれば意識できる「**前意識**」，まったく意識できない「**無意識**」の3つの領域である。さらに，心には行動を生み出す心的装置があると仮定し，**エス（イド）**，**自我（エゴ）**，**超自我（スーパーエゴ）**があるとした。エスは欲求のままに快を求める装置，自我は現実外界・エス・超自我からのさまざまな制約や要求を考慮して現実的な行動を選択する働きをもつ装置，超自我は主に親のしつけを通して作られる道徳心や良心の役割をもつ装置である。超自我は，エスに対して欲求を抑制するように働き，自我に対しては現実的な判断をより道徳的，理想的なものにするよう働きかける。各装置が置かれている心の領域は異なり，エスは無意識に，超自我は無意識から前意識の領域に，自我は前意識から意識の領域にある（**図4.1**）。

　エス，自我，超自我の働きを具体的に説明しよう。例えば，一人の子どもが友だちのおもちゃで遊びたがっているとする。もしエスが優勢なのであれば，その子は欲求を優先しておもちゃを奪い取ってしまうかもしれない。超自我が優勢であれば，我慢するかもしれない。しかし自我が現実原則に従って調整できれば，「貸してくれる？」と聞くことができる。

4. 防衛（適応）機制

　自我は現実外界からのストレス，エスからの強い欲求，超自我からの厳しい働きかけに晒されている。自我はこの3方向からのプレッシャーを調整しようとするが，うまくいかないと**不安（不快感）**が生じる。その不安を回避するために自我が無意識で防衛を働かせる。これを**防衛（適応）機制**という。人には，生理的に自分の体を一定のよりよい状態に保とうとする働きがある（**ホメオスタシス**）。同じように心にもこの働きがあり，さまざまな不安や葛藤に対して，**心を安定させようとする機能**をもっている。上手くこの機能が働けば人は適応的に生活ができるが，そうでない場合には不適応となると考えられている。

　児童生徒が不安や不快感を緩和するために，さまざまな行動をすることが観察できる。例えば，試験前日に試験と関係のないことをしたり（**逃避**），好きな子にそっけない態度をとる（**反動形成**）というのは防衛機制のわかりやすい例である。防衛（適応）機制は，それらの児童生徒の行動を理解する際に有用な概念である[*3]。　　　　　　　　　　　　　　［上野まどか］

*3　主な**防衛機制**を下記に挙げる。
抑圧：不快感や不安を無意識の中に抑え込み，意識や記憶から閉め出す。例：返事をしないといけない内容のメールに返信を忘れる。
逃避：取り組まなければいけない現実から目をそらし他のことに逃げる。例：試験前日に部屋の掃除をする。
退行：早期の発達段階に後戻りする。例：赤ちゃん返り。
置き換え：満たされない欲求を他のものに置き換えようとする。例：妥協，八つ当たり。
昇華：欲求，感情を社会的に認められる形に置き換える。例：失恋してスポーツや勉強に励む。
反動形成：本心とは逆の言動をする。例：好きな子にそっけない態度をとる。
合理化：不快な体験を理由をつけて合理的に解釈しようとする。例：イソップ童話『酸っぱい葡萄』
投影：受け入れがたい欲求や感情を，他人のものだと思う。例：自分が相手を嫌っているのに，相手に自分が嫌われていると思う。
否認：認めたくないことを否定し，ないことにしてしまう。例：アルコール問題があっても，アルコール依存ではないと主張する。

カール・グフタス・ユング (Carl G. Jung) はスイスの精神科医である。フロイトの影響を受け，無意識について実証的に探究した。当時は，精神病者が異常者として扱われていた時代だったが，ユングは患者の幻覚や妄想といった非事実的な話にも耳を傾け，その意味を理解しようとした。現実には起こっていないことであっても，その患者にとっては，意味のある内容であり，「**本当に起きていること (心的現実)**」なのだと考え理解しようとしたのである。また，ユング派の心理療法では夢*1 や箱庭療法*2 等を通じて**イメージ**が扱われることが多いのが特徴である。

1. 分析心理学が創始された背景

ユングが分析心理学を創始するきっかけとなったのは，**言語連想検査***3 である。ユングは，連想した単語が出てくるまでの反応時間に着目し，時間がかかったり動揺が見られたりした場合には，思い出したくないものを思い出させないように連想を妨げているものがあり，そこには辛い，悲しいなどの感情を伴ったコンプレックスの存在があると考えた (ユングのいうコンプレックスは，日常的に使われる劣等感の意味とは異なる)。

2. ユングが考えた無意識

フロイトと同様に，心が「意識」と「無意識」の層の構造になっているという共通の見解を示しつつ，ユングは意識と無意識がともに補い合いながら，心の全体的なバランスをとっていると考えた。また，ユングの理論の特徴的な点は，無意識を個人的な経験や記憶に基づく「**個人的無意識**」と，一人ひとりの体験や記憶を超えた全人類共通の無意識である「**普遍的無意識 (集合的無意識)**」に分けたことである (図 4.2)。ユングによると，人が心の病にかかったとき，その原因を個人の体験から説明できない場合がある。それは，普遍的無意識の影響があると考える。

例えば，悩んでスクールカウンセラーのところにやってきた生徒がいたとする。生徒は友だち関係で傷つくことがあり，母親に相談したが，「そんなことで傷つくのはあなたが弱いから」と言われてしまったと話す。スクールカウンセラーが生徒に母親にはどのような存在であってほしいかと尋ねた。生徒は「お母さんには，包み込むように優しくしてもらいたい。本当につらい時に相談できたらいい。」と話した。

「母親は包んでくれる存在」というイメージは，生徒自身の個人的な体験によって作られたものだとも考えられるが，私たちは少なからず母親

*1 夢は，無意識が生み出す産物として考えられている。夢分析は，クライエントに夢の連想を話してもらい，夢の意味をクライエントと一緒に探る方法である。フロイトもユングも夢分析を行っているが，夢の概念や方法論は異なっている。

*2 箱庭療法は，57 × 72 × 7 ㎝の内側が青く塗られた木箱に砂が 7 分くらいの深さで敷かれたものを用いる。木箱は，保護することを同時に自由にのびのび表現することを支える役割を果たす。さまざまなミニチュア等も用意される。クライエントは，箱庭を治療者 (カウンセラー) に見守られながらクライエントならではの世界を展開させていく。その中で，クライエントの自己治癒力が活性化すると考えられている。

*3 「頭」「緑」「水」など，関連がなさそうな単語を投げかけていき，患者にそれらの単語から連想される言葉を言って貰う方法である。

に対して同じようなイメージ抱くだろう。「母なる大地」という表現にもあるように，このような母親へのイメージは人類共通の心の奥に宿っているイメージだと考えられる。このイメージが根底にあることで，生徒の悩みが引き起こされていると考えることもできる。人には，イメージや感じ方，考え方の基になる型（元型）があり，その集合体が心に備わった基本的な性質であると考えた。世界中にある伝説・神話・昔話の中に，共通したパターンがあるのも，人間の心に生得的にある共通した元型および集合的無意識があるからだとユングは仮定した。

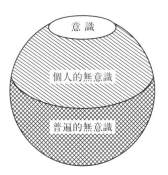

図4.2　心の構造
（出所）河合（1970）から引用

3. パーソナリティのタイプ

　自分自身とは異なる感じ方や考え方をする児童生徒を理解し，児童生徒の特徴に合わせて指導を行うためには，パーソナリティのタイプ論を理解しておくことが役に立つだろう。

　ユングは，人のパーソナリティのタイプには「**内向**」と「**外向**」があると考えた。「内向」は，自分自身の内面の感じ方や考え方に関心の重きが置かれており，常に自分の内面を見つめている内省的なタイプである。新しい環境や初対面の人にすぐに対応しにくい傾向をもつ。それと対照的な外向は，外界の事物や人に興味・関心が向いており，周りで起こっている事柄の影響を受け，新しい環境にも順応しやすく流されやすい特徴がある。さらに，ユングは内向－外向の分類とは別に，人の心の機能として「**思考**」「**感情**」「**感覚**」「**直観**」の4つがあると考えた。「思考」は物事を論理的に捉え，筋道を立てて考え理解する力である。「感情」は思考と対極にあり，快か不快か，好きか嫌いかといった感情によって判断する力である。「感覚」は，五感で得た情報を分析や解釈をせずありのまま知覚して受け取る力である。「直観」は感覚の対極にあり，

表4.1　ユング心理学に基づいた8つの性格のタイプと傾向

タイプ	傾向
外向思考タイプ	何事にも理論を求め，客観的に分析する
内向思考タイプ	物事を深く考え，論理と意味を求める
外向感情タイプ	好き嫌い，快不快の判断が早く，感情表現が豊か
内向感情タイプ	おとなしいけれど豊かな感情が秘められている
外向感覚タイプ	五感で感じたままを受け止め，それを判断基準にする
内向感覚タイプ	自分の内側の感覚を大切にして，自分の世界をもっている
外向直観タイプ	物事の本質を直観で捉え，ひらめきの力を発揮する
内向直観タイプ	目に見えないものを見通す目をもつ

（出所）福島（2011）を基に作成

事物を前にした時に，そのものを捉えるよりもそのものから連想やアイデアがパッと思いつくひらめきの力である。これらの外向－内向の特性と四種類の心の機能のうち，特に強く出ているものの組み合わせて，8つの基本的な性格のタイプが決まると考えた（**表4.1**）。　　　　　［上野まどか］

4.3 　アドラー（アドラー心理学）

*1　フロイトが心をイド・自我・超自我，意識・前意識・無意識と分割して理論化したのに対し，アドラーは個人は分割できない（individual）と考え，過去のトラウマが現在に影響しているのではなく，常に目的をもって動く総体としての有機体であると考えたため，アドラー心理学は「個人心理学（Individual Psychology）」とも呼ばれる。

*2　フロイトが人の動因として性欲やエディプス・コンプレックスを重視したのに対し，アドラーは幼児期の身体的なハンディキャップである「器官劣等性」を重視したという点は，フロイトとの決別にも影響した大きな相違の一つである。

アドラー心理学*1はオーストリアの医師であった**アルフレッド・アドラー**（Alfred Adler, 1870-1937）によって創始された人間理解と援助のための心理学である。アドラーは，精神分析の創始者であるジークムント・フロイトと一時期活動をともにし，フロイトが創始した「ウィーン精神分析協会」の会長となったこともあったが，フロイトとの理論的相違*2から1911年頃にはフロイトと決別し，独自のアドラー心理学を構築した。

1. アドラー心理学の基本概念

　アドラー心理学では，人間は社会的存在であり，人生を自己決定でき，創造的に自らの人生を作っていくことができる存在であると考える。アドラー心理学にはさまざまな概念や治療技法が含まれるが，ここではアドラー心理学の理論的特徴のうち，中心的なものを述べる。

　(1) 認知論：アドラー心理学は，個人の主観的な意味づけを重視する。アドラーは，人の記憶はその人が向かっている方向から大きな影響を受けると考え，個人は過去の出来事に対してその個人特有の見方（これを「認知バイアス」と呼ぶ）をするとした。認知バイアスを通して各個人特有の信念体系が作られるが，その中でアドラーは他者と分かち合うことができ，現実に即していて，皆の幸福に寄与する方向性をもつ「共通論理」と，独善的で現実に則さないその人独自の「私的論理」を区別した。私的論理は，認知行動療法の認知の歪みと類似の概念であるといえる。

　(2) 目的論：現在の不適切行動の原因を過去にあった出来事にあるとする「原因論」に対して，アドラー心理学は「目的論」を特徴とする。人間の行動，感情，症状は，当人にとって何らかの利益（自己重要感や所属感等も含）を得るという目的に沿って生じると考える。そのため，一見不適切に見える行動にも，本人にとって（一時的にでも）有益な目的があるとし，行動の原因ではなく，行動の目的を理解したうえで対応する*3。

*3　たとえば，親が子どもの行動に対し激しく怒鳴りつけたとき，「原因論」で考えるとその人の子ども時代等の過去のトラウマが賦活され怒りが生じ，自分の子どもを怒鳴りつけるという行動が生じたと考える。これを「目的論」で考えると，子どもの行動に対して「子どもに自分の言うことを聞かせる」ことを目的として怒りや怒鳴りつけるという行為を用いたと見る。そのため，怒鳴りつけるという行為を減少させるためには，「子どもに自分の言うことを聞かせる」ための別の方法がないか検討してみるということができよう。

　(3) 対人関係論：アドラーは，人のあらゆる行動は他者との相互作用を伴うことから，人の問題はすべて対人関係の問題であると考えた。アドラー心理学では，人の不適切行動は社会的文脈の中で理解される。

　(4) 使用の心理学：どういった心理特性をもっているかにより性格を理解する立場を「所有の心理学」とすると，アドラー心理学は，目的の達成のために特性をどう使うかという立場で性格を理解する「使用の心理学」であるといわれる。例えば，アドラー心理学では「攻撃性の高い人」とは捉えず，他者をコントロールするために「攻撃性を使う人」と捉える。

　(5) 共同体感覚：共同体感覚は社会的存在である人間に内在する特性で，精神的健康指標，適応の指標とされる。ここでいう「共同体」とは，自分が所属する家族，学校，職場，地域や国といった狭い範囲にとどまらず，自然，地球全体といったより幅広い概念である。人が「共同体」とのつながりの中で生きていると感じ，共同体に信頼・共感・感謝を寄せ，そこに自分が貢献しようとし，実際に貢献しているという感覚が共同体感覚である（浅井，2016）。アドラー心理学を用いた実践では，相談者の共同体感覚の増進を目的の一つとする。

　(6) 勇気づけ：アドラー心理学における「勇気」とは，建設的・創造的に生きていくために内側から湧いてくる力のことである。人生に生じるさまざまな困難から逃げずに取り組むためには「勇気」が必要不可欠であるとし，クライエントとして目の前に現れる者はこの勇気がくじかれている状態にあることが多いと考える。そのため，アドラー心理学を用いた実践では，相談者に「**勇気づけ**[*4]」を行うことで，相談者が自らの問題を解決できる力に気づき，解決に向けて自ら進むことができるようになることを目指す。

*4　クライエントが建設的に自らの課題に取り組むために必要な心的エネルギーである「勇気」を得ることができるようにする働きかけが「勇気づけ」である。そのためには，相手の貢献や過程に注目し失敗を受け入れ，他者と比べるのではなく個人の成長を重視し，感謝・共感する。勇気づけについて詳しくは野田（2017）を参照。

2. アドラー心理学と現在の心理支援

　アドラーはフロイトとほぼ同時代に生きた人であるが，アドラーは現在でも用いられているさまざまな心理療法，例えば人間性心理学，認知行動療法，家族療法，ブリーフセラピー等のエッセンスをすでに語っている（鈴木，2015）。また，アドラーは世界で初めての児童相談所をドイツ国内に設立する働きかけをしており，アドラー心理学は社会の中での心理支援という視点を強くもっている。現在の日本では公認心理師が創設され，心理職はこれまで以上に社会の中での心理支援の視点をもつことが求められている。アドラーが活躍したのは100年ほども前だが，現在の社会情勢の中，われわれはまだまだアドラー心理学から多くを学ぶことができる。

〈アドラー心理学の考え方を参考にした児童生徒への関わり方のヒント〉

　教師から見ると，子どもたちはさまざまな「問題行動」を起こす。そのときに，アドラー心理学の視点をもってその「問題」を眺めてみると，解決のヒントを得られることがある。

　アドラー心理学では「目的論」的に「問題」を眺める。そうすると，「問題」と見えていた子どもの行動が，なんとか安心感を得たい，そのために居場所を見つけたいという目的をもった必死の行為と見えてくることが多いだろう。その後，その目的を達成する別の方法（これをアドラー心理学では「代替案」という）がないか検討することができるようになるだろう。

［榊原佐和子］

4.4 ベック(認知行動療法)

　2010年に一定の条件を満たせば保険診療でうつ病に対する認知行動療法を受けることができるようになり，現在では医療領域をはじめ，さまざまな臨床領域に認知行動療法が広まってきている。認知行動療法は，他の心理療法と比べ，比較的短期間で効果が出るとされ，また理解しやすく，日常生活にも取り入れやすいこともありセルフヘルプの一方法としても利用されている。本節では，認知行動療法の歴史を概観しながら，認知行動療法に関する知識を深めていく。

1. 認知行動療法のはじまり

　1959年，**アーロン・T・ベック**(Aron T. Beck)が精神科医・精神分析家としてうつ病患者の治療をしていたとき，患者に怒りを向けられた。しばらく間を置いてから，ベックが患者にどんな気分なのか尋ねたところ，患者は「こんなことを言うべきではなかった。強い罪の意識を感じています。私は悪い人間だ。」といった自責の念を語った。ベックが他の患者の考えを確認したところ，多くの患者が治療中に自らを強く責める考えを頭に浮かべていることがわかった。しかも，多くの場合，ベックにそのように尋ねられるまで，患者自身は自分の頭に浮かんでいる考えに気づいていなかった。ベックは，このように自分でも気づかないうちに頭に浮かんでいる考えを**自動思考**[*1]と名づけ，うつ病患者に特有の**認知の歪み**[*2]があることを発見し，この認知の歪みを修正する方法として「認知療法」を提唱した。この認知療法が，1990年代に行動療法と合流し，**認知行動療法**(CBT: Cognitive Behavior Therapy)と呼ばれるようになった。

　認知行動療法は，うつ病治療だけでなく，不安障害や摂食障害など多くの精神疾患の治療に有効であることが示されており，現在では，認知行動療法は，医療領域だけでなく，教育や産業領域等，さまざまな領域で広く用いられている。

2. 認知行動療法の基本モデルと技法

　認知行動療法では，ある出来事に対して生まれた自動思考によって，さまざまな感情が生じると仮定する。例えば，道を歩いているときに知り合いに出会い，挨拶したが返答がなかったとき，「無視された。嫌われた。自分はいつも人から嫌われる」という自動思考が生じれば，気分が落ち込むが，同じ状況で「挨拶をしたにもかかわらず返事しないなんてマナーがなってない。人として最低だ」という自動思考が生じれば，怒りが生じる。

*1　「自動思考」は，自分にとってはあまりにも当たり前の思考や視覚的イメージ(これらを総合して「認知」と呼ぶ)であり，通常，非常に素早く頭に浮かんでは過ぎ去る。
　認知行動療法では，自動思考の根底に，その人にとっての中核的な思い込みである「スキーマ」があると仮定する。認知行動療法では通常，まずは自動思考に焦点を当てるが，スキーマに焦点をあてる「スキーマ療法」と呼ばれるものもある。

*2　だれもが「認知のクセ」をもっている。悲観的に考えやすかったり，楽観的に考えやすかったりするのもこの認知のクセである。特に，ネガティブな気分につながるような認知のクセを認知行動療法では「認知の歪み」と呼ぶ。例えば，ちょっとでもなにか不完全なことがあるとすべてが失敗に感じるといったすべてが白か黒かといった0-100思考(白黒思考とも呼ばれる)が，代表的な認知の歪みの一つである。

このように，人は同じ出来事を体験したとしても，
そこで頭に浮かんだ自動思考によって生じる気分
が異なる。つまり，自動思考は出来事と感情の媒
介要因として機能する。また生じる自動思考によっ
て，生じる身体感覚や行動も異なる。これを「認知
行動療法の基本モデル」と呼ぶ（**図 4.3** 参照）。認知
行動療法では，この基本モデルを相談者と共有し，
基本モデルに沿って相談者の体験を理解することが第一歩となる。

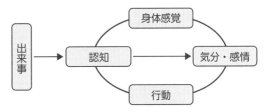

図 4.3　認知行動療法の基本モデル
（出所）伊藤ら（2005）を基に筆者作成

　カウンセラー（以下，Cor）はクライエント（以下，CL）と対話し，協働
しながら，この基本モデルに沿って，CL がネガティブな気分を感じたと
きに，どのような自動思考が頭に浮かび，どのような身体感覚が生じ，ど
のような行動をとったのか，その体験全体の理解を深めていく。そうする
中で，CL のネガティブな気分につながっている自動思考に焦点をあて，
この自動思考をさまざまな視点から検討していく。自動思考は CL にとっ
ては当然の考えであり，真実のように感じられているが，Cor との対話
を進めていく中で，CL はそれ以外の見方があるかもしれないと別の考え
の可能性を見出せるようになる。そうするとネガティブ気分の強度にも変
化が生じる。このように CL の認知を修正する技法を「認知再構成法」と
呼ぶが，認知行動療法では，これ以外にもさまざまな技法があり（リーヒ
イ，2006），必要に応じて適切な技法を用いる。認知行動療法は，認知を
無理矢理ポジティブに変えるという，いわゆる「ポジティブシンキング」
とは異なり，自分が今浮かんでいる自動思考のみが唯一の真実ではないと
いうことに気づき，より適応的で現実的な他の視点がありうることに気づ
けるようにする試みであるといえよう。

3. 第三世代の認知行動療法

　1950 年代に始まる「行動療法」を第一世代，上記に述べた認知内容の
修正に焦点を当てたものを第二世代とし，現在では，さらに**マインドフル
ネス**[*3] を組み込んだ自動思考への対応の仕方を変化させる第三世代の認
知行動療法に注目が集まっている。

〈認知行動療法の考え方を参考にした児童生徒への関わり方のヒント〉

　小学生においても高い抑うつ傾向を示す者がいることがわかってきてい
る。また，抑うつ傾向は成績不良，不適応，自殺等さまざまな問題と関連
している。そのため，近年，抑うつ予防を含むメンタルヘルス教育も教師
の役割の一つとなってきている。子どもを対象とした認知行動療法の本が
近年数多く出版されている。そういった本を参考に，教室で行うメンタル
ヘルス教育を行っていくとよいだろう。　　　　　　　　　　［榊原佐和子］

*3　**マインドフルネス**とは，今
この瞬間に自分の内側に生じて
いることに注意を向け，気づきつつ
も，それにとらわれず，自分を取
り巻く全体を価値判断を加えずに
眺めるという心の状態を指す。心
をマインドフルな状態にする方法
として，「瞑想」が用いられるこ
とが多い。うつ病の再発予防と
いったメンタルヘルス対策だけで
なく，生産性向上にも有用とされ
ている。

【発展問題】

・あなたが普段，ついやってしまいがちな言動や意識とは異なる言動をしていた時のことを振り返って，その言動の意味を考えてみましょう。
・今自分の頭の中に浮かんでいる「自動思考」を書き出してみましょう。

【推薦文献】

・山中康裕（編著）『心理学対決！フロイト vs ユング（史上最強カラー図解）』ナツメ社，2010 年
　　精神医学と臨床心理学の根本原理に立ち返り模索を続けてきた山中先生の編著である。この 1 冊で同時にフロイトとユングの理論を対比しながら学べる。視覚的資料を豊富に用いて初心者にもわかりやすく深みのある解説を行っている。

・伊藤絵美『認知療法・認知行動療法　CBT カウンセリング　初級ワークショップ』星和書店，2005 年
　　対人援助職を対象にした認知行動療法に関するワークショップを書籍化したもので，認知行動療法の基本がわかりやすく解説されている。

コラム　フォーカシング

　教育相談や生徒指導等の業務の中での「傾聴」の重要性が指摘されています（傾聴について詳しくは 5.3 参照）。この「傾聴」を磨くための有効な方法の一つとして「フォーカシング」があります。
　「フォーカシング」は，ユージン・T・ジェンドリン（Eugene T. Gendlin）により開発されました。1950 年代，シカゴ大学哲学科に在籍していたジェンドリンは，クライエント中心療法の創始者であるカール・ロジャーズ（Carl Rogers）のカウンセリングの効果研究に参加しました。この結果，カウセリングの成否に関連していたのはカウンセラーの態度ではなく，クライエントの「話し方」であることにジェンドリンは気づきました。成功に終わるカウンセリングでは，クライエントは自分の内側で感じている "感じ" を探ったり，自分の発した言葉と自分の内側で感じている "感じ" がぴったりするかどうか確かめたり，ぴったりしなかった場合には，自分の内側で感じている "感じ" を表すのによりぴったりした言葉がないか探り探り話をしていたのです。例えば，クライエントは「そのことに私は頭に来たんですよ。うーん，なんと言うか……。どーんとした衝撃で……。衝撃……（言葉をかみしめるようつぶやく）。怒りの気持ちもあるけれども，それよりもなんか衝撃っていう感じが近いかなぁ……」。このように沈黙の多い，自分の内側を確かめる話し方をするクライエントのカウンセリングはうまくいっていたのです。
　ジェンドリンは，クライエントに同様の話し方をするよう促すことができれば，カウンセリングの効果が向上すると考え，このような話し方を促進する手順を「フォーカシング」としてまとめました。「フォーカシング」は，その後心理療法の一つとしても発展しましたが（これを「フォーカシング指向心理療法」と呼ぶこともあります），自己理解を促進する方法としても広がっています。フォーカシングは，人が心に感じている実感に触れていき，そこから意味を見出すプロセスです。このプロセスを通して見いだされる意味は，自分の頭だけで考えていたときには思いもよらなかった自分でも新鮮に感じられるものであることが多く，自分の実感に沿った納得できるものです。
　人の話を「傾聴」するためには，まず自分が自分の声を「傾聴」する体験を積み重ねることが有用です。また，自分がどうしたらいいか分からず迷ったり，行き詰ったりしているときも，フォーカシングが役立ちます。フォーカシング体験を通して，単に「聞く」ことと，「傾聴」の違いを深く理解することができるようになります。フォーカシングをもっとよく知るためには，フォーカシングの手順についてわかりやすく説明している次の文献が役立つでしょう。A.W. コーネル『やさしいフォーカシング—自分でできるこころの処方』コスモス・ライブラリー，1999 年

[榊原佐和子]

第5章 学校教育におけるカウンセリングの技法と実際

▶キーワード

カウンセリング，ロジャーズ，人間性心理学，体験過程，フォーカシング，一致，受容，共感，傾聴，伝え返し

　本章では，学校教育相談の基礎的な知識として，ロジャーズの人間性心理学をとりあげる。ロジャーズが重視したカウンセリングにおけるカウンセラーとクライエントの関係性について理解し，それらを意識した児童生徒との関わりがどのようなものなのか考える。さらに，リスニング（傾聴）のスキルと，ミラーリング（伝え返し）のスキルを紹介し，事例を通して理解を深める。

カウンセリングの考え方
―ロジャーズの人間性心理学―

1. ロジャーズのパーソンセンタード・アプローチ

　アメリカの心理療法家，**カール・ロジャーズ**（C. R. Rogers, 1902-1987）は，現在のカウンセリングや心理療法に大きな影響を与えている**来談者中心療法**[*1]（Client-centered therapy）（のちに人間中心療法（Person-centered therapy））を提唱した人である。彼の理論の特徴は，何よりもその人間観にある。彼は人間の本質は肯定的で建設的であり，自己実現傾向があると考えた。そのためカウンセリングは治療ではなく，人間の成長しようとする力，自己実現しようとする力に最大の信頼をおき，それらが発揮されるように支援するものであるとした。このような人間観をもつ立場は，**マズロー**[*2] らとともに**人間性心理学派**と呼ばれ，教育，福祉などさまざまな対人援助の現場で広がっていった。

　ロジャーズは，カウンセリングにおいて最も重要なのは，**カウンセラーとクライエントの関係性**であると考えた。問題の所在や方向を知っているのはカウンセラーではなくクライエント自身であり，助言や示唆などの指示的アプローチは必要ないとして，**非指示的アプローチ**を推奨した。そして，クライエントが安心して自らの問題に取り組めるような場を提供することこそがカウンセラーの仕事であり，カウンセラーがどのような人物で，どのような態度をもてば，カウンセリングの過程が進むかということを論じた（**5.2**で詳述）。神田橋（2015）は「カウンセリングの実際は，クライエント自身の一人での内省によって生じる感知や洞察（と同時に進行している意識下の心身プロセス）にあるのであり，カウンセラーとの対話は，内省（や心身プロセス）を触発し，庇護する役割を果たすにすぎない」と述べている。

　ロジャーズは，人間のパーソナリティについて，「自己概念（あるいは自己構造）」と「（知覚的・直感的な）体験」とを含めた全体的パーソナリティとする自己理論を提唱した。カウンセリングや心理療法によって，「体験」が「自己概念（自己構造）」の中に組織化され，それらが一致する領域が広がっていくと考えた。これを図式化したのが**図 5.1** である。

　例えば，「私は良い，愛情ある母親である」という自己概念（a）をもつ女性が，それと合致する体験（b 自分の子どもに対して感じる愛情の感覚）を受容することができる一方で，自己概念に一致しないような体験（c 自分の子どもに対する嫌いだとか，憎いという感覚）を自分のものとして受け入れることができず，心理的緊張が生じる状態を心理的不適応とする。

　カウンセリングの過程で，ありのままの自分が受容されると，自己概

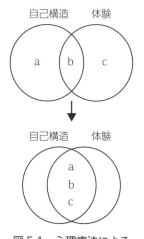

図 5.1　心理療法による
パーソナリティ変化
（出所）Rogers（1951=2005）

念が拡大し，否定され受け入れることのできなかった体験 (c) が全体の部分として包含されるようになる。拡大された自己概念は「私は子どもが好きだということも，子どもを好きでないということも認めることができるし，それでも私たちはうまくやっていける」というものである。このように「自己概念」と「体験」とが一致する領域が広がることにより，心理的緊張が減少し，人生の課題にうまく対処することができるようになると考えたのである。

その後，ロジャーズは，**パーソンセンタード・アプローチ** (person-centered approach : PCA) として，自らの知見を教育や集団などの日常関係へと広げていく。PCA は，ロジャーズによれば，カウンセラーとクライエントとの関係で真実である事柄は，結婚，家族，学校，管理，異文化間，国家間でも真実であるという認識から生まれている。つまり，ロジャーズの人間観は心理療法のみならず，あらゆる人間や集団やコミュニティの成長を目的の一部とするどんな場にもふさわしい，ものの見方，哲学，生への取り組み方，一つのありようなのである (佐治ら，1996)。

ロジャーズは，国際平和にも目を向け，1973 年にはアイルランド紛争をめぐる両派のメンバーからなる**エンカウンター・グループ**[*3]，1986 年には南アフリカの人種的対立と差別の解消を目指すエンカウンター・グループなどを計画・実施し，ノーベル平和賞の候補にもなっている。

2. 体験過程理論の展開

ロジャーズは，カウンセリングの中でクライエントにどのような変化が起こっているのかという点に注目した。彼は哲学の学生だった**ジェンドリン** (Eugene T. Gendlin) とともに共同研究を行い，「**体験過程** (experiencing)[*4]」に関する理論を展開した。彼らは治療面接でのやり取りをテープに録音して，クライエントの話し方を検討した。

その結果，彼らは，クライエントがカウンセラーと話している，その瞬間瞬間に感じられる自身の内側の「感じ」に注意を向け，まだ言葉になる以前の「それ (it)」にぴったり合う言語表現を見出していくことができると，体験と自己概念の一致に至るようなポジティブなパーソナリティ変化が生じることを発見した。逆に，問題状況についての事実を淡々と説明し，自分の内側にある感情や意味について探ることなく表面的な話に終始しているクライエントは，カウンセリングによる前向きな変化が生じにくいということであった。

この発見により，彼らはカウンセリングで変化が生じるためには，クライエントが直接感じられる体験に触れて，そこから語れるようになる必要があると気づき，それらを教える方法として，フォーカシング (Focusing : Gendlin，1978=1982) を開発している (第４章コラム参照)。

*3 **エンカウンター・グループ**：メンバーの心理的成長とメンバー同士の深い出会いを目指すグループのこと。ロジャーズが主に行っていたベーシック・エンカウターグループは，スタッフがプログラムを定めることはせず，専らメンバーの自発的な言動が重ねられて流れが作られてゆくことが特徴である。

*4 **体験過程**：今ここで現に感じられ「胸にあるこのモヤモヤ」のように直接さし示すことのできる「感じ」のこと。体験過程は言葉によって概念化される以前の感情と意味を含むものである。これらを言葉やイメージ，動作などによって象徴化するプロセスをへて，新たな意味を見出す過程で，パーソナリティの建設的変化が生じるとされる。

5.2 カウンセリングにおける基本的態度
―ロジャーズの三条件―

　本節では，カウンセリングに必要な基礎知識として，カウンセラーの基本的態度についてとりあげる。ロジャーズは，カウンセリングにおいて，建設的な方向にパーソナリティが変化するのに必要なのは，次のような6つの条件（状態）が存在することであり，かつ，それらが然るべき間存在し続けることであると述べた（Rogers, 1957）。

1．2人の人間が心理的に接触している。

2．クライエントは不一致の状態，すなわち，傷つきやすく，不安の状態にある。

3．セラピストはこの関係の中で一致している，あるいは統合されている。

4．セラピストは，自分が無条件の積極的関心をクライエントに対してもっていることを体験している。

5．セラピストは，自分がクライエントの内的照合枠を共感的に理解していることを体験しており，かつこの自分の体験をクライエントに伝えようと努めている。

6．クライエントには，セラピストが共感的理解と無条件の積極的関心を体験していることが，必要最低限は伝わっている。

（Rogers, 1957）

　この6つの条件のうち，第3から第5の3条件がカウンセラーの基本的態度としてとりあげられるものである。以下で解説する。

1. 一致（あるいは自己一致／純粋性）

　「一致」とは，クライエントとの関わりを通して，カウンセラーの内側で生じているいろいろの感情や感覚が，クライエントに対するカウンセラーの言動や振る舞いと一致している状態をいう。佐治ら（1996）は，「セラピストが純粋で偽りのない姿で関係の中に居ること」と表現している。平木（2004）は「カウンセラーは，自分を隠したり，必要以上に良く見せたりするのではなく，ありのまま，透明に，構えのない自分でいられるようでありたいということ」としている。

　例えば，ある生徒に対して，自分はいつもイライラしている，違和感がある，気に入らないといった「感じ」をもっているとする。これに対して，「教師が生徒を気に入らないと思ってはいけない」と考え，自分のもっている「感じ」を無視したり，否定したりしようとすることがある。そうすると，表面的には親身になって接しているつもりでも，生徒にはどこか矛盾したメッセージが伝わり（「親切にしてくれているけど，なんとなく先生は

私のことを嫌っている気がする」など），関係構築に否定的な影響が生じる。大切なのは，自分の内側の「感じ」に気づき，それがあることを認めることにより，自己概念と体験が一致することを目指すことである。

2. 受容（あるいは無条件の積極的関心）

「受容」あるいは「無条件の積極的関心」として知られる態度である。ロジャーズに言わせれば，クライエントに対し，「一個の人間であることをたたえること」である。それは選択的評価的態度，「あなたはこういう点は悪いが，こういう点は良い」の対極にあるという。平木（2004）によれば，「人間の尊厳に対する畏敬の気持ち」である。

よく誤解されることだが，「受容」は相手の言動をすべて肯定するとか，すべて受け入れるということではない。例えば，子どもを叩く親の行動をよしとすることではない。しかし，子どもを叩いてしまうその人のあり様に対して，「そうなのだ」と認めざるを得ない。認められることによって，その人は，「私は子どもを愛しているのに，なぜ叩いてしまうのか」を考え始めるのである。それは「子どもを叩いてはいけない」と責められることによっては生じない変化であろう。

3. 共感（あるいは共感的理解）

「共感」あるいは「共感的理解」として知られる態度とは，「相手が感じていることを相手が感じているようにわかろうとすること」である（平木，2004）。クライエントの気持ちを実感として受け取り，内面から理解することではあるが，巻き込まれてはいない理解のことである。

共感は生徒の苦しみに「かわいそうだ」と感じることではない。これは同情である。また「生徒の話を聴いていたら，私も悲しくなってきた」というのも共感ではない。これらはクライエントの感情や考えと，自分自身の感情や考えを混同し，区別がつかなくなっている状態である。自分の感情を手掛かりにしながら，あたかもその人になったように，クライエントの感情や考えを推し量ることが共感である。

また，井上（2004）によれば，共感とは，クライエントの立場に立って，その心情をありのままに感じ，それを伝えるというコミュニケーションである。相手の気持ちに寄り添うだけでなく，自分の共感を相手に伝え，さらに共感的な関係を構築していくことも含めて，共感であるという。当然ながら，共感はカウンセラー側がしているつもりになっているだけでは，共感ではない。カウンセラーが理解した共感を相手に伝え，ズレがあれば，調整し，確認する作業を含めた共感的コミュニケーション過程なのである。そのやりとりをして初めて，クライエントは「カウンセラーに共感してもらえた，わかってもらえた」と感じるのである。

5.3 教育相談におけるカウンセリング技法 ―関わりの実際―

　本節では，学校場面を想定した際に，児童生徒への教育相談において活用することのできるカウンセリング技法を紹介する。リスニング（傾聴）のスキル，およびミラーリング（伝え返し）のスキルについて，短い事例をもとに解説する。さらに，児童生徒への関わりにおいて，近年注目されている多文化コンピテンスについてもとりあげる。

1. リスニング（傾聴）のスキル

　リスニング（傾聴）とは，相手の話を「聴く」ことである。相手が本当に「聴いてもらっている」「自分を理解してもらっている」と感じることができるような，特別な注意の払い方のことである。教師が本当に子どもたちの話に耳を傾けると，彼らの中に，自分自身の方向性や解決策を自ら出せるような空間がもたらされるのである。

　傾聴するには，いくつかのステップがある。スタペルツ（M. Stapert）とフェルリーデ（E. Velliefde）（2008＝2010）は，D. ゴールマン著作の『EQ・こころの知能指数』を参照して，最初のサブステップである，①姿勢，②相手を見ること，③ちょっとした反応を与えること，④もっと知るための問いかけ，⑤聴き手が考えていることを言うことの5つを紹介している。これらの基本スキルに加えて，さらに能動的に聴くためのスキルとして，観察すること，非言語のメッセージに気づくこと，行動ではなく気持ちを受け入れること，受け入れを妨げるような言葉を避けることも推奨される。

　これらのリスニング（傾聴）スキルを使うことによって，自主的に相談に来た児童生徒が相談しやすくなるだけでなく，保護者の気持ちを受けと

表5.1　リスニング（傾聴）の基本的スキル

姿勢	話し手の方に自分の身体，頭を向ける。イヤホンをつけたまま，あるいは，スマートフォンを操作しながら傾聴することはできない。
相手を見ること	視線を文化的に適切なところに合わせる。じっと見つめ続けるのは好まれないが，時折目を合わせることはよい印象を与える。
ちょっとした反応を与えること	時折頷くことは，話に集中していることを知らせ，話し手に話を続けるように促す効果がある。「うんうん」「ああ，そうだね」など。
もっと知るための問いかけ	情報を得るためにする問いかけであり，判断やコメント，忠告は含まない。話し手自身が状況を理解することを促す効果もある。
聴き手が考えていることを言うこと	話を聴いている間は，自分の考えは言わなくてよい。話をさえぎったり，考えを押し付けたりするべきではない。しかし，話し手が話し終えた後に，話を聴いて伝えたい一言だけを言ってみるとよい。「それはとてもいい経験だったね」「それはつらいだろうね」など。

（出所）Stapert & Velliefde（2008＝2010）を参照して，筆者作成

表5.2　リスニング（傾聴）の上級スキル

観察すること	結論を急いだり，解釈したりするのではなく，注意深くその様子を観察する。子どもが混乱していたり，すぐには理解できないような行動をしたりしている時ほど，近くで見ていてどのように見えるか伝える。「ちょっと怒っているように見えるけど」など。
非言語のメッセージに気づく	人とのコミュニケーションにおいて，言葉によって伝わるものよりも言葉以外のさまざまなメッセージによって伝わるものの方が多い。話の内容よりも，その話をどのように話すかに注意を払う必要がある。つらい話を明るく話したり，吊り上がった目で優しい言葉をかけたりすることは矛盾したメッセージが含まれるため，それらを全体として理解する必要がある。
行動ではなく，気持ちを受け入れる	話し手のあるがままを受けとめ，優しく見守ることである。受け入れられない行動を許すという意味ではなく，その行動の背景にある，気持ちを受け入れることである。「バカと言われて腹が立ったんだね。だからと言って，友だちを叩いていいということにはならないよ。」
受け入れを妨げるような言葉を避ける	命令する，叱責する，おどす，説教する，助言する，批判する，解釈する，賞賛する，慰めるといった言葉は，話し手が自分の内側にある「感じ」に触れながら，話すのを妨げる。時に，褒め言葉は，子どもがその出来事についてどのように感じるのか知ることを妨げ，大人から認めてもらうことを行動の基盤としてしまい，自分がどんな時，どう感じるのかわからなくなってしまうため，注意が必要である。

（出所）表5.1に同じ

めながら児童生徒の支援者として協力関係を築くのにも役立つ。よい聴き手になることが，児童生徒の成長を支援する大きな力になるのである。

2. ミラーリング（伝え返し）のスキル

　次に，フォーカシングの基本的な技法である「ミラーリング（伝え返し）」について説明する。スタペルツとフェルリーデ（Stapert & Velliefde, 2008=2010）によれば，ミラーリングは，ただの「おうむ返し」ではない。子どもがいうことや言葉をそっくりそのまま繰り返すことではない。聴き手は，子どもの言うことを聞きながら，自分の内側で，子どもがどのように考え，気づき，どんな気持ちなのかを想像し，理解しようとする作業を伴う。彼女たちは批判や非難を暗に含んでいないミラーリングは，それだけで子どもたちに変化を引き起こし，子どもの問題解決能力を促進させると述べている。

　ミラーリングには，いくつかのポイントがある。ひとつは，子どもが言っていることの中から，本質的なところ，大事なところを押さえて，それを伝え返すことである。それによって，子ども自身が自分の内側の感覚にぴったりな表現であったかを確かめることができる。2つ目は，子どもの行動をミラーリングすることである。子どもは話をするときに，多くのボディランゲージを使う。このような非言語の言葉も伝え返すことができる。「机をバンバン叩いているね」などである。3つ目は，子どもの話の要約を伝え返すことである。たくさん話したいことがある場合には，言葉が溢れてしまうことがある。それらを整理して，子ども自身が全体の状況を見渡せるように援助することができる。

では，ミラーリングに関する教師と生徒のやりとりの事例を見てみよう。

英語教師Aの受け持ちの生徒Bは，授業中いつも机に突っ伏しており，声をかけるとAをにらみつけ，授業など受けたくないと言う。そこでAは放課後にBと話をする時間をもち，Bを説得しようとするのではなく，その時間，ずっとBの言うことをよく聴き，言ったことをミラーリングする（伝え返す）というやり方をとってみた。

A：授業を受けたくないと言っていたけど。

B：そう，受けたくない。英語なんて勉強しても意味ないよ。

A：<u>英語を勉強しても意味がない。</u>

B：意味ないでしょ。どうせ俺なんか，ろくな人生じゃないよ。

A：<u>ろくな人生じゃない。</u>

B：そう。みんな俺のことどうでもいいと思ってるんだよ。

A：<u>みんなBのことをどうでもいいと思っている。</u>

B：うん，家族もみんなそれぞれ忙しいし……。
　　俺が勉強したって，しなくたって，誰も気にしないよ。

A：そうか，誰も気にしてくれないと思ったら，嫌になっちゃうね。

B：悲しくなっちゃうね。

A：ああ，<u>悲しくなっちゃうね</u>……。
　　その悲しいかんじは，あなたのからだの中にいつもあるのかな。

B：ああー，そうかもしれない。けっこういつもある。
　　おなかのあたり，なんかぽっかり穴が空いているようなかんじ。悲しいっていうか，淋しいっていうか。何もする気がしない。

A：<u>何もする気がしないか</u>……。

B：はあ……，（ため息）。まったくどうしたらいいんだろうね。

A：そうね，<u>どうしたらいいかね。</u>

B：まあ，そういうことだから，先生も俺のことなんか気にしないで。
　　帰るわ。（席を立つ）

*1 第3章コラム「フォーカシング」を参照のこと。

このやりとりは，**フォーカシング**[*1]を学んだことのある教師Aが，生徒Bとの関わりにおいて，授業態度を改めるよう説教したり，とにかくがんばれと励ましたりする代わりに，生徒自身の内なる感覚（フェルトセンス）を見つけることをミラーリングの使用により助けている。このやりとりの中で，生徒Bは，それ以前はっきりとは気づいていなかった自分の感覚（悲しい，淋しい，何もする気がしない）を見つけ，それらについて，どうしたらいいのだろう，と自問している。それは教師Aが生徒Bの一言ひとことを勝手に解釈したり，要約したりすることなく，その言葉に表現されるAの気持ちや身体のかんじを尊重し，そのまま伝え返すことによって生じている。

次の日，教師Aが教室に入ると，生徒Bは隣の友だちと談笑している。授業が始まると，Bは起きて授業に参加している。

（授業後）

A：今日は授業に参加していたね。何か変化があったのかな。

B：うん。なんか，先生と話してから，おなかのあたりがちょっと温かくなって，元気が出てきたかんじで。

Ａ：いいかんじなんだ。

Ｂ：そう。今はいいかんじだよ。あれから考えて，勉強は自分のためにするんだと思って。人生どうなるかわからないもんね。

Ａ：ああ，本当にそうだね。

Ｂ：また，先生，話聴いて。

Ａ：もちろんだよ。こちらからも声をかけるね。

Ｂ：ありがとう，よろしく。（立ち去る）

　生徒Ｂの内側では，教師Ａとの会話の後にも変化が生じている。前日の会話の時点で，Ｂは自分がどうしたらいいのかについて答えを出すことができなかった。しかし，Ａに自分の気持ちを聴いて受けとめてもらえたことを通じて，Ｂは身体の感覚の変化（おなかが温かい，元気が出てきた）とともに，自分なりの答えや方向性を見いだすに至っている。

　ロジャーズが考えたように，教師やカウンセラーには，児童生徒が自ら成長していく力があることを信じ，「自分はこのように生きていこう」と彼ら自身が方向性を見出していくのを助けるという姿勢が求められる。それを体現するものとして，本節で紹介したようなリスニング（傾聴）のスキルや，ミラーリング（伝え返し）のスキルを活用し，児童生徒の役に立つ聴き手になることが必要である。

3. 多文化コンピテンス

　最後に，児童生徒への関わりにおいて，教師に今後ますます求められる能力として，**多文化コンピテンス** (multicultural competence) をあげる。

　目の前にいる児童生徒は，それぞれが文化の多様性をもった存在であり，多くのことにおいて教師自身と異なる。自分とは異なるものの見方や考え方を尊重し，相手の視点から理解しようとすること，特定のグループに対する思い込みや偏見に自覚的になることなどが求められる。

表 5.3　RESPECTFUL カウンセリングの諸要素

R	Religious/Spiritual Identity　宗教的・霊的同一性
E	Economic Class Background　経済階層的背景
S	Sexual Identity　性同一性
P	Psychological Maturity　心理的成熟
E	Ethnic/Racial Identity　民族的・人種的同一性
C	Chronological/Developmental Challenges　年齢・発達段階に応じた課題
T	Trauma and Other Threats to One's Well-Being 健康を阻害するトラウマや恐怖
F	Family Background and History　家族の背景と家族歴
U	Unique Physical Characteristics　独特の身体的特徴
L	Location of Residence and Language Differences　居住地域と言語の違い

（出所）Lewis et al.（2011）より筆者訳出

　ルイスら（Lewis et al., 2011）が提唱する RESPECTFUL カウンセリングでは，**表 5.3** に示すような文化の多様性の諸側面を尊重するべきであると教えている。

[北風菜穂子]

【発展問題】
・友人や家族に協力してもらい，よい聴き手，悪い聴き手のロールプレイをしてみましょう。会話がいかに聴き手の態度によって左右されるか理解できるでしょう。
・傾聴のスキル，伝え返しのスキルを使って，相手の話を聴いてみましょう。また，話し手がどのように感じたかを率直に教えてもらいましょう。

【推薦文献】
・村山正治（監修），日笠摩子・堀尾直美・小坂淑子・高瀬健一（編著）『フォーカシングはみんなのもの：コミュニティが元気になる 31 の方法』創元社，2013 年

　本章でもとりあげた自己発見，自己探索の方法である「フォーカシング」に関するさまざまなワークが掲載されている。実践するには，フォーカシングの訓練を受けてからの方が望ましいが，これらのワークからフォーカシングの楽しさに気づいてもらえるのではないだろうか。

・ブレイディみかこ　『ぼくはイエローでホワイトで，ちょっとブルー』新潮社，2019 年

　イギリス在住の著者が中学生の息子の日常を綴ったエッセイである。学校や地域の中で，人種，民族，階級，居住地域による格差や差別など，多様性の問題に直面し悩みながら，まさに多文化コンピテンスを発達させていく過程が描かれている。日本の教育内容との違いにも注目して読んでほしい。

コラム　表現アートセラピー

　表現アートセラピーはさまざまな芸術表現を用いる心理療法のひとつである（小野, 2005）。絵やコラージュ，粘土や造形といった視覚アートや，体を使った表現，声や音楽，詩や散文，物語を書く，ドラマを演じるなどがあり，自分が表現したいテーマをいくつかの表現媒体の組み合わせで表現することもできる。それぞれの表現が互いに刺激し合い，相乗効果が生まれ，テーマを深めたり発展させたりする。子どもを対象とした心理療法として知られる遊戯療法（プレイセラピー）にもこれらの表現が用いられることがあるが，表現アートセラピーの対象は子どもに限らず，成人も含まれる。

　表現アートセラピーは，作品の上手下手など，芸術的な価値を問わず，評価，分析，解釈を行わない。どんな表現であれ，尊重し，大切なものとして扱い，表現する人の主体的な体験を重視する。これはすべての人の潜在的成長力を信頼する人間性心理学に基礎を置いているからであり，表現した本人がその作品をいちばん理解する力があると考え，その人自らが気づき発見することを大切にする。

　近年では，トラウマケアにおける表現アートセラピーの効用が注目されている。2011 年の東日本大震災後の被災地域住民のトラウマケア，さらにはその支援者へのケアとして，グループ表現セラピーの実践が報告されている（井上ら，2016）。将来的には，アートを使った教育（Art Based educations）など，教育場面での学習の促進や情操教育に展開していくことが期待される。　　　　　　[北風菜穂子]

子どもを支える
各専門職の役割

▶キーワード

担任，養護教諭，管理職，部活動顧問，教育相談コーディネーター，スクールカウンセラー，スクールソーシャルワーカー，医師，児童相談所職員

　本章は，子どもを取り巻く主な専門職にはどのような職種があり，その役割はどのような内容であるのかを理解することを目的としている。教育相談において教師一人で対応することが難しい場合は，複数の専門職と連携することが必要となる。続く各章の事例に本章で解説する校内外の専門職が関わっているため，これらの専門職について事前に把握することで，事例をより深く多角的に考えることができるだろう。

6.1 校内における各教師の役割

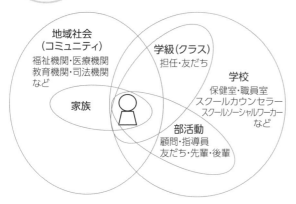

地域社会
（コミュニティ）
福祉機関・医療機関
教育機関・司法機関
など

学級（クラス）
担任・友だち

家族

学校
保健室・職員室
スクールカウンセラー
スクールソーシャルワーカー
など

部活動
顧問・指導員
友だち・先輩・後輩

図6.1　子どもを取り巻く人間関係（例）

　今まで見てきた通り，学校にはさまざまな職務，専門性をもった教職員が存在する。そして学校の外部にも，学校とは違った視点で児童生徒を見守り，発達を支援してくれるさまざまな機関がある。それぞれの職務や専門性を理解し，連携していくことで，チームとして児童生徒にかかわっていくことができるのである。

　本節では，教育相談において連携が必要となることが多い学校内の資源について整理し，それぞれの役割，視点の特徴について説明していく。それぞれの役割は明確に区別することができるものもあれば，重なり合う性格をもつものもある。下記の役割はあくまでも一般的なものであり，事例の内容，対象となる児童生徒や保護者との関係性によっても，受け持つ役割や立場は変わりうるだろう。「自分が全部をわかっておかなくては」と抱え込む必要はないが，「自分の仕事はここまで」と線引きをし過ぎることにも注意が必要である。自分のできることとできないことは何か，他の人にお願いしたいことは何か，常に考えながら，時と場合に応じて柔軟な役割分担をしていけることが理想である。

　チームとして支援をしていくにあたり，足並みをそろえることは重要であるが，必ずしも皆の意見を統一する必要はない。私たちが仕事の場で，家族の前で，友だちの前で，見せる顔がそれぞれ異なるように，事例もまた，それぞれの専門性や立ち位置によって見え方が変わってくるものである。皆が違う視点を持っているからこそ，事例を異なる文脈で捉え直すことができ，思いもよらないアイデアが生まれることもある。それこそがチーム支援の醍醐味である。

1. 担任

　多くの場合，児童生徒や保護者と学校の最初の窓口となるのが担任であろう。担任は児童生徒との関わりが深く，さまざまな情報を入手しやすい。児童生徒が何らかの心理的・発達的な課題を抱えているとき，その課題をできるだけ早く発見し，複雑・深刻になる前に対応していくことが大切である。児童生徒の課題は，不登校やいじめといった形で出てくる場合もあれば，日常の様子や学業成績，言動，態度，絵や作文などの表現物から気づく場合もあるだろう。担任は，一人ひとりの児童生徒を細やかに観察す

る力が必要である。一方で，担任としては学級全体にも目を配らなければ
ならず，個別対応と集団対応のバランスに難しさを感じることもある。保
護者から担任あてにいろいろな相談や要求が持ち込まれることも多いが，
個々の家庭の内情にどこまで立ち入っていいのかというジレンマを感じる
ことも少なくない。また，学級担任制度をとっている小学校[*1]と，教科
担任制度をとっている中学校でも，関わり方に違いが出てくる。ここでは，
小学校と中学校に分けて説明していく。

　小学校は授業の多くを担任が担当するため，学校内で児童と過ごす時
間が最も長いのが担任である。学年（低学年か高学年か），学級の規模や雰
囲気，担任のキャラクターによって程度の違いはあるだろうが，児童一人
ひとりの様子をきちんと把握していることが求められ，何かあったらまず
担任に連絡や相談がいくことになる。小学校では「学級は担任のもの」と
いった言われ方をすることがたびたびあるように，受け持ちの児童のこと
は基本的に担任に任されることが多い。児童の生活全体を見られること
で，一人ひとりへの理解が深まり信頼関係が築かれやすい一方で，児童や
保護者との関係が悪化してしまった場合，教師側も児童・保護者側も逃げ
場がなくなってしまうという側面もある。また，教師も人間であるため，
どうしても相性が合わない児童や，視線が届きにくい児童も存在する。理
解しやすい児童としづらい児童，付き合いやすい児童とそうでない児童，
目がいきやすい児童とそうでない児童……などを時々ふりかえってみるこ
とで，自分の視点や癖を相対化することができるだろう。

　まじめで熱心な教師ほど「全部自分でやらなくては」と抱え込んでしま
うことがあるが，次項以下に挙げた人たちをはじめ，同学年の教師や専科
担当教師，事務職員や学校主事など，学校にはいろいろな大人がいる。小
さなことから気軽に報告・連絡・相談していくことで，対応のバリエー
ションが増える，協力体制がつくられやすくなる，問題が大きくなる前に
対処できるといったメリットがある。

　担任だからこそわかること，できる工夫もたくさんある。余裕がなくな
ると「できるできない」といった能力や，「問題行動」の有無などで児童
を判断しやすくなるが，個別で話す，休み時間に一緒に遊ぶなど，評価が
絡まない活動を大切にすることで，児童の新しい一面が見えてくることも
多い。これは教師全体に当てはまることだが，自分自身の業務量・時間を
ふりかえり，ストレスをため込みすぎない工夫も必要である。

　中学校は教科担任制が取られているため，専門科目によっては学級担任
よりも英語や国語，数学などの主要教科を担当する教師の方が生徒と過ご
す時間が長いこともある。学級担任だけでなく副担任が置かれることも多
く，学年主任をはじめとした学年団（その学年を担当する教師全体）で生徒
全体を見ていくような，チーム支援的な側面が強いのも中学校の特徴とい

*1　近年，小学校でもチーム
ティーチングや高学年における教
科担任制の導入などが行われて
きている。

61

えるだろう。思春期を迎え，心身ともに揺れ動きの大きい時期の生徒にとって，複数の教師が関わることには大きなメリットがある。「あの先生には相談しづらいけどこの先生なら話せるかも」と相談相手を選ぶことができる，特定の教師との関係が悪くなったとしても他の教師にカバーしてもらいやすい，などである。一方で，学校や大人に対する不信感の強いタイプの生徒，人間関係に消極的なタイプの生徒などのように，どの教師ともつながりにくい生徒もいる。また，個別に配慮が必要な生徒（たとえば，不注意傾向があって持ち物や提出物などの指示を覚えておくことが苦手，など）の場合，小学校では担任からのサポートが得られやすく生活面での困り感が少なかったのが，中学校では複数の教師からそれぞれいろいろな指示をされることによって混乱しやすくなる，といったこともよく起こっている。担任として，一人ひとりの様子を把握し受け持ちの生徒とは一定のつながりを保っておくこと，配慮が必要な生徒がいる場合にはどのようにサポートできるといいのか教師間の共通理解をはかっていくことが求められる。授業中はいいが，休み時間や教室移動，給食・弁当といった比較的自由な時間が辛いという生徒も少なくない。余裕があるときには教室や廊下をさりげなく巡回するなど，授業時間以外の生徒の様子にも気を配れるといいだろう。

　中学校は不登校の生徒数も多く，担任をもっても顔を合わせる機会がほとんどない生徒もいるだろう。生徒側の事情やニーズに合わせてだが，定期的に配布物を届けるあるいは取りに来てもらう，手紙や電話でやりとりする，別室登校の場合は短時間でも顔を見せるなど，何らかの形でつながりを保っておけるといい。この場合，長時間の熱い会話や登校を積極的に促すような言葉より，短時間のさりげない世間話を積み重ねていくことで「あなたを気にかけている」というメッセージが伝わり，信頼関係が作られていくことが多いようである。

2. 養護教諭

　養護教諭はいわゆる「保健室の先生」として，学校の全児童生徒を見守っている。勤務年数にもよるが，入学から卒業まで，児童生徒の成長・発達を長い目で支援していくことができる。成績評価を行わない立場にあるため，他の教諭たちとは少し違った視線から各学級や学年の雰囲気をつかむことができるのも，養護教諭の特徴といえるだろう。

　養護教諭は，主に健康診断や出欠管理を通して学校全体の様子を，ケガや病気，心身の不調などで保健室にやってくる児童生徒への対応を通して個別の様子を見ている。いじめや虐待が疑われる，不登校傾向である，学習面や行動面で難しさがある，障害があるなど，課題を抱えている児童生徒と関わる機会も多い。そういった「気になる」児童生徒に対する個別の

ケアをすること，「気になる」児童生徒がいる場合に，学級担任や管理職などと協力して，学校全体で支援していく体制をつくっていくことが必要となる。学校医やスクールカウンセラー，スクールソーシャルワーカーをはじめ，関係者・関係機関をつなぐ窓口として，コーディネーターとしての役割も，養護教諭に期待されている。

　クラスになじみにくい児童生徒にとって，保健室はホッと一息つける場所となりやすい。悩みを抱えた児童生徒にとって，その悩みが頭痛や腹痛といった身体の不調として現れることが多いことも，よく知られている。丁寧に傷の手当てをしてもらうことで自分が大切にされていると感じた，ベッドに横になってトントンしてもらう中で落ち着いた，といった体験は，悩みを抱えた児童生徒からよく聞かれる。身体のケアを通して心の不調に寄り添うことができるのも，養護教諭ならではである。児童生徒，保護者，教職員など誰でもいつでも相談できるような保健室運営が目指されるが，学校の状況によっては保健室来室や滞在時間に一定の制限がつけられることもあるだろう。そのバランスの中で，いかに児童生徒が落ち着ける環境をつくっていけるかが求められている。

3. 管理職

　校長をはじめとして，教頭や副校長[*2]，主幹教諭といった役職にある人たちを管理職という。学校の管理責任者として，学校全体の様子を把握しておくこと，教育相談体制を整備すること，危機管理を行うことなどが主な役割である。近年は自然災害の規模も大きくなっている。災害や事件事故などが起こった場合に学校としてどう対応するか，といった非常事態に対する準備も必要となる。

　学校として最終責任をもつのは校長であるが，教頭や副校長は職員室にいる時間が長く，教職員の悩みや心配事に細やかに気づけることも多い。管理職の個性にもよるが，例えば校長は時に厳しくリーダーシップを発揮し，教頭や副校長が穏やかに気遣うなど，管理職の間で役割分担をしている学校もあるだろう。近年，管理職が教職員を「管理」「指導」することが求められる場面も増えてきているが，管理や指導が強くなりすぎると，教職員が気軽に報告・連絡・相談をすることが難しくなってしまう。管理職に求められる教育相談体制の整備とは，担当の割り振りや委員会の仕組みを整えることだけではない。小さなことでも気軽に話せるような職員室の雰囲気づくり，問題を教職員（特に学級担任）に抱え込ませず学校全体で支援していくような体制をつくっていくことが大切である。

　外部機関と何をどこまで情報共有していくか決定すること，連携体制をつくっていくことも管理職の役割である。今まで外部機関と連携する機会が少なかった学校の場合，連携に慎重になることもあるだろうが，学校で

*2　教頭は原則設置，副教頭は任意設置であり，教育委員会によって呼び方や職務が異なる。大規模な学校では，教頭や副校長が複数名配置され業務分担がなされている場合もある。ここでは教頭，副校長と併記する。

問題を抱え込むことには注意が必要である。問題が起きた時だけに連携するのではなく，普段から顔の見えるやりとりをしておけるといいだろう。

　児童生徒や保護者との個別対応において，管理職が果たす役割も大きい。例えば，教室で暴れてしまう児童生徒に対して，「困ったときは校長室や職員室でクールダウンしよう」という約束ができることで，担任や児童生徒が安心して授業に取り組めるようになるかもしれない。また，被害感情が強かったり，学校に対して敵対的であったりと，信頼関係を築きづらい保護者も存在する。担任と保護者との個別面談では関係が悪化してしまう場合には，管理職も同席するなど，複数体制で対応していけるといいだろう。そうした姿勢は，保護者にとっても担任にとっても「困ったことがあったらみんなで協力してどうしたらいいか考えよう」というメッセージとして伝わっていく。

4. 部活動顧問

　多くの場合，小学校高学年からクラブ活動がスタートする。小学校では週1回程度の活動だったものが，中学校では部活動として活動時間がぐんと増えることが多い。部活動は強制なのか任意なのか，複数の部活動に所属可能なのかそうでないのかは学校や地域による違いが大きいが，多くの生徒にとって，部活動は学校生活における大きな役割を担っている。ここでは，中学校における部活動顧問を想定して説明していく。

　上述の通り，多くの中学生にとって部活動が生活に占める割合は大きい。そのため，部活動にまつわる悩み（活動の厳しさや同学年同士，先輩後輩の人間関係など）を抱える生徒も多い。部活動では，他クラスや他学年の生徒との関係が深くなるのが特徴である。活動内容，練習時間の長さや熱意，規律の厳しさなども各部活によって大きく異なっており，部員でないとわからない独特の空気感があることも少なくない。顧問は，所属する部員の様子や人間関係に加えて，部の雰囲気や独自のルールなどについても冷静に把握できるといいだろう。外部コーチなどがいる場合には，コーチと生徒たちとの人間関係に配慮することも必要である。

　休部や退部をめぐるやりとりに対応するのも部活動顧問の役割である。一般的に，生徒が「休部したい」「退部したい」と言ってきたときには，決意が固まっていたり他の選択肢が浮かばなくなっている状態であることが多い。まずは生徒の思いを丁寧に聞き，どうしていくことがベストなのか，一緒に考える時間をもてるといいだろう。顧問が良かれと思って引き留めたのに，生徒側は「辞めさせてもらえない」と受け取ってしまうなど，ミスマッチが起こることもある。必要に応じて担任などの第三者も交えながら，穏やかに冷静に話していけるといい。休部や退部の仕組み，手続きは学校によって異なるだろうが，決まりに沿って厳格に対応したほうがい

いのか，ある程度柔軟な対応をした方がいいのかは，生徒個人や周りの状況によっても変わってくる。バランスが難しいところであるが，生徒本人が納得できるような道を探していきたい。

　教室はしんどくても部活動では生き生きと輝ける生徒もいる。部活動の場が居場所や心の支えになる，学校と生徒をつなぐ窓口となることもある。教室で見せるのとはまた違う生徒の一面を大切にしていけるといいだろう。

5. 教育相談コーディネーター

　学校全体の教育相談体制については第8章でも説明しているため，ここでは教育相談係や担当教師，教育相談コーディネーター（呼称は地域や学校によって異なることも多いようである）の役割について中心に述べる。教育相談コーディネーターは，学校全体で教育相談を行っていくにあたり，とりまとめ役として校内体制の連絡・調整をしていくことが主な役割となる。誰が教育相談コーディネーターとなるかは各学校の実情によって異なるが，養護教諭や特別支援教育コーディネーター[*3]が兼務する場合も少なくない。

　役割としては，教育相談にかかわる学校内外の窓口となったり，支援に必要なつながりをつくっていくことが挙げられる。特に，スクールカウンセラーやスクールソーシャルワーカーと学校との窓口になり，連絡調整を担うことが期待されている。具体的な仕事内容は学校によって異なるが，例えば，スクールカウンセラーやスクールソーシャルワーカーの存在を周知してその相談受付や連絡調整を行う，気になる児童生徒を把握するための仕組みをつくる（スクリーニング会議などを開催する），教育相談活動に関するスケジュールなどを計画・立案する，個別記録の集約と管理を行う，ケース会議などを企画し実施する，校内研修を企画し実施する，などがある。また，児童生徒の抱える問題に対して，学校としての対応方針をまとめ，効果的な支援が行えるよう調整していくことも大切である。例えば，不登校，いじめや暴力行為，貧困や児童虐待，学習面や行動面における困難に対する支援や助言，障害のある児童生徒・保護者への支援にかかわる助言・援助などを行っていくことが期待されている。担任をはじめ，児童生徒の問題に気づいた教職員が互いに気軽に相談・情報共有できるようになるために，教育相談コーディネーターがキーパーソンとなり，必要な人や機関をつなげるような役割をとれるといいだろう。

　また，教育相談コーディネーターが外部の相談機関との窓口になることもある。外部機関とどのように連携するのか，最終的な決定を下すのは管理職だが，地域の教育相談センターや医療機関，福祉機関などとも日頃からつながりをつくっていくことが望まれる。

*3　保護者や関係機関に対する学校の窓口，および学校内の関係者や福祉，医療等の関係機関との連絡調整の役割を担っている。

6.2 校外専門職の役割

1. スクールカウンセラー

　スクールカウンセラーは，心理の専門家として，学校における児童生徒のさまざまな問題[*1]に対応していくことが求められている。こういった問題は，児童生徒や保護者から「相談」という形で持ち込まれることもあれば，教職員から相談を受ける場合，個別相談や校内巡回などからスクールカウンセラー自身が気づく場合，などがある。それぞれの問題にどのように対応していくのかは，問題の内容に加えて，関係する人々のニーズ（それぞれが何に困っていて何を望んでいるのか），問題の緊急度や深刻度，援助資源（本人の力や特性，人間関係（友だち関係，家族関係），学級や学校としてどういった支援ができるか）によって異なってくる。これらの見極めをきちんと行うために，スクールカウンセラーは情報収集と見立て（アセスメント）を丁寧に行いながら対応を考えていく。例えば，授業中に教室を歩き回る児童に対して，なぜそのようなことをするのか，実際の様子を観察したり，本人や保護者，担任の話を聞いたりしながら考えていく。問題はひとつの要因から起こるのではなく，複数の要因が複雑に絡み合って起こっていることが多い[*2]。支援としては，困り感を抱えている児童生徒や保護者に対する個別対応だけでなく，教職員に対する心理的な側面からの助言や援助（コンサルテーション），環境調整[*3]も重要である。また，「問題」は周りの見方や文脈が変わることで，「問題」でなくなることも少なくない。周囲にとっての「困った子」は実は本人自身がどうしたらいいかわからずに「困っている子」であるというように，別の視点を提供することも求められる。外部の相談機関や医療機関を紹介することもあるが，その場合には児童生徒，保護者，教職員の各ニーズを丁寧に聴き取りながら，紹介，連携を進めていく必要がある。

　具体的な活動内容は，大きく相談室内の活動と相談室外の活動に分けられる。相談室内の活動としては，児童生徒や保護者との個別面談や，相談室に来室する児童生徒への対応[*4]，おたよりの発行などがある。相談室内の活動，特に個別相談については秘密厳守が原則であるが，相談者や大まかな内容は学校に報告することが求められることも多い。内容によっては教職員と協力して組織的に対応していくことが必要となる。相談室外の活動としては，気になる児童生徒，学級の授業観察や，校内巡回，各種校内委員会への参加，教職員との情報交換やコンサルテーション，児童生徒に対する心理教育の実施[*5]，外部機関との連携などが挙げられるだろう。また，スクールカウンセラーは個々の児童生徒のみならず，学級集団や学年，

[*1] 例えば，不登校，いじめや暴力行為，貧困や児童虐待，学習面や行動面における困難に対する支援や助言，障害のある児童生徒・保護者への支援に係る助言・援助などへの対応が求められている。

[*2] 先の立ち歩きの例では，もともと刺激に敏感でじっとしているのが苦手だった児童が，両親の夫婦喧嘩が増えたことで家でも落ち着けなくなってしまい，常にザワザワしている学級の雰囲気の中で頻繁に立ち歩きをするようになる，といった背景が見えてくるかもしれない。

[*3] 問題が起こりにくい・目立ちにくいように環境を整えていくこと。例えば外からの刺激に敏感な子の席を，教師の目の前にしてもらうなど。

[*4] 相談室登校を行っている学校や，休み時間などに相談室を開放している学校もある。一方で，相談室がたまり場になるのではという懸念が抱かれることもある。相談室運営の方針は，学校側と丁寧に相談して決めていく必要がある。

[*5] 例えば，ソーシャルスキルトレーニングやリラクゼーション，アンガーマネジメントなど。

学校全体といった集団の特徴を把握し，相対化してアセスメントすることも求められている。学校内部の人間としての「内の視点」と，学校全体を少し客観的に把握しようとする「外の視点」の両方をもつことで，個から集団・組織にいたるさまざまなニーズを把握し，学校コミュニティを支援していくのである[*6]。

2. スクールソーシャルワーカー

　スクールソーシャルワーカーは学校における福祉の専門家である[*7]。不登校，いじめや暴力行為といった問題行動，貧困，児童虐待など，さまざまな課題を抱える児童生徒が安心して学校に通うことができ，健やかに成長し，自分のやりたいことを見つけていけるよう，支援していく立場である。ソーシャルワークの理論では，問題は個人の中にあるのでなく個人と環境の折り合いが良くない状態として捉える。そのため，児童生徒という個人だけでなく，児童生徒の置かれた環境にも働きかけ，児童生徒一人ひとりの QOL（生活の質）を向上させること，それができるように学校・地域の状況ごと改善することが目指される。

　スクールソーシャルワーカーは，福祉の専門家として地域の資源[*8]を積極的に活用し，支援ネットワークをつくっていくなどの"つなぐ"役割が期待されている。"つなぐ"とは，ニーズを児童生徒や保護者と共有し，その後も関係機関や地域等連携先との調整・仲介・連携を中心に担うことである。まずはニーズを洗い出し，どこの機関と連携が取れるといいか考え，必要な機関につないでいく。必要に応じて関係機関に同行したり，定期的に情報交換をしたりと，児童生徒や保護者，学校，他機関における架け橋となることが求められている。相談を待つのではなく，困っている人のところにこちらから出向いていく「アウトリーチ」[*9]や，困っている人のニーズを代弁し他の人に伝えていく「アドボケイト」も重要な役割である。

　スクールソーシャルワーカーが行う援助には，大きく分けて，①スクールソーシャルワーカーが面接や家庭訪問を行う，自ら関係機関等とつなぐ等の児童生徒や家庭を支援する直接的な援助，②児童生徒や家庭が課題解決していけるよう，学校における支援体制づくりをする，専門的な助言をする，関係機関等との連携の仲介をするという間接的な援助，がある。直接的な援助と間接的な援助の双方を効果的に行うことが重要である。実際の活動内容は地域や学校，配置方法によって異なってくるが，①地方自治体のアセスメントや教育委員会への働きかけ，②学校アセスメントと学校への働きかけ，③児童生徒及び保護者からの相談対応（ケースアセスメントと事案への働きかけ），④地域アセスメントと関係機関・地域への働きかけ，を行うことが目指されている（文部科学省，2017）。活動内容としては

[*6]　現在は週 1 回程度の非常勤スクールカウンセラーが主流だが，今後は常勤カウンセラーを増やしていくことも目指されている。その場合，教職員，児童生徒と接する時間が増え必要な時にすぐに支援ができる，予防啓発的な活動がしやすくなる，といった利点がある。一方で，「学校内部の人」という立ち位置が明確になることで，外部者としての視点や中立性を保ちにくくなるのではという懸念も指摘されている。

[*7]　スクールソーシャルワーカーは，2017 年より社会福祉士や精神保健福祉士から採用されることとなった。現在配置拡充が進められている。

[*8]　例えば，福祉関係では児童相談所や福祉事務所，民生委員や児童委員，児童館，放課後デイサービスなどの児童福祉サービス事業者など，保健医療関係では保健センターや病院など，刑事司法関係では警察や家庭裁判所，少年院など，教育相談関係では教育支援センター，民間教育団体や転校前・後の学校などがある。また，教育委員会との連携も行っている。

[*9]　アウトリーチの一つとして家庭訪問が挙げられる。一方で，スクールカウンセラーも家庭訪問を行うことがある。家庭訪問を誰がどのような形で行うかは，学校やケースの状況によって柔軟に考えていけるといいだろう。

スクールカウンセラーと重なるところもあるが，大まかにいうと，主に個人内部の特徴から課題解決に働きかけていこうとするのが心理の専門家であるスクールカウンセラーであり，主に環境への働きかけから課題解決を目指そうとするのがスクールソーシャルワーカーといえるだろう[10]。

*10　スクールカウンセラーとスクールソーシャルワーカーの違いについては，野田 (2011)「スクールソーシャルワーカーとスクールカウンセラーの共通性と独自性」(春日・伊藤編著『よくわかる教育相談』ミネルヴァ書房)にわかりやすくまとめられている。

3. 医師

　小学校，中学校における教育相談の現場で連携することが多い医師は，小児科医，児童精神科医，心療内科医などであろう。医師は，医学的見地から児童生徒の身体的・精神的な状態を診断・評価していく。診断する，必要に応じて投薬治療ができる，というのが医師の職務の大きな特徴である。精神的な問題だと思っていたら，裏に身体的な問題が隠れていることもあり，その鑑別も重要である。

　教育相談の場でよく聞かれる病気や障害として，発達障害，うつ，強迫性障害，起立性調節障害などが挙げられる。思春期以降には，摂食障害や統合失調症の発症率が高くなる。近年は虐待やDVが子どもに与える影響も広く知られるようになり，愛着やトラウマについて医師の意見が求められることも増えてきている。

　医師と児童生徒，保護者との関係もさまざまである。就学前からの主治医がいる場合，児童生徒・保護者が問題を感じて自発的に受診する場合，学校側から受診を促される場合，などである。児童生徒や保護者の側が医師と学校との緊密な連携を望む場合もあれば，学校とは連絡を取らないでほしいと言われる場合もある。命の危険がある・自傷他害の恐れが強い場合などの例外はあるが，基本的には児童生徒や保護者の意向に沿った形での連携関係を模索していく必要がある。

　医師は，家庭や学校での様子の聴き取り，診療時の様子の観察，さまざまな検査を通して，心身の不調がなぜ起こっているのか，診断・評価を行っている。診断をつけて終わり，ではない。診断名は児童生徒の様子を理解し必要な支援を考える重要な手がかりとなるが，児童生徒の人生の一部に過ぎない。診断名がつき対処の方法がわかってホッとする保護者がいる一方で，「我が子が障害者になってしまった」などと強いショックを受ける保護者もいる。小学生，中学生の子どもたちは可変性も大きく，本人の発達，経験の積み重ね，周囲の関わりによって驚くほどの成長がみられることも多い。一方で，進級，進学や友だち関係の変化など，環境が変わることで新たな困りごとが出てくることもある。本人の特性，成育歴，周囲との相互作用などを丁寧に整理し，長い目で見守っていくような姿勢が必要だろう。

4. 児童相談所職員

　児童相談所は，子どもの問題に関する相談援助活動を行う行政機関であ

り，都道府県，指定都市に設
置が義務づけられている*11。
児童相談所には管轄があり，
区市町村によって担当となる
児童相談所が決まっている。
児童相談所と同じく子どもの
福祉向上を目的とした機関と
して，家庭児童相談室（都道
府県または市町村が設置する福
祉事務所に設置されている），
児童家庭支援センター（東京

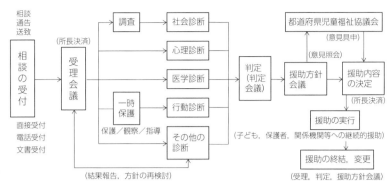

図 6.2　児童相談所における相談援助活動の体系・展開
（出所）厚生労働省 HP を基に筆者作成

都では子ども家庭支援センター。児童相談所の機能を補完するために 1997 年
の児童福祉法改正により設置された）があり，虐待や育児に関する相談や援
助を行っている。学校によっては，まず家庭児童相談室や児童支援セン
ターと連携が進められることもあるだろう。児童相談所は，これらの機関
をはじめ，学校を含めたさまざまな機関と連携しながら，地域の相談援
助活動の中心的な役割を果たしている。例えば，**要保護児童対策地域協議
会***12 を設置し，その運営を支援することも児童相談所の役割である。児
童相談所では，虐待対応だけでなく，非行や障害に関する相談なども広く
行われている*13。しかし，虐待相談の急増に伴い児童相談所の業務量も
急増しており，深刻なケースは児相で，それほどでもないケースは地域で
といったような役割分担も進められている。

　児童相談所では，相談や通告を受けた場合，福祉職である児童福祉司
と心理職である児童心理司がペアになって調査・援助を進めていくことが
多い。具体的には，家族関係，経済面や生活状況といった側面から問題を
探っていく社会診断，発達検査や心理検査，面接を通して，子どもや家族
のパーソナリティや能力，適性，問題の心理学的な意味，心理的葛藤など
を明らかにする心理診断が行われる。医師による医学診断や行動診断（行
動観察や生活場面における面談を通して実施される），その他の診断（必要に応
じて，理学療法士や言語聴覚士などによる診断が行われる）と合わせて総合的
な判断が行われ，援助指針（保護するのか，定期的に面接しながら様子を見る
のか，他機関を紹介するのか，など）が作成される。子どもや保護者，関係
機関からの意向も聴き取られ，緊急性や深刻性とのバランスも考え合わせ
て援助指針が決定される。子どもを家庭から保護する場合には，措置予定
の児童福祉施設や里親との協議も必要となる。施設入所措置の決定は，判
定会議にて行われる。その際，施設職員をはじめとした関係者と，今後の
援助方針や見通しなどについても丁寧な話し合いが行われる。

[曽山いづみ]

*11　児童福祉法改正（2008）
により，2010 年 4 月から 30 万
人以上規模の政令で指定された
市（児童相談所設置市）にも児童
相談所が設置できるようになっ
た。

*12　虐待を受けている子ども
を始めとする要保護児童（児童福
祉法（昭和 22 年法律第 164 号）
第 6 条の 3 に規定する要保護児
童をいう）の早期発見や適切な保
護を図るため，関係機関がその子
ども等に関する情報や考え方を共
有し，適切に連携していくことが
必要である。要保護児童対策地
域協議会は，その情報交換や支援
内容の協議を行うことを目的に，
児童福祉法の一部を改正する法
律（平成 16 年法律第 153 号）に
よって，規定された。

*13　児童相談所で扱う相談に
は，障害相談，育成相談，養護相
談，非行相談，その他の相談があ
る。

【発展問題】
・学校現場でよく起こりうる問題を一つ挙げ，どのような立場の人がかかわっているか考えてみましょう。
・問題にかかわる担当者たちの間で意見の相違があったらどうしたらいいか，考えてみましょう。

【推薦文献】
・本田真大『援助要請のカウンセリング　「助けて」と言えない子どもと親への援助』金子書房，2015 年

　　本当は助けが必要なのに，周囲にうまく「助けて」と言えない（言わない）子どもや保護者は一定数存在する。そのような人たちの心情に配慮しつつ，きちんとつながるためにどうしたらいいか，理論と豊富な事例をもとに丁寧に説明されている。

・久保田由紀・平石賢二（編）『学校心理臨床実践』ナカニシヤ出版，2018 年

　　「心の専門家を養成する」という立場から，主にスクールカウンセラーが学校でどのように活動していきうるか，職務内容や連携について丁寧に解説されている。法的・倫理的問題や災害時などの緊急支援についての説明も参考になる。

コラム　新任小学校教師の経験過程

　近年，学校現場で起こる問題の多様化・複雑化・深刻に伴い，教師もより専門性を高めていくべきだといわれています。専門性の高め方としては，教員養成課程，教師になってからの年次研修や校内研修，教職大学院などさまざまなものがありますが，やはり一番大切でベースに来るべきなのが，先生として授業をすること，子どもたちとかかわることだといえるでしょう。その中でも，先生になって最初の 1 年目というのは，とても重要な時期です。新任教師たちはどのような経験をしてどのように発達していくのか，困難にぶつかりながらも何とかそれを乗り越えて行ける人とそうでない人の間には何か違いがあるのか，あるとしたらどのような違いなのか……このような問題意識のもと，筆者は新任小学校教師 9 名を対象に，1 年の間に計 4 回のインタビュー調査を行いました。

　調査をしていてまず驚いたのは，1 回目（1 学期中），2 回目（夏休み），3 回目（2 学期中），4 回目（年度末以降）のインタビューで，語られることがどんどん変化していくことでした。先生たちは「自分はあまり変わっていない」と言いながらも，毎日「先生」として子どもたちと接することを通して，どんどん「先生」になっていくんだ，と実感しました。一方で，インタビューではそれぞれの悩みや迷いも多く語られました。初期の頃は日々たくさんのわからなさや難しさに直面する様子，その中で自分は先生としてふさわしい人間なのか悩む様子が多くみられました。しかし，回を重ねるごとに，周囲から言われたことをただ真似するのではない，自分らしいやり方，関わり方を見つけられるようになり，だんだんと「自分らしい先生像」が明確になっていくという変化が見られました。そして，その変化を後押しする要因として，子どもたちとのいい関係や，周囲から先生として尊重されることが大切であることが明らかになりました。また，同僚教師や管理職からのサポートも非常に重要です。担任クラスでの困難が大きく，周囲からのサポートが得られにくい場合には，自分自身の感覚（自分の力量不足？それとも本来必要なサポートが得られていない？）が信じられなくなり，悩みが深まっていき，教師としてのパフォーマンスも下がってしまうことが示唆されました。そのような場合，周囲は問題の原因追及をするよりも，具体的現実的なサポートを提供していくことが重要です。そして，新任教師側も困ったらすぐに相談していく姿勢が大切でしょう。

[曽山いづみ]

第7章

個別対応

▶キーワード
カウンセリング，心理教育，コンサルテーション，不適切な行動，自
己意識，援助要請，保護者との関わり，守秘義務，例外事例

　本章では，学校における個別対応の必要性とその方法としてのカウンセリン
グ，心理教育，コンサルテーションについて説明する。次に，小学校と高等学
校におけるそれぞれの事例をもとに個別対応の実際について学ぶ。さらに個別
対応における留意点として，児童生徒との関わりにおける援助要請の考え方，
保護者との関わりにおける協力関係構築のポイント，守秘義務と例外事例につ
いて，解説する。

7.1 学校における個別対応

1. 個別対応が必要な理由

　学校は基本的には集団生活の場であり，集団内相互作用によって個が発達することを前提としている。仲間同士で悩みを話し合い，助け合うことで互いに成長していくことが期待されている。しかし，一方で，子どもたちは一人ひとり異なる性格，能力，背景をもつ多様な存在であり，各々の悩みや問題を抱えることがある。問題によっては子どもだけで解決できるとは限らない。教師やカウンセラー等の介入が必要な場面がある。したがって，教育相談では児童生徒の個別の問題に対応することが求められる。

　教育相談には，すでに不適応等の問題が生じている場合に行われる**治療的・問題解決的教育相談**[*1]だけでなく，今後生じる問題を未然に防ぐための**予防的教育相談**[*2]や，子どもたち自身で，ないしは子どもたち同士で問題解決する能力を高めるような**開発的教育相談**[*3]も重要であるとされている。それらの活動を同時並行的に，複数の児童生徒に対して行っていくことは容易でないが，実際には，それらは互いに効果を高め合うものであるため，積極的に導入する学校も増えている。

　本章では，主に治療的・問題解決的教育相談に焦点をあてるが，エッセンスについては，予防的，開発的な教育相談にも共通することとして読んでもらいたい。

2. 個別対応としてのカウンセリング

　皆さんの中には，「教育相談＝カウンセリング」というイメージをもつ人もいるかもしれないが，そうではない。カウンセリングは，教育相談の目的を達成するために，カウンセリング的なやり方が効果的であると考えられる場合に選択される方法の一つである。誰でもカウンセリングを受ければよくなるとか，どんな問題にもカウンセリングが貢献できるというわけではないので，注意が必要である。カウンセリング以外の方法については，次節で簡単に紹介しているので参照してほしい。

　カウンセリングについては，すでに第4章と第5章で，主要な理論的枠組みについて学んでいるので，ここでは定義だけ示す。國分（1980）は「カウンセリングとは，言語的および非言語的コミュニケーションを通して，相手の行動の変容を援助する人間関係である」と定義している。

　ここでいう「行動の変容」とは，例えばある状況で一つの反応や考え方しかできなかったものが，別の反応や考え方ができるようになる状態を指している。つまり「反応の多様性」が生まれるということである。例えば，

*1　**治療的・問題解決的教育相談**：不登校や非行など不適応の状態にある児童生徒を対象に行われる。個別性が高く，必要によっては医療や福祉等，専門機関との連携も含めた支援が行われる。

*2　**予防的教育相談**：欠席や体調不良など，何らかの不適応的なサインを早期に発見し，深刻な不適応状態に陥らないようにするために行われる。

*3　**開発的教育相談**：何も問題が起こっていないときにすべての子どもを対象に行われる。問題解決，自己主張スキルなど，問題への対処の仕方を事前に教え，子どもの自助の力を高める。

これまで友だちとうまくいかなくなると相手を避けてしまっていた子が，傷ついている自分の気持ちを認められるようになったり，相手に自分の気持ちを話せるようになったりするなど，異なる行動を選択できるようになることを指している。それによって，周囲との関係がこれまでとは違うものになり，環境への適応が促進されることを目指して行われる。また，あくまでもカウンセラーや教師は「援助する」に過ぎず，実際に行動を変容させる主体は，本人である。本人の代わりに方向を決めたり，何かを決断したりしないということが重要である。

　ちなみに，カウンセラー教育の中では，クライエントが「カウンセラーのおかげでよくなった」と感じているようであれば，そのカウンセリングは失敗だとさえ言われている。クライエントが「自分で行動を変えることができた」「自分で今後の方向性を見つけた」など，自らの変化や成長として捉えていることが重要で，カウンセラーに援助してもらったかどうか，本人が自覚していなくてもよいのである。

3. 心理教育，コンサルテーション

　教育相談には，カウンセリング以外にもさまざまな方法がある。その中から，重要なものとして，**心理教育**と**コンサルテーション**について説明する。

　心理教育とは，心理学で得られた知見を子どもたちや保護者と共有し，人間関係の向上や問題の予防を目的として行われるものである[*4]。予防的・開発的教育相談として，クラスや学年集団を対象として行われることが多いが，個人やグループに対しての問題解決的教育相談としても用いられる。

　次に，コンサルテーションとは，「特定の専門性を持った専門職の人が，職業上の必要性からほかの専門職の人に相談すること」（辻村，1999）である。教育の専門家である教師が，自分の受け持ちの児童生徒を支援する過程で悩んだり，迷ったりした時に，医師，カウンセラー，ソーシャルワーカーなどの異なる専門職に相談し，助言を得ることを指す。例えば，担任が不登校の子どもへの支援に行き詰まっている時に，校内のスクールカウンセラー（SC）に相談し，カウンセラーの視点からの助言をもらうような場合である。コンサルティ（担任）とコンサルタント（SC）は対等な関係性で，問題解決の責任主体はコンサルティにある。したがって，助言に従わなければならないわけではなく，なるほど参考にしたいと思えばすればよい，というようなものである。コンサルテーションは，学校におけるスクールカウンセラーの主要な業務として位置づけられている。

　カウンセリング，心理教育，コンサルテーション以外にも教育相談活動の展開は可能である。日常場面での声かけや定期面談，教科指導，進路指導，課外活動の場面などでも，子どもたち一人ひとりをよく観察し，関わりながら，その成長や発達を促進することが重要である。

*4　例えば，エンカウンター・グループ，ソーシャルスキルトレーニング，アサーション・トレーニング，ストレスマネジメント教育，キャリアカウンセリングなどのアプローチがある。

　これらはスクールカウンセラーが行うこともあれば，道徳や特別活動などの時間を使って教師が行うこともある。

　どのようなアプローチを使うにせよ，対象となる子どもに何を伝えたいのか，何を考えて欲しいのか，実施する目的を明らかにして行うことが重要である。

7.2 個別対応の実際

　ここでは，小学校と高等学校での事例をもとに個別対応の実際に触れ，自分ならどのように対応するか考えてみよう。事例の概要，支援の開始とその経過に分けて提示し，解説する。

1. 小学校事例—暴言を吐くＡさん

　小学3年生・男児のＡさん（以下，Ａ）は，明るく元気な性格だが，他の児童に比べるとやや幼い印象である。自分の興味のあることには取り組むが，そうでないものに対して，自分から取り掛かることはほとんどない。授業時には，担任が必ずＡに声をかけ，課題に取り組むように促していた。そうすると一旦は取り組むが，しばらくすると，思いついたことを大きな声で発言したり，近くの友だちに話しかけたりし始める。担任は，それに対して注意したり，叱ったりして落ち着くのだが，また次の時間には同じやり取りが繰り返される状況であった。

　ある時，1週間程，担任が急病で休むことになり，学年主任のベテラン教師がＡのクラスを担当することになった。学年主任は非常に厳しくＡに対して指導し，教卓の隣の席に移動させられたうえ，クラスメイトの前でひどく叱責されるということが起こった。すると，Ａは翌週から，担任やクラスメイトに対して暴言を吐いたり，ものを投げたりして，授業が進まない状況になった。クラスの他の児童の中にもＡと同様に担任に対して暴言を吐く子が出てきて，あわや学級崩壊寸前という状況になってしまった。クラスの保護者からは，担任の指導力について問題視するような意見があがっている。

　この状況について，皆さんはどのように考えるだろうか。ここでは，アドラー心理学の考え方を参考にして考えてみたい（第4章も参照のこと）。

　アドラー心理学では，人間が幸せに生きていくには，自分の利益だけを求めて私的論理の虜になるのではなく，「共同体」に所属して貢献していくことが欠かせないと考える（鈴木ら，2015）。自分の貢献に対して「共同体」から感謝されると，人は勇気づけられ，またさらに貢献していく。これらの関わり方を総称して，「共同体感覚」[*1] と呼んでいる。ちなみにアドラーが言う「共同体」とは，自分が所属する家族，学校，職場などにとどまらず，社会，国家，人類というすべてであり，さらには宇宙全体をも指す大きな枠組みである。

　アドラー心理学では，子どもの「不適切な行動」は勇気がくじかれた時に生じると考える。ここでいう「不適切」とは，その行動の結果，共同体の誰かが傷ついたり，共同体の存在そのものが脅かされたりするようなことを指す。本事例前半では，Ａが課題に取り組まないことで学習内容が理解できないという結果だけでなく，他児の学習も妨害することになっており，その意味で「不適切」である。また後半では，教師に対する暴言，破壊行為などが生じており，学級崩壊に近い状況になっている。

　では，なぜＡはこのような行動をするのだろうか。アドラー心理学では，

＊1　アドラー心理学では，親や教師が子どもと横の関係（対等な関係）を築くことを重視し，子どもの共同体感覚を育てるような関わりを目指す。

「不適切な行動には目的がある[*2]」と考える。共同体感覚が育っておらず，勇気をくじかれた子どもたちが，適切な行動では目的を達成できないと思っている場合に，不適切な行動によって目的を達成しようとすることである。

　Aの場合は，適切な方法，つまり皆と同じように課題に取り組むという行動によっては，大人は自分を認めてくれない，声をかけてくれないと考えている可能性が高い。努力してもなかなかよい結果が得られない状況に対して，努力し続けるという勇気がくじかれており，それであれば，先生やクラスメイトから注目を集めるような不適切な行動によって居場所を見つけようとしているのかもしれない。事例前半の担任の関わりの時点では，注目を集めるという目的を達成していたが，事例後半の学年主任によるAに対する厳しい指導は，Aの自尊心を傷つけ，注目・関心を得るための不適切な行動ができないほどに追い詰めるものであった。Aの目的は，次の段階に移行し，大人からの権力による制圧に対して喧嘩を売り，自分の方が強いことを証明しようというものに変わってしまったのである。クラスメイトの中には，それに追随するものも現れて，Aは暴れん坊の英雄になりつつある。

　この状況を変えるにはどうしたらよいだろうか。アドラー心理学では，不適切な行動には必ず相手役がいると考える。この事例では担任である。担任がとるべき行動とは，不適切な行動の相手役から降り，適切な行動をとるよう勇気づけることである。

支援の開始とその経過：
　担任はAへの対応について，スクールカウンセラーに相談したところ，アドラー心理学の視点からのアドバイスを受けた。担任はしばらく，その助言を参考にAへの対応を行うことにした。
　Aが暴言を吐いたり，ものを投げたりした場合には，それに取り合わず，Aが落ち着いているときには，「落ち着いて座っているね」「課題に取り組んでくれていて嬉しいよ」と声をかけることにした。またAだけでなく，その他の児童に対しても，視線を合わせて積極的に声をかけるように努めたところ，クラスの中にもそれを真似て他児に声をかけるものが現れた。しばらくするとAの暴言や破壊行為は落ち着きを見せて，クラスに平穏が戻ってきた。
　またAの保護者とも支援内容を共有したところ，家庭でも実践してくれることになり，定期的に相談し合うことができるようになった。

　担任はスクールカウンセラーからのコンサルテーションで得られた助言をAやクラスの子どもたちへの対応に役立てることができた。Aやクラスの子どもたちの適切な行動に焦点をあて，能力や結果ではなく，クラスへの貢献と努力している過程を重視して，声をかけている。

　クラスで能力や結果に注目して賞賛することは，それを得られない子どもたちの勇気をくじくことになり，不適切な行動を誘発することになる。賞賛されることを目的として，適切な行動をとる子どもも現れる[*3]。建設的で適切な行動をとる子どもを育てるためには，尊敬をもって対等に接することが大切であろう。

---

*2　不適切な行動の4つの目的
（鈴木ら，2015 より引用）
(1) 注目・関心を得る：わざと乱暴，粗暴な行為をする，落ち着きがない，いたずら，のろい，邪魔する，作り話，優等生的な行動など。
　「私を見て」「褒めてもらえないならせめて叱られよう」
(2) 権力闘争する：頑固，反抗，非協力，いばる，暴力など。相手役と張り合い，指示に従わない行動をする。
　「お前なんかに負けないぞ」「自分が一番強い」
(3) 復讐する：傷つけられたと思った人が仕返しを試みる。身体的・言語的に自他を傷つける，不機嫌，毒づく，意地悪をするなど。「私の不幸はあいつのせい。仕返ししてやる」「せめて傷つけてやる」
(4) 無気力・無能力を示す：自分にはある課題に対して対処できない，能力がないことを言語的，非言語的に示して，対人関係をシャットアウトする。孤独，何もしない，引きこもりなど。
　「一人にして」「私には無理，放っておいて」

*3　アドラー心理学は賞罰によらない子育てや教育を推奨している。褒美を餌に育てられると，何をするにも見返りを期待し，逆に自分の得にならないことはしなくなる。悪い評価を受けないために規律を守る等，真に人を思いやる公共心は育たなくなる。賞罰を与えることは，与える側に優越的な権威が授けられていることを前提とするが，民主的社会においては，人間の社会的平等がすべての人に認められているはずである。

定時制高校 2 年生・男子生徒の B さん（以下, B）は，クラスの中では目立つグループに所属しているが，リーダー的存在というわけでなく，どちらかというと印象の薄い生徒であった。顔のニキビが目立たないようにと前髪を長く伸ばし，そのことで教師から注意されることもあった。

ある時，クラスの女子生徒のグループが B の外見について話し合っているのを偶然聞いてしまい，その時から学校に来ることができなくなってしまった。1 週間ほど欠席が続いたためホームルーム（以下, HR）担任が連絡したところ，放課後であれば来られるというので，面談をすることになった。

B は時間通りに現れたが，表情は暗く，髪は不自然にジェルで固めてある。HR 担任が「表情がさえないように見えるけれど」と切り出すと上記の出来事について話した。HR 担任が，「女子生徒が話しているのを聞いてどう感じたのかな」と尋ねると，B は「キモいって言われて，やっぱり悪く思われているんだと思ってショックだった」という。そして，「人の目が気になる。自分の見た目に自信がもてないので，女子とはほとんど話したことがない。友だちに対しても自分の言ったことで気を悪くするのではないかと思って，つい話を合わせてしまう。それがつらい。」という。

担任は「人の目が気になるのはいつ頃からなのかな」と尋ねた。B は中学 2 年生頃から，自分の外見が気になるようになり，またその頃ちょうどスマホを持ち始めたため，SNS でのやり取りにはかなり気を使ってきたことを話した。不登校ではなかったが，体調不良で学校を休むことも度々あったという。

HR 担任は，「授業に出られていないことについて，B はどう思っている？」と尋ねた。すると，「よくはないと思う。授業に出ないと勉強もついていけなくなるし。だけど，まだクラスの子と顔を合わせる勇気がない。」という。

そこで HR 担任からは，家で出られなかった授業の課題に取り組むこと，翌週にもう一度，面談することを提案したところ，B は「家にいても不安になるだけなので，やることがあったほうがいい。先生と話して少し楽になったので，また話したい」と了承した。

担任からは，自分で保護者にそのことを話せるかと尋ねたところ，ほとんど話をしていないので難しいという。そこで，担任が保護者と連絡をとること，その際 B と話した内容について B の許可なく伝えることはないが，面談をしていることだけは伝えたいがどうか，と尋ねた。B はそれを了承した。

本事例のポイントを 3 点にしぼって解説する。

ひとつ目は，B の主訴について，青年期の特徴である「自己意識」の発達の視点から考えることである。青年期には，自分の内面に注意を向ける「私的自己意識」と，他者から見た自分に注意を向ける「公的自己意識」が発達する。これは青年期以降，抽象的な概念を理解することが可能になり，自分についての洞察が進むことと関連している。特に公的自己意識の強さは，対人場面における不安や抑うつ傾向，友だち関係における同調傾向などと関連することが明らかになっている（菅原，1984；上野ら，1994）。社会生活を送るためには，他者からどのように見られているかをある程度意識する必要があるが，それが強すぎると，精神的健康に否定的な影響を及ぼすことがある。B は中学 2 年生という，ちょうど青年期の始まりの時期から「他者にみられる自分」への意識が高まり，ありのままの自分で他者と関わることができず，苦しさを抱えていると考えられる。

2 つ目のポイントは，精神疾患との鑑別である。子どもの学校不適応が生じたときに，環境的要因や子どもの性格の要因等を検討することが多いが，実は精神疾患の症状があるために，学校に来られなくなっているということもある。その場合，学校での支援だけでなく，医学的な支援が必要

になるため，教師も精神疾患についての意識をもつ必要がある。

　特に青年期以降の場合には，統合失調症の好発時期に入り，初期には「人の目が気になる，人に見られている感じがする」などの訴えがなされる場合がある。したがって，生徒の訴えの内容が現実に起こったこととして了解できるか，生徒の気持ちを共感的に聴くことができるか，特にきっかけなく症状が出現していないか，などについては確認する必要がある。本事例の場合には，クラスの女子生徒の発言をきっかけに不登校になっているが，クラスの誰がいつどのように発言したのかなどについて具体的に聴いておく必要がある。生徒の訴える内容が要領を得ない場合，妄想や幻聴などの症状が疑われる場合には，まずスクールカウンセラーや教育相談センターなどに相談し，専門的な見地から医療機関受診の必要性を判断していくことが望ましい。

　3つ目は，保護者との連携についてである。高校生になれば，面接をしていることを保護者に伝えることが必ずしも必要なわけでない。ただ，本事例のようにすでに登校していない状態で，本人と保護者が十分話をできていないような場合には，学校としてどのように対応しているのか，早い段階で保護者に連絡する必要がある。その際，守秘義務についての考え方を理解する必要がある。本事例では，人からどう思われているのか気になるという状態はすでに2年以上の経過があり，すぐに解決できる問題ではないこと，一方で，それは青年期の課題の一つであり，本人の成長によって問題解決できる見通しがある，ということも場合によっては共有する必要があるかもしれない。高等学校における出席日数の不足は，留年や退学という問題に直結していくため，保護者との連携は検討する必要があるだろう。

支援の開始とその経過：

　Bとの面談後，担任は保護者に連絡をとり，Bが面談に来て話をしたこと，本人は何が問題なのか理解していること，それが解決するには少し時間がかかるが，焦らず見守ることが必要かもしれないとの見立てを伝えた。保護者としては，中学生になってからは親とあまり話をしなくなり，先日から「学校を休む」と言って部屋に閉じこもっているばかりだったので心配していたと話す。先生と話ができたのであれば少し安心したので，しばらくは様子をみたいと話した。担任からは，何か心配なことがあればいつでも連絡してほしいと伝えた。

　翌週以降もBが登校することはなかったが，面談の約束には時間通りにやってきた。しばらくは暗い表情で落ち込んでいる様子だったが，数回の面談後，「なぜ自分は人からどう思われるのか，こんなに気にするのだろう」と考え始めたという。そして，中学に入学してから，急に周りの友だちの背が伸びて体格もよくなり，たびたび外見を「いじられる」ようになったこと，SNSで仲間外れにされて傷ついたこと，部活ではレギュラーになれず，勉強もついていけなくなって自信を失ったことなどを話す。

　担任はBの話を聴き，「中学時代のことを話しながら，今のBはどう感じている？」と尋ねた。Bは「うーん，なんか俺，かわいそうだなと。結構辛かったけど，それをだれにも言えなかったし，なんて言っていいかもわからなかったから…」という。「考えてみたら，人の外見についていじったりするやつのほうがおかしい。なんでそれがわからなかったんだろう。」と自分の経験を別の視点から捉え直すことができるようになってきた。

その後，SNS 上で自分の好きなアニメについて話し合える友だちができたこと，担任が紹介した青春映画を観て「青年期って難しい時期なんだよなあ」と感想を述べることもあった。両親と話すことは多くないようだったが，ある時「昔から親父が行ってる床屋で髪切ったんだ」とさっぱりした髪型でやってきた。「前は髪型を気にしすぎて，かえって変だったなあって思う。いまはそれほど気にならなくなった」。床屋の主人から若い頃の父親の話を聞き，「親父も学校行かなかった時期があったんだって」と少し嬉しそうに話した。

出席日数の不足により留年することになったが，両親は理解してくれたという。そして，「前は人からの評価を気にしてばかりで，自分は何が好きで，何がしたいのかわからなかった。でもいまは前よりも自分が好きなこととか，自分の性格がどうかとかもわかるようになって，なんか楽になった。

留年したら同級生から相手にされないだろうから，自分のペースで勉強できるね。」などと笑っている。担任ではなくなるが面談は続けるかと尋ねると，「もう大丈夫だと思う」と話したため，面談は終了し，また何か困ったことがあれば話そうと伝えた。

その後，B は同級生ともそれなりにうまくやりながら 4 年の高校生活を終え，卒業後は理容専門学校に進学して，理容師を目指している。

担任とのカウンセリングが始まると，B は過去の傷ついた体験を感情への気づきを持って振り返り，新たな視点で捉え直すというプロセスをたどっている。そして，現在のありのままの自分の考えや感情を受け入れるようになると，外見や他者からの評価よりも自分の内面への意識が優位となっていった。外見に対するこだわりがなくなり，自然な姿で居られるようになって，ロジャーズ（Rogers, 1951＝2005）の言う「適応」の状態，すなわち体験と自己概念の重なりが大きくなっていったことが窺える。遠回りした高校生活ではあったが，自分で今後の方向性を見つけることができたことは，本人の人生にとっては重要な契機となったであろう。

担任の関わりは，ともすれば授業への出席を促したり，留年しないようにあの手この手で先回りしたりすることにもなりがちだが，必ずしも失敗しないことや最短距離を行くことがよいとは限らない。時には，本人のペースに寄り添い，側面から支えて行くことも大切な役割であろう。

7.3　個別対応のポイント

　本節では，個別対応において留意すべき事柄として，1. 生徒との関わり，2. 保護者との関わり，3. 守秘義務と例外事例について説明する。

1. 生徒との関わりにおける留意点

　児童生徒との関わりで留意したいのは，「助けて」と言えない心理（本田，2015）について理解することである。児童生徒の中には，自分では問題解決が難しい状況であっても，他者に相談できずに問題を悪化させてしまう者がいる。一方には，「助けて」と言えない心理を理解せずに見過ごしたり，本人の努力不足と責めたりして，「助けて」が届かない社会がある。児童生徒が適切な援助要請行動をとれるようになることと，周囲の援助要請感受性を高めることは，ともに重要である。

　では児童生徒が「助けて」と言えない（言わない）のはなぜだろうか。本田（2015）によれば，それは「困っていない」「助けて欲しいと思わない」「『助けて』と言えない」という 3 つに分類できるという。「助けて」と言わない人すべてに援助が必要なわけではないが，周囲から見ると対処しきれていない，自己解決が難しいと思えるような場合には，本人に相談の必要性についての自覚を促すような働きかけが必要となる。例えば，自分や他者の感情についての気づきを促すような心理教育や，いじめ・虐待等の暴力についての啓発教育などは，問題への認識を高めるのに役に立つ。

　また思春期以降は，対処が困難であることを自覚していても，自立や自律への欲求が高まり，教師やカウンセラーに対して相談することへの否定的な見方や抵抗感があって，相談したがらないことも多い。その場合，対処できていない事実を直接突きつけるなど，本人の自尊心を傷つけるような関わりは避け，むしろ先に本人が自己解決できている部分を明確にし，努力していることを明らかにしたうえで，自己解決が難しい「部分」を他者に助けてもらうことを提案する方がよいだろう。

　また，相談意思はあるのにできない場合には，相談をためらう理由とその解決策について本人と話し合うことも必要である。いじめ被害など，「直接加害生徒に言うのではないか」と思えば，相談できないのも当然である。児童生徒の立場に立って想像し，慎重に行動することが求められる。

　最後に，教師自身の価値観について振り返ることも重要である。他者に援助を求めることは「甘えである」という価値観ではなく，「自分で解決するために他者に頼る（相談を活用する）」という考え方をもつことで，もっと多くの児童生徒に教育相談を活用してもらうことができるだろう。

2. 保護者との関わりのポイント

　学校での教育相談は，児童生徒との良い関係だけでなく，保護者との信頼関係の形成が欠かせない。ここで重要なのは，教師が保護者をどのような存在であると考えるかである。

　例えば，学校心理学（石隈, 1999）では，保護者を「自分の子どもの専門家」と捉える。保護者は子どもの生育歴や現在の様子に至るまでの情報をもっている。現在の子どもの状態について，よくあることなのか，初めて生じたことなのかなど，発達の経過の中で現在がどのように位置づけられるのかよく知っている。教師と保護者の関係は，「教育の専門家」と「自分の子どもの専門家」間の対等な関係であると捉えることができる。

　そのように考えれば，保護者に対して，子どもの問題点を指摘したり，家庭での養育に関して批判的な意見を伝えたりすることなどが，信頼関係の構築に否定的な影響を及ぼすことが理解できるだろう。子どもの成長のための支援者として，互いが協力しあう関係こそが望ましい。教師は学校での本人の様子について情報を持っており，保護者は家庭での情報を持っている。それらを合わせることで，より複合的な子どもの理解が可能になり，支援の効果も高くなると考えられる。

　一方で，そのような姿勢で協力を依頼してもなかなかパートナーシップを築きにくい保護者もいる。田村（2013）によれば，2つのタイプがあるという。はじめに，心理的な混乱が大きい保護者の場合である。子どもが問題状況を抱えていることについて，自分の子育てを責め，自分自身を否定してしまうような場合には，まず保護者の気持ちに耳を傾け，普段の努力をねぎらうことから始めたい。また保護者自身が抱えている問題が大きい場合には，それらに対する援助資源を紹介してもよいだろう。保護者自身がサポートされているという実感をもてると，子どもの問題に向き合い対処するためのパワーが湧いてくる。また支援によって生じた子どものよい変化に注目し，適宜伝えることにより，よいパートナーシップを継続することも重要だろう。

　次に，苦情や要求の強い保護者に対して，「クレーマー」と認識して対立構造になる場合がある。教師からしても，批判されたり怒りを向けられたりすれば，穏やかでいられないのも当然であり，自らの正当性を主張し，相手を言い負かしたくなるかもしれない。しかし，強い怒りや不満の背景には，保護者自身の抱えている不安，悲しみ，寂しさなどがあり，子どもの問題をめぐって，それらが表現されていることも少なくない。そうした場合には，一旦，子どもの話から逸れたとしても，建設的な話し合いに移行する準備として，保護者の「気持ち」を受けとめることが必要になる。カウンセリングにおける傾聴のスキルを使うことも有効である（第5章参照）。「保護者が何に困っているのか」を把握し，具体的な案を示すと，保

護者は心理的に安定し，パートナーシップを築くことができる。

　ただし，苦情の要求の中身が理不尽な場合，暴力や脅迫など犯罪行為を含む事案については，学校のみで対応をせずに教育委員会や法律の専門家等と連携して対応することが重要である。

3. 守秘義務と例外事例

　守秘義務とは，職務業務上知り得た秘密を守る義務のことである。公務員は秘密を守る義務を有する（地方公務員法第34条）。義務違反に対しては，違反すると懲戒処分および刑事罰が加えられる。守秘義務があるのは児童生徒，および保護者のプライバシーの保護のためである。児童生徒，および保護者が自身のプライバシーに関わる内容を教師に明かしたのは，教師やカウンセラーが職務上の守秘義務を負っているからであり，児童生徒，保護者の最善の利益と福祉のために努力してくれるのを信頼しているからである。決して，一個人としての「あなた」に話したのではないことを肝に命じることが必要である。

　ただし，守秘義務には例外事例がある。それは当該児童生徒に身体・生命の危険のある場合，あるいは当該児童生徒によって何らかの危険にさらされる可能性のある関係者がいる場合である。例えば，自殺や自傷行為，他者に危害を加えるという予告などがそれにあたる。この場合にも児童生徒が必ずしも深刻な表情で話すとは限らないので注意が必要である。たとえふざけて話しているようであっても，実際には死を意識するほどに苦しんでいる状況にあり，自傷のつもりのリストカットで深く切りすぎてしまう，やけになってバイクで暴走し事故に遭うなど，死につながる場合もある。ただその緊急性，計画性の判断は専門性にも関わることであり，明確な基準があるわけではないため，非常に難しいケースもある。

　また虐待の疑いに関しては，児童虐待防止法第6条に通告義務が定められており，これについては守秘義務よりも優先される。速やかに管理職に報告するだけでなく，管理職が最終判断に迷うような場合には，スクールカウンセラーやスクールソーシャルワーカーによるコンサルテーションを求めることも必要であろう。

　忘れてはならないのが，このような守秘義務の例外事例においても，他者への情報開示については，児童生徒，保護者本人の同意が必要だということである。他者に開示する必要性，誰に何を伝える必要があるのかについて本人に説明し，同意が得られるように努めなくてはならない。そこで納得してもらえるような話し合いができないと，あとで情報開示が問題になることもあるので，慎重に行うことが大切である。　　　　［北風菜穂子］

【発展問題】

・学校の中で，個別対応が必要なのはなぜでしょうか。個別対応によって得られるものは何でしょうか。逆に個別対応における難しさや問題点は何でしょうか。

・「助けて」と言えない子どもに対する周囲の援助要請感受性を高めるには，どうしたらよいでしょうか。教師やクラス集団はどうなるとよいでしょうか。

【推薦文献】

・八巻秀（編）『子どもの心と学校臨床，第14号　特集：学校現場で活かすアドラー心理学』遠見書房，2016年2月

　　社会的視点をもって，社会と個人の調和したあり方を目指す「アドラー心理学」は，子育てや教育現場において，近年再び注目を集めている。本書はその理論と学校現場における多数の実践の報告である。

・石隈利紀『寅さんとハマちゃんに学ぶ助け方・助けられ方の心理学：やわらかく生きるための6つのレッスン』誠信書房，2006年

　　映画『男はつらいよ』のフーテンの寅さん，『釣りバカ日誌』のハマちゃんがそれぞれのやり方で，人を助けたり，助けられたりしていることを題材に，自助だけでなく，互助や共助について考えさせられる一冊。

コラム　トラウマインフォームドケア

　近年，暴力・虐待・喪失・災害・戦争などのトラウマ（心的外傷）となる出来事や小児期逆境体験 (adverse childhood experiences : ACEs) が，神経発達系や免疫系を障害し，慢性的な身体疾患や精神健康上の問題を引き起こし，個人や社会に広範囲で有害な損失を与えることに注目が集まっている（亀岡，2019）。トラウマインフォームドケア (trauma-informed care : TIC) とは，トラウマに関する基本的な知識をもち，あらゆる人への支援の土台として，トラウマやその影響を認識しながら関わることをいう（野坂，2019）。

　学校教育においても子どもの情緒的な問題，反社会的行動や問題行動とみなされる言動の背景に，トラウマや ACEs の体験があることを想定した関わりが求められる。例えば，いつもソワソワと落ち着かず授業に集中できない，暴力的な言動で他の児童生徒とトラブルになるなど，「問題行動」とみなされ，厳しい叱責を伴う生徒指導が行われる場合がある。しかし，子どもにとっては，それが再トラウマとなり，問題が改善するどころか，さらに悪化することも少なくない。このような再トラウマ化を避け，子どもにとって安全な環境の中で生活できるようにすること，トラウマ症状に対して適切な対処ができるように援助することなど，TIC の認識を学校全体に共有して取り組むことが重要である。

　詳しくは，トラウマ・インフォームド・ケア学校プロジェクト事業によるパンフレット『問題行動の背景をトラウマの視点から考えてみよう』(https://www.jst.go.jp/ristex/pp/information/uploads/20180500_ooka_TIC_A3.pdf) を参照してほしい。　　　　　　　　　　　　　　　　　　[北風菜穂子]

校内連携

▶キーワード

チームとしての学校，校内委員会，（校内）ケース会議，守秘義務，
集団守秘義務，個別の指導計画

　教育相談では，連携やネットワークづくりが重要であるといわれる。本章では，事例を用いて校内連携の在り方を考えていく。8.1 では，なぜ連携が必要なのか，校内連携の体制について説明する。8.2 では，実際にどのような形で連携が進んでいくのか，事例を交えて考えていく。8.3 では，連携において留意すべき点として，校内での集団守秘義務と個別の指導計画について説明する。

なぜ校内連携が必要なのか

8.1

1. 校内連携が必要な理由

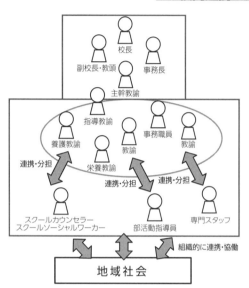

図8.1 チームとしての学校 イメージ
（出所）中央教育審議会（2015）を基に筆者作成

学校では，毎日さまざまな問題が起こっている。些細な（ように見える）問題もあれば，どうやって対応したらいいか迷うような問題もあるだろう。社会や地域のつながりが希薄になり，今までは地域や親族といったコミュニティや家庭などで担われてきた役割が，学校に託されるようになってきている。他の場所を頼れないために，学校で「問題」が表面化することも少なくなく，学校はコミュニティにおける砦のような役割を担っているといえる。そのような中で，教師が一人でできる対応には限度がある。児童生徒のために一生懸命頑張った結果，バーンアウトやうつ状態に陥る教師が増えていることも問題になっている。教師の過剰な負担を減らすためにも，学校全体がチームとして，連携して問題に取り組むことが求められている。

2. チームとしての学校

学校全体で，組織として問題に取り組むことが重要であるとして，文部科学省は「**チームとしての学校**」を提唱している。従来，日本では教師が児童生徒の学習面から生活面まで幅広く目を配り指導してきた。それは総合的に児童生徒をみられるという利点がある反面，教師の役割や業務が際限なく増えてしまうという面もある。そこで，より学校のマネジメントを強化し，組織として教育活動に取り組む体制をつくっていこうという動きが加速している。「チームとしての学校」では，①専門性に基づくチーム体制の構築，②学校のマネジメント機能の強化，③教師一人ひとりが力を発揮できる環境の整備，という3つの視点に沿って体制を整えていくことが必要であるとされている。スクールカウンセラーやスクールソーシャルワーカーなどの教師以外の専門スタッフを学校内に明確に位置づけ，今まで以上に積極的に連携・分担を行っていくことが目指されている。

3. 学校における教育相談の体制

学校では，担任や教科の受け持ち以外に，校務分掌としてさまざまな役割分担が行われている。教育相談もまた，学校の中の役割の一つとして位置づけられている。

教育相談が学校の中でどのように組織されているかは，学校によって異なっている。例えば，教育相談部として独立している場合もあれば，生徒指導部や保健部などの中に教育相談係として組み込まれている場合，関係する各部門の責任者で構成される委員会として設けられる場合，などがあるだろう。教育相談と関連する役割をもつ委員会として，いじめ防止対策委員会，特別支援に関する校内委員会，生徒指導委員会，不登校対策委員会などが置かれている場合もある。それぞれの部や係，

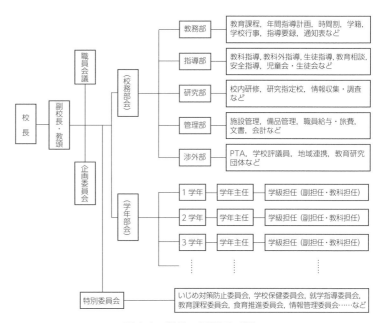

図 8.2　学校の組織図（例）
（出所）文部科学省（2017）を基に筆者作成

委員会の構成（誰がメンバーになっているか）や役割分担も学校に応じてさまざまである。学校全体で情報を共有し，支援していく仕組み（システム）が確立されている学校もあれば，個々の事例ごとに連携体制を模索している学校もあるだろう。文部科学省（2007）は，「事件・事故のときに，初めて教育相談体制を見直したり，カウンセリングの重要性を考えるような対症療法的な対応ではなく，比較的落ち着いているときこそ，教育相談を充実するチャンスという認識を持ち，予防的対応を心がけることが大切である」と述べている。教育相談の内容は「ここからここまで」と範囲を限定することが難しいものだが，裏を返せば，やり方次第でいろいろなことができるともいえる。問題が起こったときの対応はもちろんのこと，相談しやすい雰囲気づくりや校内のネットワークづくりができていると，早いうちに問題に気づき共有しておけるようになり，事態の悪化を防げる，解決の選択肢が増えるなど，学校全体での対応力も上がっていく。

教育相談部会や委員会が定期的に開催されている場合もあれば，何か問題が起きたときなどの特別事態に開催されることもあるだろう。部会や委員会自体の開催頻度は少なくとも，朝礼や職員会議の場で気になる児童生徒の情報共有が行われている場合もあるかもしれない。連携の仕方もさまざまなパターンがある。児童生徒に直接かかわる人たち（例えば担任，養護教諭，スクールカウンセラーなど）の間で対応が協議される場合もあるだろうし，教育相談部会や委員会などで対応方針が決められる場合，学校全体で対応方針を共有することが必要な場合もあるだろう。その学校の実情や個々の事例に合わせた連携体制をつくっていくことが大切である。

8.2 校内連携の実際

ここでは，小学校と中学校それぞれにおける校内連携について，事例を用いて考えていく。

1. 小学校事例—緊張の高いAさん

問題の認識，連携体制の構築と方針の共有：

　小学3年生・男児のAさん（以下，A）はまじめでおとなしい子であった。あるときクラスで派手な喧嘩が起こり，担任が児童たちを大声で叱るという出来事があった。Aが叱られたわけではなかったが，その後「先生が怒るのが怖い」と訴え，遅刻や欠席が増加していった。保護者から相談を受けた担任は，Aと保護者と面談し，Aを叱ったわけでないことを改めて説明してこれから大声を出さないようにすると約束した。しかしどうしてもAの心配は消えないようで，その後も遅刻や欠席が続いた。登校しても，体調不良を訴えて保健室に行くことが多くなっていった。担任はAと個別で話す時間を定期的にとるようにし，Aもそのときは楽しそうに過ごすが，やはり朝になると心配が大きくなってしまうということであった。

　担任と養護教諭，学年主任で相談し，教育相談委員会[*1]でAの対応を検討することにした。現在のAの状況と本人の訴え，保護者から聞いた家庭での様子，低学年の時の様子など，情報を整理したところ，Aはもともと新しい環境に慣れるのが苦手で常に緊張している様子が浮かび上がってきた。学校内だと，保健室と図書室は比較的安心できると話していることがわかり，教室に入るのが不安な時はまず保健室に行き落ち着いたら教室に来る，休み時間は図書室で過ごす，という対応をとることにした。保護者もAにどう接したらいいか困っているということで，スクールカウンセラーが保護者面接とAの行動観察を行い，どうしたらいいか一緒に考えていくことになった。

[*1]　8.1で述べた通り，教育相談委員会（部会，係）のメンバーや委員会への報告の上げ方は学校によって大きく異なっている。関係者で対応方針を決めてから他の教職員に報告して理解・協力を求める場合もあれば，保健室登校や別室登校をするために一定の基準を設けられており許可をとることが必要な場合もある。学校独自の「ルール」や「常識」があることも少なくないため，一人で判断せずに，細かなことでも誰かに相談していけるといいだろう。また，外部機関と連携する場合には，教育相談委員会（部会，係）などを通して，管理職の許可を得ることが必要である。

　連携は，まず誰かが「問題」を認識し，どうにかしなければと思うことから始まる。本事例では，Aの保護者から相談を受けた担任がまず個別対応（Aと保護者との面談など）を行っている。この時点で，保護者と担任の間で問題意識の共有ができているといえる。このような個別対応で事態が改善する場合も多いが（第7章参照のこと），本事例では残念ながら状況は改善しなかった。ここで大切なのは，個別対応でうまくいかないのは必ずしも担任の力不足が原因ではない，ということである。ほとんどの場合，問題は何か一つの要因から起こるのではなく，さまざまな要因が複雑に絡み合って起こっている。その多様な要因を明らかにすること，それらの要因の中で変化を起こせそうなところを見つけることが重要である。

　一方で，誰かが問題を認識してどうにかしたいと思っていても，その問題意識がうまく共有されない場合には，連携体制をつくることが難しくなる。特に個別対応だけでは難しいと感じられる場合には，いかに問題意識を共有できる人を見つけるかが大切になる。養護教諭やスクールカウンセラー・スクールソーシャルワーカーは校内連携を意識的に行っているため，相談することが連携の第一歩となることも多い。

　本事例では，担任が養護教諭と学年主任に相談することで校内連携が始

まり，教育相談委員会で対応を検討したのちスクールカウンセラーとの連携が行われている。福祉的な対応が必要な場合にはスクールソーシャルワーカーが加わることが望まれる。A にかかわる人が増え，それぞれの持っている情報を共有，整理することで，新しい対応方針（不安になったら安心できる場に行って気持ちを落ち着ける）も決まった。さらに，スクールカウンセラーとの連携を通して，心理的な視点からのアセスメントを行おうとしているところである。

対応とその後：

　A は朝保健室で一息ついてから教室に行く，休み時間は図書室に行く，というルーティンができたことで安心したようで，少しずつ登校時間が早くなっていった。スクールカウンセラーは保護者面接，行動観察を通して，A は大きな音が苦手であること，突発的な出来事が起こるとどうしたらいいかわからなくなってしまうこと，他の児童がいる前で教師に助けを求めることが苦手であること，などから不安が大きくなり，教室に行きづらくなっているのではないかと考え，保護者や担任，養護教諭に伝えた。担任は，A が困ったときに見せるための"ヘルプカード"を作成し，困っている状況を伝えやすくするようにした。また，指導方法を工夫して，学級全体で静かに過ごせる時間を少しずつ増やしていった。

　保護者からの要望もあり，A の個別の指導計画を作成し，学校全体で A の指導計画を共有して学年が変わっても引き継いでいけるようにした。A は欠席を挟みながらも徐々に学級の雰囲気に慣れ，よく話す友だちもできた。新しい心配や困りごとができても，早めに身近な大人に相談できるようになり，周囲も A が何を心配し困っているのかがわかりやすくなっていった。

　A のように話すのがあまり得意でない児童生徒の場合，本人がいつ，どのようなことで困っているのか，周囲も理解しづらいことが多い。そのような場合に，「困っている」ことを伝える手段として，**ヘルプカード**[*2] がある。A が困ったときにそのカードを机に出すことで，担任が「今 A が困っているから声をかけに行こう」とわかるようになっている。

　本事例では A の困りごとに一つずつ対応していくことで事態が改善していった。しかし，現実はそう簡単に進まないことも多い。うまくいかない場合には何がよくなかったか考え，新しい方針・方策を考えていくことが必要になる。また，時間の経過や児童生徒の発達によって，新たな問題が起こってくることもあるだろう。経過や対応，その後の様子などを記録に残しておき，振り返りができるようにしておくこと，情報を次の学年に引き継いでいくことも大切である。情報共有・記録引継ぎの方法のひとつとして，個別の指導計画がある。これについては次節 8.3 で説明する。

[*2]　一般的に，ヘルプカードとは一見障害があるとわからない人が周囲に支援を求める時に使うものである。本事例では，A が担任に助けを求めるために使用している。これは担任と本人の間で共有できればどのような形でもいい。カードではなく，手で小さくサインを出すようにしてもいい。大切なのは，本人が無理なく使用でき（A のように，挙手したり声を出して呼ぶなどの目立つ行動が苦手な児童も多い），担任がそれに気づけることである。

2. 中学校事例―まわりを巻き込む B さん

問題の認識と問題意識の共有：

　夏休み明け，スクールカウンセラーは中学 1 年生・女子生徒の B さん（以下，B）から「部活のトラブルで困っている」と相談を受けた。女子グループ内で悪口を言った言わないでもめ，悪者にされた B の友だちが困っているため何とかしてほしいという。スクールカウンセラーは傾聴し，出来事や人間関係を一緒に整理したところ，B は納得して帰っていった。

Bから許可を得て，スクールカウンセラーが担任と部活動顧問に相談内容を報告すると，担任と顧問はそれぞれBから違う訴えを受けていることが明らかになった。担任は夏休みに入る前から定期的にBの相談を受けていたが，その度に「悪い」人がころころ変わり，問題の所在の特定が難しい，どうしたらいいかと考えていたという。一方部活動顧問は，夏休み中に皆で話し合いをしてトラブルは解決したはず，その後誰からもトラブルの訴えはないと話した。気になったスクールカウンセラーがさらに詳しく聞いていくと，担任は「そういえば，小学校からの引継ぎで『Bは友だち関係のトラブルが多い印象がある』と言われていた」と話し，3人でBの様子を見守っていくことを共有した。

　本事例では，スクールカウンセラーが相談を受け，担任と部活動顧問に報告したことから，担任もBにどう対応したらいいか困っていたことが明らかになった。担任，顧問，スクールカウンセラーそれぞれの話を総合する中で，Bの主観（女子グループ内のトラブルで友だちが困っている）と，客観的な状況（話し合いをして問題は解決しているはず）との間に齟齬があること，Bの訴えがいろいろと変わることが見えてきた。些細なことであっても，「気になる」ことを気軽に話せるというのは連携における大切なポイントである。本事例でも，3人で話していく中で，些細な「気になる」ことが問題意識として共有されるようになっている。なお，この時点で，スクールカウンセラーはBと次回の約束はしておらず，相談は1回限りのものであった。しかし，1回限りの相談であっても，関係者に報告をしておくことで，その次に何かが起こったときに連携体制が取りやすくなる。こまめな報告・連絡・相談が大切なのはそのためである。

学校全体での連携体制の構築と方針の共有：
　約1ヵ月後，担任，顧問，養護教諭からスクールカウンセラーに「Bの欠席日数が増えている」と相談があった。担任はBの話を親身になって聞いていたが，あるとき「それはBも悪かったんじゃない？」と指摘するとBが「先生は何もわかってない」と怒り出し，担任を避けるようになったということだった。同時に保健室に行くことが増え，遅刻や欠席が目立つようになった。部活動顧問からは「Bの言動にまわりの生徒たちが振り回され困っているようだ」という話が出た。養護教諭は，Bは日によって気分の落差が激しいこと，「他の先生には言わないで」と秘密の話をよくすること，確認できていないが自傷行為をしている可能性があることが気になっていると話した。養護教諭からもう一度Bにスクールカウンセラーとの面談を勧めてもらい，教育相談部会でBの対応について検討することとした。
　スクールカウンセラーはBとの面談で，皆がBのことを心配していると伝え，困りごとや体調について尋ねた。Bは友だち関係の難しさを訴え，夜になると不安が大きくなって眠れなくなると話した。スクールカウンセラーがリラクゼーションを教え，定期的な面談を提案するとBも了承し，毎週面談をすることになった。
　教育相談部会でBのことを話し合ったところ，メンバーから「教職員全体の校内ケース会議にあげたらどうか」という提案があり，次回のケース会議でBの対応を検討することになった。
　ケース会議では，担任が今までの経過を説明し，顧問，養護教諭，スクールカウンセラーが補足を加えた。会議の中で，Bがそれぞれの人に対して見せる顔が随分違うこと，否定されることに敏感なこと，友だち関係の悩みや不安を訴えることが多いが，時折家族の悩みを話すことが見えてきた。「信頼できる」と思った人には訴えの回数や求めるレベルが上がることから，「ここまではできる，ここからはできない」という枠組みを明確にしていくこと，Bの言動にかかわらず教職員側はできるだけ態度を変えないこと，適宜「皆がBのことを心配している」と伝えていくことを共有した。周囲の生徒は主に顧問と担任がフォロー

していくこととなった。Bの「秘密の話」にどう対応するかは意見が分かれたが，自傷他害の恐れがあるときには他の先生や保護者に伝える（Bにもそう伝えておく）こととし，それ以外の場合はその折々で判断していくこととした。

　前述の通り，本事例では担任・顧問・スクールカウンセラー間で情報共有・相談をしやすい雰囲気になっていた。Bの場合，人によって訴える内容が違うこと，「他の人には言わないで」と秘密をもたせようとすることから，周囲が振り回されてしまいがちであった。学校内で共通した方針をもてた方がいいという判断から，**ケース会議**（ケースカンファレンス）を開くことになり，皆で情報を共有して対応方針を考えることができた。一方で，問題意識や方針を共有できない，連携体制がとれない場合，Bから見た「話をよく聞いてくれるいい先生」と，「話を聞いてくれない，わかってくれない先生」との間で対立が起こってしまうことがある。よく相談を受ける側の教師は，他の教師に対して「もっとBの気持ちをわかってあげればいいのに」と思い，そうでない側の教師は「なんでそんなに甘やかすんだ」と思う，などである。考え方の違いはあって当然だが，それが対立に発展してしまうと，生徒にも悪影響を及ぼしうる。考え方の違いを問題解決につなげていくために，ケース会議を活用できるといいだろう。

　ケース会議は，事例検討会とも呼ばれ，児童生徒への支援（さまざまな視点から児童生徒への理解を深め，児童生徒への関わり方や適切な指導・援助の方法を探ること），担当者への支援（不安や孤立感を緩和し適切な指導・援助ができるようにすること），教師集団と組織の成長（話し合いを通して相互理解を深め協働して指導・援助にあたれるようになること）が目的となる（藤原，2011）。なお，事例中でも触れている通り，Bのような事例では，「秘密」をどのように扱うかが難しい問題となる[*3]。

*3　守秘義務については 8.3 で説明する。

その後：
　その後，Bは徐々に友だち関係のトラブルを訴えることが減り，養護教諭やスクールカウンセラーに家族の話をすることが増えていった。自傷行為もしていないようである。担任を避けることもなくなり，また普通に話すようになった。担任，顧問，養護教諭，スクールカウンセラーは毎週情報共有をし，学年会や教育相談部会でも定期的に報告をしながら見守っている。話を聞いて見守る人，現実的な対応を話し合う人，と自然に役割分担もできつつある。現在はスクールカウンセラーと保護者との面談を導入すべきか，Bの意向も聞きながら考えているところである。

　学校全体で方針を共有できたことで，周囲の人が安定してBにかかわれるようになった。それによってB本人も安定してきて，友人関係の陰に隠れていた困りごと（家族の話）も話されるようになってきた。これで，事例は新たな段階に進んだと考えられる。

8.3 校内連携のポイント

本節では，校内連携において留意すべき事柄として，1. 集団守秘義務，2. 個別の指導計画，について説明する。

1. 集団守秘義務

「守秘義務」は児童生徒，保護者のプライバシーや人権を守るうえで必要不可欠なものである。この言葉を知らない人はいないだろうが，実はその内容は複雑である（守秘義務については第7章も参照のこと）。

公立学校の教員は地方公務員であるため，地方公務員法に基づく守秘義務が課されている。スクールカウンセラーやスクールソーシャルワーカーは地方自治体によって雇用形態が異なっている。地方公務員として採用されている場合には，公立学校教員と同じ形で守秘義務が課されるが，特別職の地方公務員として採用されている場合にはこの守秘義務が適用されないため，学校や雇用主である教育委員会が守秘に関する誓約書を作成するなどして，守秘義務を課すことが必要になる。しかし，スクールカウンセラーやスクールソーシャルワーカーが職務上知り得た情報をすべて秘密にしていると，本来学校が知っておくべき情報が共有されないことになり，かえって児童生徒の不利益につながることがある。そこで，学校が児童生徒に対する指導や支援を行うために必要となる内容は，学校全体で管理するという考え方が一般的にとられている。これを集団守秘義務という。スクールカウンセラーやスクールソーシャルワーカーは集団守秘義務の観点から，必要な情報は学校に報告することが求められている。

一方で，心理職（臨床心理士や公認心理師など）や福祉職（社会福祉士や精神保健福祉士など）には，それぞれの職能団体が定めた倫理綱領や行動基準，資格法に定められた秘密保持義務や誠実業務がある。それぞれの倫理綱領や資格法をよく理解したうえで，教職員とのバランス，学校組織とのバランスを考えながら，どこまでが共有すべき情報でどこまでが秘密にすべき情報なのか，丁寧に検討していくことが必要である。

法律や倫理に照らすと上記のことが必要になるが，中学校事例でも見た通り，「この人には話したいけど他の人には内緒にしてほしい」といったことはよくあるだろう。自傷他害の恐れがある場合や虐待の可能性がある場合を除いて，児童生徒や保護者の意向に沿うことが原則として大事だが，秘密にすること（情報を共有しないこと）のメリットとデメリットを考えることも時に必要である。秘密にはパワーがあり，秘密を共有する人たちは，共有しない人たちに比べて結びつきが強くなるという側面がある。

情報共有したほうが適切な指導・援助ができると考えられる場合には，本人に情報を共有することのメリットを説明し，理解を求めていくことも必要だろう。

2. 個別の指導計画

　個別の指導計画とは，児童生徒一人ひとりの教育的ニーズに対応して，指導目標や指導内容・方法を盛り込んだ指導計画のことである。例えば単元や学期，学年ごとに作成され，それに基づいて指導を行っていく。主に特別支援教育において重視され，作成されてきたもので，現在は特別支援学校・学級に所属する児童生徒一人ひとりに対して作成することが義務づけられている。また，特別支援学校や学級に在籍しない生徒について作成することも可能である。個別の指導計画を積み重ねていくことで，本人や保護者のニーズを把握しつつ，成長や発達の歩みを細かく見ることができる*1。

　個別の指導計画は決まった様式があるわけではないが，「作成」「実施」「評価」「改善」のサイクルを回していくことが必要である。具体的には，実態把握と教育的ニーズの把握→教育的ニーズの選定（今の課題は何か，優先すべきことは何か）→目標の設定（短期目標，長期目標），指導内容・指導方法・指導体制の決定→指導の実践・指導の記録→指導の評価・修正→個別の指導計画の評価・特別支援教育の学校評価という手順で作成していく（国立特殊教育総合研究所，2006）。そしてまた，教育的ニーズの選定に戻り，新たな目標を立てていくのである。

3. 校内連携で大切なこと

　前節の事例でも触れたが，校内連携で最も大切なのは，些細なことであっても，気になることや困っていることを気軽に気兼ねなく話せるような関係をつくることである。そのような関係を校内で築くというのが連携の最終目標である，といっても過言ではないかもしれない。何か相談しようとしても，「それは指導方法が悪い」などと注意，叱責されることが続けば，わざわざ相談しよう，連携しようと思えなくなるだろう。逆に，周囲があたたかく受け止めてくれる，見守ってくれると思えれば，何かあったときすぐに相談することができるだろう。また，まだ何も起こっていない（と思われる）ときの，なんでもない世間話もとても大切である。そこから学校の文化を知れたり，問題の芽に気づけたりすることも多い。

　では，気軽に，気兼ねなく話せる関係はどうしたら築けるのだろうか。まずは学校内に味方やキーパーソンを見つけることである。誰か一人でも味方が見つかれば，関係はそこから広がっていく。各立場における役割については，第6章も参照されたい。　　　　　　　　　　　　　　［曽山いづみ］

*1　他機関との連携を図るための長期的な視点に立った計画として，個別の教育支援計画というものがある。これは幼稚園保育園〜学校卒業後までの一貫した長期的な計画を立てるもので，関係機関と連携し，保護者の意見を聞きながら作成することが求められている。

【発展問題】

・校内で連携して問題に対応していくためにはどのようなことが必要か，どうしたら連携が進みやすくなるか考えてみましょう。
・児童生徒から相談を受け，「先生，誰にも言わないでね」と言われたとき，あなたならどのように対応しますか。考えてみましょう。

【推薦文献】

・近藤邦夫（著），保坂亨・堀田香織・中釜洋子・齋藤憲治・髙田治（編）『学校臨床心理学への歩み　子どもたちとの出会い，教師たちとの出会い』福村出版，2010 年

　　長年学校臨床心理学を構想・追求してきた著者の論考集である。大部であるが，著者の歩んできた道のり，子どもたち，教師たちとのやりとりが活き活きと描かれており，読みやすい。学校臨床の真髄を味わえる本である。

・山本智子（編著）『「学校」を生きる人々のナラティヴ　子どもと教師・スクールカウンセラー・保護者の心のずれ』ミネルヴァ書房，2019 年

　　子どもや教師にとって，「学校」とはどのような場所なのか。多様な声（物語）を大切にするナラティヴ研究という方法を用いて，さまざまなナラティヴから少し異なる視点から学校を捉え直そうとする一冊である。

コラム　小児科臨床

　発達障害などへの関心の高まりから，小児科に心理職が勤務することが増えています。小児科での心理職の仕事は，①発達検査などの検査をとって所見を作成し，医師や保護者などに見立てを伝える，②子どもや保護者の相談を受けることがメインになることが多いでしょう。ここでは主に検査について説明していきます。

　検査のオーダーは医師から出されます。検査といってもさまざまな種類があるので，どんな目的で検査をとるのか，心理職もきちんとわかっておくことが必要です。検査の時は，まずはこちらから自己紹介，何をするかの説明をします。検査に臨む子どもの様子はさまざまです。人懐こくゲーム感覚で取り組む子，緊張し固くなっている子，検査そっちのけで遊びたくなってしまう子，まじめにきっちり言われたことをする子，指示されたことに従うなんて絶対に嫌だと頑として検査を拒否する子……。もちろん心理職としては，子どもの一番いい状態を見られるように，緊張を解いて楽しく検査に臨んでもらえるようにと手を尽くすわけですが，毎回難しいなあと感じています。ですが，そのような様子は，彼らを理解しようとするうえで大きなヒントになります。「検査」というと，テストのように点数が明確に出るもの，点数は少しでも高いほうがいいものと思われがちですが，決してそうではありません。結果が数値として示される検査もありますが，あくまでもそれは「この時この状態で出た数値」で幅があるものであること，本人の能力＝数値ではないことを，保護者にも本人にも説明するようにしています。なぜこのような検査結果になったのか，検査場面での様子と日常生活上の困りごとや心配事とどのようにつながるのか，あれこれ考えながら所見を作成していきます。それはある種，謎解きのようなものかもしれません。その謎解きが適切だったのかどうかは，所見を受け取る保護者や子どもたちが判断してくれます。結果の説明はとても緊張する瞬間です。検査を通して子どもたちの生活をより良くするためのヒントを導き出せるよう，日々奮闘しています。

［曽山いづみ］

専門職連携

　　子どもの問題が複雑になり大きくなると，校内だけで解決の道筋を検討して
いくことが難しくなる。本章では，学校が連携する専門職の役割を整理したう
えで，小中学校の 2 事例を検討する。その後，専門職と連携を行う際のポイ
ントとして，専門職連携において大切にしたい視点，問題を抱える子どもを理
解するうえで必要となる家族をみる視点，教師として子どもを取り巻く環境全
体をみる視点について解説する。

9.1 なぜ専門職連携が必要なのか

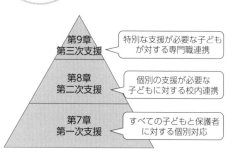

図 9.1　子ども支援の体系化
(出所) 石隈 (1999) を参考に改変

*1　多職種と呼ばれることも多いが，本書では WHO (2010) の専門職連携教育という表現に従い，この用語を使用する。

*2　一時保護機能：必要に応じて子どもを家庭から離して一時的に保護する機能。

*3　措置機能：子どもまたはその保護者を児童福祉司，主任児童委員を含む児童委員，児童家庭支援センター等による指導，子どもの児童福祉施設／指定医療機関への入所，里親への委託等を行う機能。

　児童生徒への対応は，石隈 (1999) を参考に第 7，8 章との関連で考えると，図 9.1 のように示される。第一次支援はすべての子どもに対するもので学級担任の個別対応が中心となる (第 7 章)。第二次支援は個別の支援を必要とする子どもに対し校内体制で行うものとなる (第 8 章)。そして，第三次支援は専門的な支援を要するため学外の専門職*1 との連携を必要とする (本章)。以下では，第三次支援について事例を交えて解説する。

1. 専門職との連携が必要な理由

　子どもからの相談がその場で解決できればよいが，そうでない場合の方が多い。なぜなら，子どもの抱える問題は一つの原因だけに影響されているわけではなく，複雑な要因が絡み合い，少しずつ蓄積され，子ども自身の性格や考え方の他，生い立ちを含めた現在の環境との相互作用ともいえるからである。そのような複雑な背景やその場で解決できない問題を教師だけで抱え込むことは負担が大きく，問題が大きい場合には解決の糸口が見出せず狭い見方になってしまうこともある。そのため，第一次支援を心掛ける中で，個別のニーズに対し第二次支援を行っても不十分な場合には，多角的に適切な支援を検討していくような第三次支援へと移行する可能性を視野に入れる必要がある。

表 9.1　関係機関とその役割

関係機関	役割
児童相談所	市町村援助機能，相談機能，一時保護機能*2，措置機能*3。専門性の高い困難なケースへの対応や市町村の後方支援に重点化
家庭児童相談室	福祉事務所に設置。家庭児童の福祉に関する相談や指導
教育委員会	転校手続き，適切な就学指導，教育相談
児童家庭支援センター	細やかな相談支援を行う。福祉に関する助言，要保護児童及び家庭の状況把握，関係機関の連絡調整，子どもと保護者への援助
発達障害者支援センター	発達障害者とその家族への助言，専門的な発達支援及び就労の支援，発達障害に関する情報提供及び研修，関係機関との連絡調整
児童福祉施設	乳児院，母子生活支援施設，児童養護施設，情緒障害児短期治療施設及び児童自立支援施設を含む。子どもの養育に関する助言
自立援助ホーム	施設を退所した子ども等が共同で生活し，就労・社会的自立を目指す施設 (グループホーム)。入所期間は概ね 6 ヵ月〜 2 年程度
警察	少年非行や犯罪被害等に関する相談活動，児童虐待について児童相談所への通告，虐待者の検挙，家出少年の捜索・発見・保護等
医療機関	専門的医学的な判断や治療を必要とする場合に紹介。児童虐待の問題を医療機関が発見した場合には，市町村や児童相談所に通告
配偶者暴力相談支援センター	配偶者からの暴力の防止及び被害者の保護，就業の促進，住宅の確保，援護等の利用等に関する情報提供，助言

(出所) 厚生労働省 (2007) を参考に筆者作成

　問題の程度により校内だけでなく地域の関連機関の専門職との連携が必要になるため，日ごろから関係構築に努めることで重要な事柄が生じた場合に迅速な対応を行うことができると考えられる。

2. 関係機関の種類

　重要課題や緊急支援に取り組む際に，各関係機関の役割を整理して理解しておくことは重要である (表 9.1)。

(1) 相談経路

　学校が専門機関と情報共有・

連携・支援することが望ましいと判断し管理職により要請される場合や他機関から要請があった際の二通りの経路によって，学校と外部の専門機関との連携が行われる。日程調整等については，スクールソーシャルワーカーや家庭児童相談室が行うことが多い。

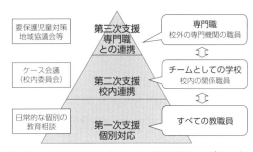

図 9.2　支援体制と対応する専門職およびその場

(2) 会議の種類

　地域や学校により呼び方は異なるが**図 9.2**にあるように，対応体制によって行われる会議の種類が違ってくる。校内で発達の気になる子どもを把握し，支援体制を作る**校内委員会**や，子どもが抱える課題について関わりのある教師で個別に検討を行う**ケース会議**が**チームとしての学校**体制で行われる。ケース会議の参加者は，管理職，担任，養護教諭，特別支援教育コーディネーター[*4]，学年主任等である[*5]。さらに，校内で対応が難しい内容について，例えば，児童相談所が設置する**要保護児童対策地域協議会**[*6]等で専門職との連携に移行する場合もある。要保護児童対策地域協議会は虐待を受けている子どもを始めとする要保護児童の情報交換や支援内容の協議を行う会議であり，構成員への守秘義務が設けられている。協議会は，代表者会議，実務者会議，個別ケース検討会議の三層構造になっている。

*4　その他，地域により特別支援教育主任とも呼ばれる。第6章 6.1*3 も参照。

*5　場合により，保護者，本人，スクールカウンセラー等が入ることもある。

*6　第6章 6.2*12 参照。

(3) 専門職との会議の進め方の例

　専門職連携を目指す会議の進め方を示す。

①情報共有と整理
②課題と目標（ゴール）の明確化
③対応検討と役割分担
④会議のまとめと次回の日程調整

　上記②において，**サインズオブセーフティ**（**表9.2**）の視点も役立つだろう。これは，子どもの安全と家族の再統合を目指し，家族とともに検討する方法である。

　次回の会議は，①に前回以降についての報告を加え，それに対する評価，再調整（②，③，④）といったサイクルを繰り返しながら

表 9.2　サインズオブセーフティの記入シート

私たちが心配していることは何ですか？	うまくいっていることは何でしょうか？	どのようなことが起こるといいでしょうか？

0 から 10 の間の数値で 10 は皆が子どもが十分に安全だと感じる状態で，児童相談所がケースを終結できるレベル，0 は子どもにとって家庭で暮らすことができないほど非常に良くない状態環境であるとします。現在の状況をどのような数値で評価しますか？　異なる評価がある場合でもそれぞれが線上に印を付けて数値を書いてください。

0 ◄────────────────► 10

（出所）Turnell & Murphy（2017）より筆者訳出

進めていく。ここでは，学校と家庭での様子の把握が支援の鍵となる。別の関連機関で子どもや保護者の異なる様子がみられたり，また各専門職により違う意見がでることこそ，子どもの新たな対応を検討するために重要な意味をもつだろう。

　次節では，小・中学校の２事例について，専門職連携における子どもの理解と対応について考えていく。

9.2 専門職連携の実際

　本節では，選択性緘黙（第2章参照）とともに不登校傾向のみられる小学1年生女児について，専門職連携の観点から実際にどのような状況から相談・連携し，子どもを理解していくのかを事例を通して検討していく。

1. 小学校事例—人前で話せない選択性緘黙のAさん

　小学1年生・女児のAさん（以下，A）は保育園の頃より選択性緘黙がみられ，園では話ができないこと，友だちと遊ぶ様子はみられるが先生方はほとんど声を聞いたことがないこと，担任の先生とはささやくような感じでわずかに応答できるようになったことが園から小学校への引き続き資料に書かれていた。
　小学校入学後，学習の取り組みに時間はかかるが顕著な遅れはなく，友だち関係にも特に問題はみられなかった。その後，何かきっかけがあったわけではなかったが，ゴールデンウィーク明けから登校を渋り始めた。母親も当初は無理に学校に連れてきていたが，その抵抗が次第に激しくなり自宅を出るときから泣き叫ぶようになったため，母親も諦め欠席が増え始めた。Aが欠席した朝，担任は母親と電話連絡を取っていたが，今後についてより詳細に検討するため直接会って話をしたいと考え，夕方自宅に電話をかけた。そして母親に，「今のAの様子と今後について相談したいので，学校に来ていただけませんか」と伝えた。そのとき，子ども二人の元気な声が聞こえ，けんかが始まった様子だったので母親に尋ねると，Aと2歳年上の姉がけんかをしており，Aは負けておらず時には姉を言い負かしたり叩いたりして泣かせることもあるとのことだった。学校で一度もAの声を聞いたことがなかった担任は驚き，これまでの様子を詳しくお聞きしたうえで今後について一緒に考えたいと母親に伝えた。

　選択性緘黙の事例であり，このような子どもは学校で少数だが一定数在籍している可能性がある。選択性緘黙は言語的な遅れがなく自宅では問題がみられないため（詳細は第2章），その様子が表面化するのは，最初の社会的場面である保育園であることも多い。保護者は園の様子を保育者から聞いたとき，家と園での様子の違いに驚くこともある。本事例の担任もAの家での元気な声を電話越しに聞き，登校渋りだけではない課題を意識した。ただし，ここで教師は早急に医療機関や療育施設を紹介したりせず，まずは保護者に対し，対面でこれまでの様子を十分に聞き，困り感を共有することから始めることが大切だろう。担任は多忙で時間的余裕がない場合も多々あると思われるが，保護者の考えを丁寧に聞くことで，今後の方向性が見えてくることも多い。

連携と方針の共有：
　来校した母親にAの幼少期からの様子を聞いた。――赤ちゃんのときはおとなしく手がかからず，母親はやんちゃな姉の世話に追われていたという。だがAはもともと勝気で，2歳くらいから姉とけんかをすることが多くなったが，それでもよく一緒に遊んでいた。姉が保育園年中時にピアノを習い始め，Aもついて行っていた。そこでピアノの先生がAに話しかけたときに応答がほとんどみられなかったことが少し気になったが，その時は人見知りが強く恥ずかしがり屋だと思った。その後，保育園に入園し，5月

の終わりに保育士から「Aちゃんはおとなしいですよね，まだほとんど声を聞けていません。家ではいかがですか？」と聞かれて驚き，初めてAが外で話をしないことを知った。その頃も家では姉と騒いでいたため，母親は不思議に思ったが，家であれだけ元気に話せるのだから慣れたら園でも話せるようになるだろうと思っていた。園には一時期行き渋ったものの，保育士に抱っこされてしばらくすると落ち着き，そのまま友だちと遊んだりして過ごしているうちに収まった。年長になり，仲良く遊ぶようになった数名の友だちとは少し話せるようになったと保育士とA自身から聞いていたため，慣れるのに時間がかかるが，小学校も気の合う友だちができれば少しずつやっていけるだろうと思っていた。ただ，今回は行き渋りが激しいことと，人前で話せないことも含めてなんとかしなくてはと思っているという。そこで担任は，校内で共有させてもらって関係機関とも連絡を取りながら，Aにとっていい方向に進めるように検討していくのはどうかと提案したところ，母親の同意が得られた。

その後，校内で校長，担任，学年主任，特別支援教育コーディネーター，教育相談担当（不登校担当兼務）で校内ケース会議を開いた。母親の意向を聞きながら担任から医療機関を紹介すること，特別支援教育コーディネーターを通して発達障害者支援センター，巡回相談員[*1]にAの様子を見てもらったうえで，その内容を特別支援教育コーディネーターから母親に伝えてもらうことになった。また，現在Aが学校に来にくいことと，継続的な専門的支援という観点から，担任が以前関わりのあった大学附属の心理相談室を紹介することにした。母親はこの内容を担任から聞き，これを機に各専門機関にも関わってもらい今後について考えたいとの意見が示された。

担任が母親からこれまでの様子を聞いた後，校内ケース会議が開かれた。その内容を母親に伝えたところ同意が得られたため，専門機関との連携が行われることになった。学外の専門機関への依頼方法は各学校によって異なるが，本事例では校長により特別支援教育コーディネーターに依頼し，そこから発達障害支援センターと巡回相談員への相談が進んだ。平行して，担任より医療機関と，学校に来にくいため大学附属の心理相談室（有料）の紹介を行った。これにより，Aの現状を医学的，発達的，心理的に多方面から検討する機会が得られたと考えられる。その後，発達障害支援センターと巡回相談員との連携が特別支援教育コーディネーターを中心に行われ，担任は母親と特別支援教育コーディネーターとの間の仲介や，引き続き情報共有を行うことになり，これまでと異なる視点での対応が検討されることになった。

*1　巡回相談とは，特別支援や発達障害などに関する専門的な知識をもつ巡回相談員が各学校を巡回し，教師や保護者から支援を必要とする子どもの相談を受け，依頼者からの情報，授業観察や検査の実施結果に基づき具体的な助言を行うこと。

*2　通級による指導教室は略して，通級／通級指導教室と呼ばれる。そこでは通級指導教室の担当が，障害の軽い小・中・高等学校の通常の学級で授業を受けている子どもに対し学習上または生活上の困難を克服するための教育を行う。個別指導のため，子どもはクラスを抜けて違う教室で指導を受ける。

その後の理解と対応：
　医療機関を受診したところ，Aは選択性緘黙の傾向が強いとの見解を受け，当初不安を和らげる薬が処方された。しかしAが服薬を嫌がるため，投薬は中断された。その後，発達障害支援センターの職員が来校し，Aの授業中や休憩時間の様子を観察し発達障害の可能性も感じられること，巡回相談員からは学習の困難さはみられないが対人スキルの向上のため通級による指導教室[*2]（以下，通級指導教室）入級の提案が学校に伝えられた。これらの内容は，担任が間に入り特別支援教育コーディネーターから保護者に説明された。通級指導教室の入級は空き状況を含め，様子をみながら検討することになった。

　その頃，母親とAは担任に紹介された心理相談室に予約を取って行き始めた。それ以降，Aが少しずつ元気になってきたため，担任は心理相談室でのAの様子と心理の専門家からみたAの心理状態を知り，学校でできることの助言をもらうため，母親とともに心理相談室を訪れた。担当カウンセラーから，Aは自宅以外の場所に不安を持っていて話すことには抵抗があるが，人と関わることには関心があるため別室が用意されるとよいこと，Aのお気に入りのものをその別室に持参することで少しずつ安心感を得られるとよいこと等が伝えられた。担任はすぐに校長に相談し，空き教室がないため保健室の一室を仕切りAの居場所を確保した。登校したときは次第に友だちが休憩時間に遊びに来るようになった。Aはお気に入

りの小さい猫のぬいぐるみがついたストラップを持ってきており，それを動かして自分の意志を伝えるようになっていった。学習は家庭で母親がみることにし，学校は場所に慣れることを目標に教職員が情報共有しながら関わった結果，次第に保健室の滞在時間が長くなった。

　3学期に入り，なかなか教室には入れないものの保健室で半日過ごせるようになり，そこで学習プリントにも取り組めるようになってきた。また，友だちとの関わりも楽しみになり，朝登校を渋ることも少なくなってきた。学期末の終業式に出ることはできなかったが，穏やかに学年を終えることができた。

　選択性緘黙も複雑な要因が絡み合っている場合が多い。例えば，このような状態を維持することで，子どもの中で守られているものが存在している可能性もある。具体的には，①話すことで自分の中の大切な何かが失われてしまう（上野，2010）可能性，②家庭環境が複雑な場合に社会的な場でも自身の殻を守る機能や，それを通して保っている親子関係を無意識的に維持している可能性（角南，2018），③生得的に持っている不安*3 の表れである可能性等である。そのため，家庭では元気に話すことができるのに学校ではいつになったら話すのかという思いで接することは，子どもにとってある種のプレッシャーになることもあるだろう。"学校で話すようになる"という目標の背景には，十分な子ども理解が望まれる。具体的には，緘黙の子どもの多くは自宅以外が「ステージ上にいるかのように感じる」（Shipon-Blum，2007）状態であることへの理解である。そのうえで，何かのきっかけを捉え教師から少しずつ声をかけることを続けたり，子どもの小さな動きや表情により意思や思いを汲み取って言葉にしたり，他児からの見られ方に配慮（挙手や音読等）した活動を検討することも安心感につながるだろう。

　連携に関して本事例では，特別支援教育コーディネーターにより発達障害支援センター，巡回相談員，また担任から医療機関と心理相談室が紹介された。服薬が中断された一方で，担任は，A が少しずつ元気になってきたきっかけである心理相談室のカウンセラーを訪れ連携先が増えた。学外の専門職との連携により，登校渋りが A の気持ちの問題だけではないという共通理解と医療機関受診も含めた要因の特定や，その他の対応を多角的に検討することができた。また心理的支援という視点からの具体的な助言を受け，学校の一部を A の安心する場にするために校内体制ですぐに対応したことも A の支援につながった。このような関係性を継続し，校内や関係機関で情報共有していくことで A に対するサポートチームが形成され，そのことが子どものよりよい環境を少しずつ作ることに寄与すると考えられる。

2. 中学校事例―きれやすい反抗挑戦性障害の B さん

中学 1 年生・男子生徒の B さん（以下，B）は，学校に遅れてくることが多い。学習は苦手だが，数名一緒に行動する友だちがいる。

2 学期の体育祭の練習時に，ダンスの動きを同級生にからかわれたことに腹を立て，その同級生を足で蹴った後馬乗りになり，さらに腹を殴ったところを近くにいた教師がすぐに止めに入った。しかし，B は教師に抑えられても抵抗を示し，手を緩めようとしなかった。

この 1 ヵ月前，同級生二人が取っ組み合いの大喧嘩になり，教師が数名で止める騒動があった。後に教師が当事者の生徒二人とその様子を見ていた複数の同級生に話を聞くと，B が二人をそれぞれ囃し立てて相手に対して怒らせるように仕向け，けんかがエスカレートするとその場を立ち去ったという。また 1 週間前にも，B がクラスを出ようとしたときに，その前に急いで出た同級生が後ろを確認せず，B の目の前でドアをピシャッと閉めたことに腹を立て，相手を追いかけ馬乗りになり首を締めようとした。その時，前の時間に授業を行っていた教科担当（生徒指導兼務）がすぐに止めに入った。その場で，教師は B を連れて別室に行った。教師は状況を聞いた後，B の危険な行為に対し厳しく指導したが，B は不満そうな顔を横に向けたまま，すぐに謝ることはなかった。その後，放課後に担任との話し合いで B は初め相手の非を指摘し反抗していたが，最後には今後暴力を振るわないと約束していた。

それにもかかわらず今回のことが生じたため，担任はすぐに B の母親に電話をかけた。すると，母親が出て B は家に帰っており，自分の部屋にいるとのことであった。担任が今日の出来事を簡単に伝えると，母親は自分も困っており，最近では母親への暴力もみられるようになっているとのことだった。担任は，母親に一度学校に来ていただき改めて時間をとって，B の今後について話がしたいと伝えた。

B は自分が気に入らないことを言われたり，されたりすると怒りが爆発し，その後同級生に対し執拗な暴力行動をとっていた。教科担当，担任との話し合いでは，最初自分の非を認めず，状況についてもなかなか納得できずにいたが，最後に渋々謝った。問題の出来事の詳細な報告とそれに関する子どもの問題行動を伝え，家庭でも指導してほしいと保護者に伝えることを目的に保護者に来校してもらうことも多い。ただし，電話も含めてこの点のみを伝えることを繰り返すと，我が子に問題を起こしてほしい保護者はいないため，改善しない場合は罪悪感から担任に“責められている”と感じることもあり，また我が子が相手に非があると家で訴えている場合は，担任への不信感につながることもある。その場合のサインとして，担任からの電話になかなか出ない，折り返しがない等がみられるだろう。そのような状況がみられる場合，電話連絡や家庭訪問においては，子どもの非や今後の家庭での指導の依頼を伝える前に，まず，家での最近の様子や保護者の気になることを聞き，その後事実を伝えてから，再度保護者の考えや受け止めを聞くといった伝え方もあるとよいかもしれない。

本事例では，電話での簡単なやり取りの後，B の母親に学校に来てもらうことになった。保護者によっては，学校からの呼び出しに不安や，場合によっては怒りを感じることもある。そのため，日ごろからの保護者との関係性に配慮することで，問題が生じたときにともに対応を検討することができると考えられる。

連携と方針の共有：

　翌週母親が来校し担任と直接話をすることができた。Bの父親は普段はおとなしいが，しつけに非常に厳しく，兄と比べて要領が悪いBに大声で怒鳴ることが多かった。母親は，几帳面で何事にもきちんとしていないと気が済まず，最近は部屋を散らかし放題で宿題もしないBに手を焼いていた。Bは小学校までは，両親の言うことをよく聞き成績もよかった。兄はおとなしく勉強もよくできるため，余計に自分も父親もBに厳しくなっていたかもしれないと語った。その一方，母親の腕にはアザがあり，Bに部屋を片付けるよう何度も注意したところ，怒って腕を殴られたとのことだった。母親もどうしたらよいかわからず，困り果てていた。そこで今後について，校内で検討し場合によっては専門機関とも連携したいことを母親に伝えると同意を得ることができた。その後，ケース会議が開かれ，Bの状況と家での困り感を医学的・心理的見地から検討するため，医療機関とスクールカウンセラーを紹介することになった。

　母親はなんとかBを医療機関に連れて行き受診した。そこで「反抗挑戦性障害」との診断を受けたが，背景には家庭環境の影響もあるだろうとのことだった。医師からは現状を考慮し，児童相談所が紹介された。さらに多角的検討を行うため，医師から要保護児童対策地域協議会の開催要請があり，校長もぜひということで市の家庭児童相談室がコーディネートを行い，校長，担任，医師，児童相談所職員，スクールカウンセラー，スクールソーシャルワーカーが参加した。その結果，以下の役割分担が話し合われた。児童相談所職員は母親とBが来所した際に母親には子どもへの関わり方を，Bには怒りのコントロールについて個別に検討する，スクールカウンセラーは両親の思いを聞きながらカウンセリングを行う，担任はBの話を聞く等であった。また，母親の関わりが子どもの怒りを引き起こしているとの見方から，3週間後の夏休みにBが祖父母宅で過ごすという案も医師から出された。この内容を担任から母親に伝えたところ，やってみたいとのことだった。

＊4　その他，自分自身を怒りっぽく，反抗的，挑戦的とは思っておらず，周囲の理不尽な要求や状況に対する反応であると正当化している傾向がある。ADHDとの鑑別について，他者の要求に従えない理由として，努力や注意の持続，じっと座っていることを求められる状況だけではない点が挙げられる（APA，2013＝2014）。

　医療機関でBは**反抗挑戦性障害**＊4との診断を受けた。反抗挑戦性障害とは，怒りっぽく，口論好きで挑発的な行動，執念深さなどが持続する状態を指す（APA，2013＝2014）。また，暴力が家庭と学校の両方でみられたことから，医師の要請により要保護児童対策地域協議会が開かれ，具体的な対応策が話し合われた。ただし，Bには反抗挑戦性障害だけではなく，家庭環境の影響についても考慮する必要があったため，校長から他生徒に対する怪我への対応として，B自身の怒りのコントロールや，母親の関わりの教育的指導等が必要なのではないかと提案があった。それを受けて，児童相談所職員からはその対応を行うことが伝えられ，医師からは夏休み中にBが祖父母の家で居住することの提案があった。また，スクールカウンセラーからは両親の心理的ケアと両親がBに対する理解を深めるようにともに検討すること，さらにB自身へのケアは担任が行うという役割分担がなされた。

　要保護児童対策地域協議会の中で，Bがなぜこのような状況を引き起こしているのかということへの理解を多角的に整理した後に短期的対応についての役割分担が検討された。そして，長期的にはBが落ち着いて過ごせること，それが周囲にとっても同じように大切であることが共通理解となった。

　次回の開催日は，夏休み明けの2ヵ月後に設定された。

> **その後の理解と対応：**
> 　その後，両親からスクールカウンセラーによるカウンセリングの場で，以下のことが話された。B は夏休みを祖父母宅で過ごすことを嫌がっていること，B の感情のコントロールを目的にした児童相談所への相談は 2 度行ったがその後は継続していないこと，生活について母親が口うるさく言わなければそれほど切れないかもしれないこと，だが多くは反抗的で今後の遅刻や学習が心配であること，祖父母が甘やかしておりそれが今の状況の原因かもしれないこと等であった。引き続き，両親が来校しスクールカウンセラーとともにこれまでの B の生育歴を含めた子ども理解を進めながら，児童相談所では母親の子どもに対する関わり方を検討していった。また，担任が B の話を聞くこと等役割を分担していった結果，少しずつだがきれる回数と程度が減っていった。その間，スクールソーシャルワーカーが学校と専門機関との情報共有を図り，校内では教育相談担当と担任が中心になり対応した。
> 　その後開かれた第 2 回要保護児童対策地域協議会では，現状の情報共有，各担当者の関わり，維持されていること，変化がみられた点等が話し合われた。
> 　年度末の第 3 回要保護児童対策地域協議会では，情報共有と振り返り，次年度の引継ぎが新担任を加えて行われた。そこで，今後も医師，児童相談所職員，スクールカウンセラー，スクールソーシャルワーカーが継続して関わっていくこと，次年度も 4 月に要保護児童対策地域協議会を開き，その時の様子により次回以降の開催の有無を決めることになった。

　第 1 回の要保護児童対策地域協議会で話し合われた内容のうち，B 自身の環境変化（夏休みの祖父母宅の居住，児童相談所でのカウンセリング）は進まなかった。しかし保護者は，医療機関への相談，学校でのカウンセリング，児童相談所での子どもに対する関わりの検討を継続した。その結果，少しずつ両親の B に対する対応に変化がみられるのと並行して，本人の他者に対する暴力が減っていった。本事例では，医療的視点が加わったことにより，"乱暴で手が付けられない B" という捉えから，「反抗挑戦性障害」という診断に基づき，保護者を含め周囲が対応を検討したことで少しずつ変化が促されたと思われる。多方面から共通認識をもって関わることで，事態が少しずつ変化することもある。その変化を全体で共有することで，各専門職が支援を継続する原動力にもなると考えられる。ただし状況が硬直する場合も多々あるが，その場合もうまくいかない要因を探るという方向性だけではなく，全体で新たな対応を模索し，困難感を共有できることも専門職連携の強みとなるだろう。

　中学校・高等学校では教科担任制のため，生徒の全体像が一人の教師だけの視点では把握しにくい。場合により，各教科や保健室，部活動等場面によって違う姿をみせることもある。前年度の学級や部活動，家庭での様子や友だち関係の把握も大切である。そのうえで，よりよい支援を多角的に検討していくことが大切である。そのためには，いち早く校内で情報を共有し，課題の大きさに応じて専門職連携を行う必要があるだろう。その際教師は，学校における子どもの理解者として，最初に校内，その後専門職連携において，子どもと周囲の支援者をつなぐことが求められる。

9.3 専門職連携のポイント

　複数の専門職が連携する際に大切なことと，特別な支援を必要とする子どもを取り巻く環境としての家族をどう捉えるか等を以下に整理する。

1. 専門職連携において大切にしたい視点

(1) 共通言語で話す

　各専門職が共通に理解できる言葉で話すことは重要である。各専門分野では常識となっている単語がそれ以外の人にとっては初めて聞く場合も多い。省略せず，また専門用語を使用する必要がある場合は，「この言葉は，こういう意味で使っているのですが」と説明を加えるとよい。同じ言葉を使用することから理解が始まり，そこから同じステージに立つことになる。

(2) 共通目標をもつ

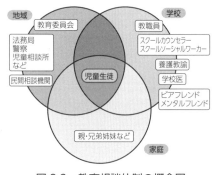

図 9.3　教育相談体制の概念図
（出所）文部科学省「生徒指導提要」より

　実際の連携時には各職種により到達点が異なる場合，どうしたらよいだろうか。一つは，最終的な目標である"子どものためのよりよい環境と対応"という点を共有することが挙げられる（**図9.3**）。そのためには，目標を見据え，短期的にはどのような支援が必要で，かつ可能であるかを共通に理解していくことが求められる。共通目標を全員で確認した後に，協働による長所を意識しながら，チームとして少しずつ成長してくことを目指すことが必要だと考えられる。

(3) 子どもと保護者を多角的に理解する

　当事者の子どもや保護者が会議に参加することはほとんどないだろう。会議では，子どもの問題状況をいかに改善するかという点に重点が置かれることが多いが，その会議は"子どものため"に開かれている。そのため，当事者である子どもとその保護者の理解を各専門職が協働して行うことで，新たな理解による解決策が見出されるという意識をもつことも必要だろう。

(4) 協働支援チームという意識をもつ

　専門職連携による会議では，問題解決と同等に，"子どもにとって"という視点をもちながら子どもの小さな変化を見逃さず伝え合うことが重要だろう。変化がみられない場合は，関係者全員が苦しい時期であるためそこでの努力を認め合うこと，個ではなく「**協働支援チーム**」として落胆や辛さ，喜びを共有できるようになると共同体としてのスキルと支援の質が向上すると考えられる。またその時期には，子どもも苦しんでいるはずである。よりよい連携を目指すには，専門職それぞれが同等の立場で意見を言い合え，それを尊重するチームとしての雰囲気が大切になるだろう。

2. 家族をみる視点

　専門職との連携が行われるのは，特別な支援が必要となるときである。そのような事例の中には，子どもの安心できる居場所としての家族が十分に機能していないことも多い。教師として，家庭での問題にどのように対応していけばよいのか悩むことも多くなるだろう。本項では，子どもを問題の中心としてみるのではなく，問題を特定された人（IP：Identified Patient）と捉え，問題そのものは家族システムの機能不全にあるとする家族療法の技法について紹介する[*1]。

①**戦略的家族療法**（J. Haley）：**リフレーミング**[*2]（状況の意味づけを変える）や**逆説的介入**[*3]（悪循環を維持するよう指示する）等の技法を使用し積極的に家族の中の枠組みを変えていく。

②**構造派家族療法**（S. Minuchin）：家族間の**境界線**を重視する。すなわち，母子の共生的サブシステム（密接過ぎる関係）における親子の境界線を明確にし，両親の連合関係を作ることにより，家族構造の再構築を促す。

③**多世代派家族療法**（M. Bowen）：**ジェノグラム**（図9.4）を使用し，世代間連鎖による家族の見えないシステムを明らかにし，現状を多世代の伝達過程で捉える方法。家族を数世代遡るとその家族にしかわからない了解を得られることがあり，そこから家族関係の変化の道筋が見いだされる。世代という視点から家族からの自己の分化（個別化と自立性）の促進を重視。

④**システミック家族療法**（M. Selvini-Palazzol）：家族をシステムとみなし，因果関係を推測するとき，問題をシステムの悪循環によって生じると考える。そのため，**直線的質問**（「その時，お母さんは何をしていましたか？」）ではなく，**円環的質問**（「お母さんはあなたのことを心配して，どのように接しているのですか？」）等を用い悪循環を維持するシステムに気づかせる。

3. 全体を俯瞰した新たな視点

　以上を踏まえ，専門職で連携するときには問題解決の視点と学校や家族を含めた全体として問題を捉える視点の両方が必要だと考えられる。すなわち問題の程度が大きい場合は，その背景にある要因が複雑に絡み合っているため，表立った一部分を取り出して要因とする捉えではなく，学級や学校での相互作用，十分に機能しない家族のあり方等が円環的に積み重なり生じた現状という捉えである。さらに，近年，発達障害という脳器質性の要因も対人関係や家族に影響を及ぼしている[*4]。複雑な状況について，各専門職が参加することで現状を多角的に検討していくことができる。それには，異なる見方をいかに統合し新たな考えを生み出せるか，すぐに問題は解決できなくても将来的に，あるいは家族としてどのような影響があるのかを全体的に捉えることで，これまでとは異なる見方ができるようになる。専門職連携はそのような視点を広げる場でもあるだろう。　　　［角南なおみ］

*1　各専門家によるフィールドを生かしながら家族療法の視点を取り入れる方法は「関係ネットワーク志向の統合的アプローチ」（中釜，2012）と呼ばれる。

*2　**リフレーミング**：家族療法の技法の一つで，着目するのは家族の行動や出来事ではなくその状況の意味づけである。例えば，きれい好きな母親は子どもが遊んですぐに部屋を散らかしてしまい片付けに追われることに日々苛立っているとき，その状況を「散らかっているほど，子どもは元気に楽しく遊んでいくことを表している」と捉えることで，ある程度肯定的に受け止めることができるようになるというもの。

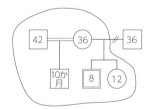

○が女性，□が男性，二重囲みがIP，二重斜め線が離婚，全体の囲みが同居家族を表す（13.2の事例を参照）

図9.4　ジェノグラム（家族図）

*3　**逆説的介入**：問題行動の循環を維持するように指示する方法。例えば，登校を渋っている子どもが母親に朝おんぶで下駄箱まで連れていくことをねだり，それを負担に感じている母親に対し，"これから2学期終了までの2週間はどんなに歩いて玄関に行きたくても必ずおんぶしてもらうこと"と母子に設定するような方法である。問題の所在そのものに目を向けるような声かけ。

*4　第13章を参照

【発展問題】

・専門職連携の会議において，状況が変わらず校外の専門職の1名から「子どもはこんなに大変なのに，学校では何をしているんですか？」との質問が出されたとき，どのように答えるか考えてみましょう。
・問題の多い子どもをどうしても受け入れられずにいる状況において，専門職連携の会議で子どもについての意見を求められたとき，どのように答えるかを考えてみましょう。悩んだ場合はその理由も考えてみましょう。

【推薦文献】

・村瀬嘉代子『子どもと大人の心の架け橋』金剛出版，2009年
　　心理的援助を具体的にどのように行えばよいのか。統合的心理療法という多方面からの支援方法のみでなく，支援の本質に迫る答えを探す道を，柔らかく温かく，読み手の心を照らしながら指し示し，今よりもう一歩"子どものために"前に進んでいく勇気を与えてくれる書。

コラム　緊急支援

　学校では思いもよらないことが起こります。緊急支援もその一つです。例えば，小学校の昼休憩に一人の子どもが3階の階段から落ちた場合，どのような対応が必要になるでしょうか。

　子どもたちが楽しく遊ぶ声が聞こえる校舎に，突然ドーンという重たい音が聞こえました。子どもたちの叫び声が響く中，数名の教師が現場に集まると転落したであろう子どもは1階の階段下に倒れており動きません。1名の教師がすぐに救急車を呼び，保護者に連絡しました。別の教師が階段下に集まっている子どもたちに教室に帰るように指示を出し，続けて，緊急放送によりすぐに子どもたち全員を教室に戻らせ，各担任には学級に指示を出してから職員室に戻り緊急職員会が開かれることになりました。子どもたちが教室に戻って数分後に救急車が到着し，当事者の子どもを乗せて病院に向かいました。この間，当事者の子どもの担任は一緒に遊んでいた同級生を集め，様子を聞いている途中で警察が到着し，さらに事情を聞かれました。

　保護者はすぐに病院に向かい，精密検査が行われました。幸い腕の骨折のみで不幸中の幸いでしたが，大事を取り数日入院することになりました。この4年生の子どもには2年生の妹がいて，家の鍵を持っていないため，保護者が病院から学校に迎えに来るまで当日勤務日であったスクールカウンセラーと待つことになりました。

　緊急職員会では，子どもの話を総合した事故の現状（鬼ごっこをしていて階段の手すりをまたいで滑り降りようとしたところ誤って落ちてしまったこと）が伝えられ，今後の対応が話し合われました。その内容は主に，学級での説明についてであり，対象児童は骨折のみで無事であったこと，救急車の到着と緊急放送による学級待機についての状況説明，階段の危険性と注意，および今後の危険防止対策等でした。

　夕方になり，保護者が妹を迎えにきて兄が軽傷で済んだことと迷惑をかけたことを伝え帰りました。翌日，事故を目撃した子どもの中に，夜寝られない，トイレに行けない等の不安を訴える子どもが数名現れ，スクールカウンセラーによるカウンセリングが行われました。

　事件や事故に関するような場合は，緊急保護者会，報道への対応，全校集会，子どもの不安に対する心理状況を尋ねるアンケートを行うこともあります。アンケートは回収後にどのような対応を段階に応じてしていくのかを想定したうえで実施することが必要になります。当事者の子どもやその保護者の心理的支援も大切です。そして，同じくらい大切なのが教師のケアです。状況によっては，自分を責めたり，教師同士の普段の不満がそのような状況を契機に噴出することもあるからです。また，大きな事件・事故の場合は，時間が経過してからも，例えば1年後や以前と同じ時季（当時雪が降っていた，夏休みに入ってすぐのことだった等）などに教師・子どもの中でいろいろな想いが生じてくることもあります。緊急支援は子どもと保護者とともに教師のケアも視野に入れながら，長期的に支えあっていくことが必要となる重い対応だと思われます。

[角南なおみ]

内容別に事例を検討する（1）
―不登校・非行・家庭環境―

第10章

> ▶キーワード
> 不登校，非行，家庭環境，虐待

　本章では，これまでの理論と対応に関する内容を踏まえ，実践に即した事例の検討を行っていく。具体的には，不登校，非行，家庭環境の各事例を小学校および中学校／高等学校に分けてそれぞれ検討していく。形式は，用語解説後に，事例の提示，事例のその後の展開，事例の解説という展開になっている。

　その過程で，教育相談という観点から子どもの心理的理解を深めながら読み進めてほしい。加えて，事例の提示を読んだ後に，これから教師になる方は「もし，自分が教師であれば」，現職の先生方は「自分であれば」どのような対応ができるか考えてもらいたい。また，子どもと環境との相互作用という視点にも留意しながら読むことで，より学びが深まるだろう。

10.1 不登校事例

不登校の問題は，学校現場において大きな問題の一つである。ここでは，事例を通して，不登校児童生徒への理解・対応について考えていきたい。

1. 不登校に対する考え方

不登校とは，長期欠席者のうち，何らかの心理的，情緒的，身体的，あるいは社会的要因・背景により，児童生徒が登校しないあるいはしたくともできない状況にあることと文部科学省は定義している。

年度内に連続または断続して30日以上の欠席がみられる際に不登校と呼ばれ，病気や経済的理由によるものは不登校には含まれない。

日本においては，**図10.1**に示す通り，不登校児童生徒の合計数は1997（平成9）年以降，10万人を超える状況が続いている。

2016（平成28）年9月14日，文科省は「不登校児童生徒への支援の在り方について」という通知を出している。その一部を抜粋・要約すると，①不登校とは，どの児童生徒にも起こり得ることで，多様・複雑な要因の結果として不登校状態になっているため，②不登校という行為自体は「問題行動」と判断してはならない。また，③不登校となった要因を的確に把握し，学校や家庭，福祉や医療機関などの関係機関が情報共有しながら組織的，計画的，個別的な支援策を策定し，④不登校児童生徒に寄り添い，共感的理解と受容の姿勢をもつことが重要であり，⑤学校に登校するという結果のみを目標とするのではなく，児童生徒が自らの進路を主体的に捉えて社会的に自立することを目指すべきとしている。

実際の支援の取り組みとしては，学校に馴染めなくなり得る要因の解消に努めること，特にいじめや暴力行為に関しては，柔軟に学級替えや転校の措置を活用すること，学習状況に応じた指導・配慮を行うこと，スクールカウンセラーやスクールソーシャルワーカーとの連動，教育支援センターや不登校特例校，フリースクール，夜間中学の活用などが勧められている。　　　　[岡本　悠]

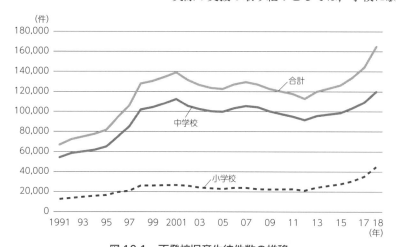

図10.1　不登校児童生徒件数の推移
（出所）文部科学省（2019）より作成

2. 小学校事例―HSC(ひといちばい敏感な子) である A さん

　　小学 2 年生・女児の A さん（以下，A）は 4 月以降欠席が増えている状態である。登校したときの学校での様子は，給食をなかなか食べられず，ちょっとしたことですぐ涙が出るが，学習はできる方で友だちとのトラブルはなく休憩時間には楽しそうに遊んでいる場面もみられる。1 年生の時にも入学当初に行き渋りや欠席があったが，母親の声かけにより頑張って登校させているうちにだんだん慣れて行けるようになった。そのため 2 年生になって行き渋りがみられた当初，担任・母親とも少し様子を見ることにした。だが，今年度は 1 ヵ月以上経っても依然学校に足が向きにくく，朝登校の準備はするが家を出るときになると涙が止まらず，次第に欠席が増えてきた。

　　母親は毎日登校を促し，泣いて嫌がる A を無理に連れてくるため今後どうしたらよいかわからず，担任に近々相談したいと A の連絡帳に書かれていた。

現在欠席が増えている A に対し，どのような対応が考えられるだろうか。

(1) 事例のその後の展開

　　担任は母親と本人の話を丁寧に聴くとともにスクールカウンセラーにも紹介した。スクールカウンセラーが母親から聞いた話によると，家では元気な保育園年中の弟がいてけんかもするが，A が負けることの方が多く涙が出ること，普段は家で静かに本を読んでいる時間が多いこと，学校の給食が苦手でなかなか食べられないこと，友だちから嫌なことを言われても言い返せないことが語られた。さらに母親は，今後同級生にいじめられるのではないか，もしかしたら発達障害かもしれないとかなり心配している様子であった。

　　その後保護者の承諾を得て，担任とスクールカウンセラーで情報共有とともに今後の方針を検討することにした。そして，学校では担任が A の様子をよくみて声をかけること，給食の量を減らすこと，スクールカウンセラーは母親の不安に寄り添い，A のカウンセリングも並行し気持ちを聞いていくことにした。その後，A の小児科受診に伴い，母親が医師に A の心配を伝えたところ，HSC（Highly Sensitive Children）*1 の傾向があるとのことから継続してカウンセリングを受けることを勧められた。担任は引き続き A の様子をみながら，苦手な学級会や発表時には側に行き優しく声をかけたり，放課後少しずつ二人で話をするようにした。カウンセリングでは，自分勝手な友だちに振り回される辛さが少しずつ語られるようになってきた。3 学期は行事の欠席は変わらずあるもののそれ以外の登校渋りは減少し，次年度も同じ担任を親子で希望するなど当初より元気な様子で年度を終えることができた。

*1 「ひといちばい敏感な子」ともいわれる。詳細は後述。

(2) 事例の解説

　　登校渋りあるいは不登校の子どもは，"なぜ学校に行けないのか" を本人が理解し言葉で表せない場合が多い（表 10.1）。つまり，明確な主要因が存在しそれを取り除けばすぐに登校できるという事例の方が少なく，むしろ複雑な要因や経験が絡み合い本人にもわからない場合の方が多いということを教師は心に留めておく必要があるだろう。なぜなら，そのような

表 10.1　不登校のプロセス例

登校状態	段階	子どもの様子
不登校傾向	身体の不調や不安を訴える段階	不安定
	欠席が少しずつ増えていく段階	多様な理由付け
不登校継続／充電期	閉じこもりの段階	昼夜逆転傾向
	自分探しの段階	否定的
	活動が増えていく段階	外に目が向き始める
再登校の準備	学校の様子を気にする段階	学校に気持ちが向き始める
	登校を段階的に検討する段階	気持ちが揺れ動く

表 10.2　HSC のチェック項目の例

1）泣き止まない，眠らない
2）チクチクする服，いつもと違う味を嫌がる
3）叱ってはいけないタイプだと思う
4）相手の気持ちによく気が付く
5）直感力，ユーモアのセンスがある

（出所）Aron（2002=2015）

子どもに登校できない理由を何度も尋ねることにより，それがわからない子どもはとりあえず「給食が嫌だ」「体育が嫌い」等思いつくもっともらしい要因を挙げることになり，結局本人も周囲も困惑するような状況を作り出してしまうからである。

本事例の A は HSC（Highly Sensitive Children）といわれる「ひといちばい敏感な子」（Aron, 2002=2015）であった（**表10.2**）。これは子どもの特性であり，症状としての診断名ではない。**環境感受性**という，異なる 3 つのグループの存在（低：約 25 ～ 35%，中：約 41 ～ 47%，高：20 ～ 35%）が示されており，HSC はその高いグループに属している（Pluess et al., 2018）。このような子どもは，教師や周囲の子どもが取り立てて重大だと思わないようなことにも心を砕き，人知れず悩んでいることも多い。例えば，自分が嫌なことをされても「嫌だけどこれを言ったら相手がきっと傷つくだろう」という考えが生じると，自身の思いを表現することが難しくなってしまう。ただし，何も言わないからといって心が平穏ではなく，抑え込んでいる思いが蓄積すると，A のようにそれが涙となって出たり，辛い体験を重ねる場である学校に足が向きにくくなることもある。一方，教師からすると，いじめられたり大きなトラブルはなく，むしろ穏やかに過ごし友だちもいて問題がないとみられていることも多い。

このような子どもは，周囲の状況や相手の気持ちがわかりすぎるため集団場面に苦手さを感じ疲れてしまったり，嫌な思いを言えず蓄積していく傾向がみられる。そのため，子どもの辛さ，苦手さ等を教師の方からさりげなく尋ねることも大切だろう。このことは，子どもの不安を軽減することになり，また教師との関係を築く架け橋ともなると考えられる。同時に大切にしたい視点として保護者の存在が挙げられる。このような子どもの保護者の中には同様の性質をもっている人もいるだろう。そのため，教師に相談することもためらわれ，学校に対する不安を抱え込み，敏感な子どもがそれを察知してまた不安になるという悪循環が生じる可能性がある。

HSC の可能性が感じられるときは子どもの対応だけでなく保護者との関わりにも目を向けながら，保護者や子どもの思いを少しずつ聞いていくことで学校が安心できる場になることを目指すことも大切だろう。

［角南なおみ］

3. 中学校事例―身体症状を訴える B さん

　中学 2 年生・女子生徒の B さん（以下，B）は，小学生時代は，欠席はほぼなく，成績も優秀であり，真面目な性格として知られていた。その一方，緊張しやすく，胃腸は弱い方であったようで，保健室をしばしば利用していた。

　中学入学後も成績優秀で，クラスのまとめ役として頑張っていたが，時々腹痛を訴えて保健室を利用する様子は見られていた。1 年生の 3 学期に，学級内の些細なトラブルをきっかけに，保健室の利用回数が増加。「もっと頑張らなきゃ」と涙を流して養護教諭に話す様子も見られた。2 年生に進級した際の学級替えをきっかけに，保健室利用回数は一旦減少した。

　しかし，1 学期の期末考査前から，腹痛などの理由での欠席が増加。二者面談の際には，両親が不仲であることが語られたが，詳しくは話さなかった。小児科の通院では特に異常は指摘されなかった様子であった。期末考査は欠席。終業式も欠席のまま夏休みに入った。

　2 学期に入ってからは完全不登校状態となった。放課後に本人宛に電話をすると，午後から少し体調が良くなると話したため，放課後の時間帯に話に来ないかと伝えると了承。約束の日に登校した。

　B をどのように理解し，対応したらよいだろうか。

(1) 事例のその後の展開

　B は学校では嫌なことはないが，朝起きた時から腹痛がしてしまうと話した。悩み事があるのではと心配していると伝えると，次第に幼い頃から両親は不仲で，2 年生に進級してから離婚の話が出ていると語った。本人の頑張りを認めたうえで，無理せず，来られる日に登校してみてはどうかと提案すると，少し安心した表情を見せた。家族関係について，スクールカウンセラーへの相談を勧めると，相談を希望した。

　その後は，週に 1 回程度の保健室登校・自習と 2 週に 1 回のスクールカウンセラー面談のため登校するようになった。定期考査は別室受験した。担任は，時間が取れる範囲で，B に声をかけた。スクールカウンセラーが対応していることもあり，無理に家庭内の悩みを聞き出すことよりも，B の頑張り自体を認めたり，他愛のない話をしたりすることに努めた。B が，クラスの様子について気になる様子を見せた際には，クラスでの出来事も伝えた。

　3 学期に入ると，B は週に 2，3 回程度保健室登校をした。また，両親が離婚したことが報告された。3 年生になってからは，朝から登校し，クラスにも入れるようになった。週に 1 回程度は欠席や保健室を利用する姿は見られたが，以前よりも肩の力が抜けているような様子が見られた。修学旅行や運動会といった，学校行事にも参加した。スクールカウンセラー面談も継続し，少しずつ「私のせいじゃなかったんですね」と話すようになるなど，ある程度気持ちの整理がついた様子が見られた。安全圏の公立高校を受験。無事に合格し，卒業した。

(2) 事例の解説

　B は，いわゆる "良い子" な，何事につけても「もっと頑張らなきゃ」という風に感じやすい傾向があると推測される。そうした傾向は，高い目

標に向かって努力を続けられるという点で，努力家，向上心が高いといえる一方，「上手くいっていない」と感じやすい傾向ともいえる。客観的には些細な失敗でも落ち込んでしまったり「もっと頑張らなきゃ」と思うあまり，周囲に相談できず，一人で抱え込んでしまったりする場合もある。教職員からすると。"良い子"過ぎて，かえって心配になるような印象を受けることもあるかもしれない。

　そうした心の中の苦しさが，体調不良といった形で表現されることは児童生徒にはしばしばみられる現象である。本事例では，学級内での些細なトラブルや，家庭環境の変化を直接的なきっかけとしながらも，そうしたB自身の特徴も関連していたと考えられる。加えて，その背景には，幼い頃から両親の不仲を見て，"自分が悪い子だからだ"，"良い子にしていなければ"といった思いが存在しているという理解もまた可能である。

　本事例のような生徒の場合，励まし過ぎることはかえってプレッシャーになりやすいと考えられる。"Bならもっとできるはずだ"，"また，元のような良い子のBのように戻ってほしい"といった教職員側の期待を押しつけないことにも留意したいところである。また，不登校児童生徒は，往々にして行きつ戻りつしながら成長・回復していくため，教職員側は，登校できたこと（Bの頑張り）は認めつつも，その後も順調に登校日数が増えていくことを求め過ぎない方がよい。

　対応にあたっては，試験や受験，学校行事等のスケジュールをはじめ，現実的な期限などは明示する必要はあるが，行きつ戻りつすることを前提に，教職員側が焦らないことも大切である。声掛けに際しては，叱咤激励したり，"頑張ってみようよ"と努力を求めたりするよりも，"Bの顔が見られて先生も嬉しい"，"十分やってくれてると思うよ"，"よく話してくれたね"など，現在のB自体を認める声掛けや，複雑な事情を話してくれたことを認めるような声掛けの方が，本人の安心感につながりやすいと考えられる。他愛のない話を通して，Bとリラックスした時間を取れるのも良いだろう。学校が，Bにとって，"頑張らなければいけない場"ではなく，"肩の力を抜いて過ごせる場"であると良いかもしれない。

　なお，学校側が両親の不仲や離婚という選択といった，家庭環境に直接踏み込むことは難しいが，スクールカウンセラーと連携しながら，B本人の心理的側面のサポートをしていくことも有効と考えられる。本人が抱えている苦悩に寄り添うことや，どのようにその環境の中で過ごせるかを一緒に考える時間を取ること，本人が安心して過ごせる時間を提供することは十分に可能であろう。

[岡本　悠]

10.2　非行事例

1. 少年非行とは

　少年法による少年とは 20 歳未満の者を指す。このうち，日本において
は 14 歳未満の者は刑事責任を問われない[*1]。非行少年とは，犯罪少年，
触法少年，虞犯少年を指し，犯罪少年とは 14 〜 19 歳で罪を犯した者，
触法少年とは 14 歳未満で刑罰法令に触れる行為をした者，虞犯少年とは
その性格または環境から判断して，将来，罪を犯し，または刑罰法令に触
れる行為をするおそれのある少年[*2] を指す。

　近年，少年犯罪が凶悪化したといわれることが多い[*3]。しかしながら，
実際には，少年による刑法犯は数でみても率でみても 10 年以上減少し続
けており，凶悪犯に限っても 10 年で半減している（法務省，2019）。この
ため，実際には少年犯罪が凶悪化したという事実はない。

　少年非行，少年犯罪の要因としては，低言語性 IQ，低学力，自尊心の低
さ・自己愛の高さ，抑うつ，家族の社会階層の低さ等が挙げられるが，当然
ながらこれらの要因をもっていても非行や犯罪に関わらない子の方が多い。
また，ACE[*4] 研究では逆境的な体験が積み重なることによって非行や犯罪
につながることが示されている。具体的には，家庭内での身体的・心理的・
性的暴力・ネグレクトの被害，家族内のアルコール・薬物依存者の存在，
母親の暴力被害，家族内の精神疾患患者の存在，両親のいずれかまたは両
者の不在，家族内の服役者の存在という要因について，罪を犯した者は該
当者が多く，日本の高校生を対象とした研究でも，一般高校生ではこれら
の要因を複数もつ者はまれであるが，少年院在院者はこれらの要因を複数
もつ者が多いことがわかっている（松浦ら，2007；松浦・橋本，2007）。

　学校において児童や生徒が非行や犯罪を行ったあとの対処は非常に難し
い。一方で，学校で行っていることは予防として機能していると考えられ
る。具体的には，学
力の保障，虐待の対
応，友人関係のケア，
自尊心の育成，居場
所の提供などである。
学校ではこれら日常
的な支援に加えて，
心理教育等で予防に
努めることが重要で
あるといえる。

*1　12, 13 歳は少年院送致には
なりうる。

*2　虞犯少年は，家に寄りつか
ない，不道徳な人と付き合う，い
かがわしい場所に出入りする等の
事由に該当する者を指すが，虞犯
少年に対する対応はあくまでも本
人の利益のためであり，今後重大
な犯罪につながってしまわないた
めの保護として対応される。

*3　なお，これに関連して少年
であっても成人と同様の対処が必
要であるという主張もしばしばみ
られるが，18 歳未満の者が成人
と同じシステムで裁かれた場合，
そうでない者よりも再犯率が高い
ことがわかっている（McGowan
et al., 2007）。

*4　ACE：Adverse Childhood
Experiences（逆境的小児期体
験）。

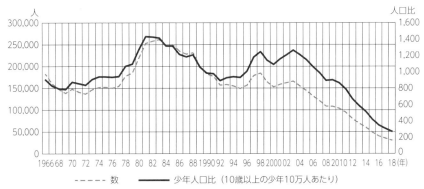

図 10.2　少年における刑法犯の推移

（出所）法務省（2019）より作成

2. 小学校事例—万引きをした C さん

校区内にある小規模なスーパーマーケットより万引き行為を見つけたとのことで学校に連絡があった。今回万引きを行っていたのは小学 5 年生 5 名で，おにぎりやお菓子などの食べ物をとったとのことであった。店主からは，今回だけではなく，よく万引きされている形跡があって困っているとの話があった。なお，店主は警察には連絡していないとのことであった。

学校での聞き取りの結果，クラスの男子の 8 割ほどに万引きの経験があることがわかった。その中でも特に C さん（以下，C）は主導的な立場にあり，他の男子を誘ったり，万引きを行う際の役割を指示したりしていたことがわかった。

C は 20 以上年の離れた兄と姉がいる母子家庭の子で，2 年生から髪を染めてくるなど，目立つ存在であった。金銭的な不自由はみられないが，母親は家を不在にしがちであった。

学習成績は低いが運動神経は良く，すぐに頭に血が上る一方で周囲をひきつける魅力ももっていた。

（1）事例のその後の展開

店舗から連絡のあった翌日，学級担任はクラス 37 名全員に個別に聞き取りを行った。その結果，事例にも記した通りクラスの男子の 8 割にあたる 14 名に万引き経験があることがわかった。聞き取りの際，万引き経験があると話した児童に対しては，担任から保護者に連絡することを伝えたうえで，家に帰ったら保護者に自分から話をするように伝えた。クラス全体には，授業の予定を変更し，名前は伏せたうえで今回の出来事を説明するとともに，万引きがどうしていけないのか等を話し，店主や店員の立場だったらどう思うかなどを問いかけた。また，友だちに誘われても，自分で正しいかどうかを判断し，間違っている誘いには乗らないこと，どうしても困った場合には，学校の先生や保護者に相談することを伝えた。その日の夜，担任は万引き経験があると話した児童の保護者に個別に電話連絡をし，事の経緯を説明するとともに，家庭でどのような話をしたか，どのような対応をしたかについて保護者に尋ねた。これらの対応にあたっては，事態が発覚した時点で管理職に情報を共有し，対応の方針についても共通理解をもったうえで対応を行った。また，聞き取りや保護者への連絡を終えた後，他の学年の教師にも情報を共有した。

主導的な立場であった C に対しては，初回の聞き取りの後，改めて時間を取って担任が面談を行い，どうしてそのようなことをしたのか等の聞き取りを行った。その際，C は特にお金に困っているわけではないこと，ゲーム感覚でやっていたこと，してはいけないことだということはわかっていることを話した。担任は，万引き行為で誰がどのように困るのかについて C が理解できるように話をし，今後はやらないことを約束させた。C の保護者には，なかなか連絡がつかなかったものの，経緯を伝えるとその後店舗には謝罪に行ったようであった。

C を含む 5 年生に対しては，学校全体で見守っていくことを教職員全体で確認し，他の学年の教師や養護教諭，校長，教頭も機会があるごとに声をかけるように努めた。C に対しては，C のもつリーダー性を良い形

で発揮してもらうため，他の児童に不満の残らない形で班長や行事の際の役割を担当させるようにした。

　そのように学校全体でＣやその他の 5 年生児童を気にかけていった結果，万引き行為は収まり，良い形でＣがリーダシップを発揮することも増えていき，卒業を迎えた。

(2) 事例の解説

　Ｃは学習の躓きがあり，学業では効力感を得られないことから，非行行為を含む他者を率いる行為で効力感を得ていたと考えられる。一方で，他者をひきつける魅力も併せ持っており，ルールは破っても信頼は裏切らないといった面ももっていたのかもしれない。

　今回の事例では，学校全体でＣや他の児童に関心を寄せていくことやＣの良い面を活かすような担任の対応で事態が落ち着いたと考えられる。このほか，Ｃに対する学業的な支援として，躓き箇所の把握や，場合によっては知能検査等を実施したうえで，特別支援学級への入級を検討したり，通級指導教室の利用を促したりといった対応も考えられる。しかしながら，検査の実施や特別支援学級の入級に対しては保護者の了解が必要であり，保護者の理解が乏しい場合は困難が伴うことも多い。その場合，他機関での検査に対しては否定的であっても，校内でスクールカウンセラー等が検査を実施することに対しては了承する保護者もいるため，スクールカウンセラーが行うアセスメントも有効活用したい。

　家庭環境に問題があると考えられる場合には，スクールソーシャルワーカーの活用も考えられる。スクールソーシャルワーカーの情報をもとに支援会議を開くことで，対策の幅が拡がることも多い。

　また今回の事例では，Ｃだけではなく，Ｃに引っ張られる形で万引きを行っていた児童が多数いた。このような学級では一体感がみられる一方で，声の大きい子の意見に反する意見は言いづらいような学級風土ができていることもある。その場合，個々の児童が自分の意見を言えるような学級風土を作っていくことも重要な課題である。また，今回の事例は学級の荒れではないが，学級の荒れを扱った研究においては，荒れている学級と通常学級の子どもでは子ども自身がもつ規範意識に差はないものの，荒れている学級では学級内の他の子どもの規範意識を低く評価していることが示されている（加藤・太田，2016）。このことから，何がダメだと思うかという規範意識について学級で話をすることで，他の学級メンバーも規範意識を高くもっているということを確認し，お互いの反社会的行動の抑制につなげていくことも考えられる。

　警察から中学校に２年生・男子生徒のDさん（以下，D）（14歳）を原動機付自転車（原付）の窃盗で現行犯逮捕したとの連絡があった。Dは鍵が付いたままの原付を盗み，乗っているところを警察にみつかったのだという。
　Dは中学１年生のときは概ね学校に登校していたが，中学２年生になってからは欠席が増え，他校で同様に学校にあまり行っていない生徒や高校生などと一緒にいることが増えた。他校の生徒などと一緒にいることが増えて以降，学校に来ることがあっても，髪の毛を茶色に染めていたり，制服を大幅に着崩していたりすることが多かった。今回の窃盗は単独犯だとのことであった。
　Dの家庭は両親と祖母，Dの弟の５人暮らしであるが，両親ともに仕事が忙しいらしく，もっぱら祖母がDたちの面倒をみているようであった。しかしDの祖母は高齢であり，Dたちの世話も十分にはできず，Dが学校に行かなくなってからは困り果てた様子であった。
　中学１年生のときの学業成績は平均よりやや低い程度であったが，中学２年生になって以降はテストを受けていない。学校の友人とは徐々に距離ができている様子であった。

(1) 事例のその後の展開

　警察から連絡を受けた後，情報は校内で共有された。教職員では，担任と生徒指導担当が警察と連携を取って対応していくこと，事実の確認や反省の促しは警察と司法で行うものであるため，学校としてはDが戻ってくることができるようにつながりの維持に力を入れていくこと，まだ被疑の段階であり個人情報でもあるため，今回の件は生徒に対して積極的に話はしないこと，生徒から尋ねられた場合は「捕まった」という事実は認め，Dも頑張って反省しているところだから帰ってきたら受け入れてあげようと伝えること，この件に関連して他の生徒が不安に思う様子をみせた場合には情報を共有し，養護教諭やスクールカウンセラーとつないでいくことを確認した。

　警察から連絡があった当日，担任は家庭に電話をかけたがつながらなかった。翌日改めて何度かかけたところ祖母と話ができたが，祖母は今回のことでDが自分の手には負えないと感じたようであった。祖母は「両親に連絡をさせます」と言い，翌日父親から学校に連絡があった。父親は「Dはどうしようもないので放っておいてください」と言い，早く話を終えたい様子であった。Dとの面会の了承は得られた。後日担任がDに面会に行き，「待っているから反省してまた学校に来いよ」という話をした。Dはあまり目を合わせず，小さな声で「はい」と言うのみであった。

　事件後すぐに今回の件は生徒の間で広まり，多くの生徒が知っている状況になった。この事件の前にDとトラブルになったことのある女子生徒が，Dが学校に帰ってくるのが怖いといって不安を訴えたため，スクールカウンセラーが数回の面談を行った。そのほかの生徒は特に不安を訴えたりすることはなく，一方で暖かく迎えようという雰囲気もみられなかった。

　担任らは継続的にDやその母親と連絡を取ったり学校からの配布物を届けたりと，学校とのつながりを切らさないように努めた。Dは保護観察処分となった後３日程度登校したが，その後は担任の働きかけにもか

かわらず，再度登校することはなかった。Ｄが登校した際は，面白がっ
て話しかける生徒はいたものの，多くは遠くから眺めるといった様子で，
交流を避けるようであった。

（2）事例の解説

　Ｄは学校外の友人との交流に居心地の良さを覚え，その交流の中でそ
れらの友人の緩い規範意識を内面化していったのであろう。これは，学校
内で居場所欠乏感（居場所のなさ）を感じていたことから学校外のつながり
に向かったという背景が考えられる[*5]。Ｄは家庭でも十分に面倒を見て
もらえず，居場所欠乏感を感じていたのかもしれない。居場所欠乏感を
もつということは，他者との関係性の中でありのままの自分を出せず，必要
とされているという感覚をもてないことである（石本，2009）。Ｄが学校
外だけに居場所を求めることを防ぐためには，容易なことではないが，教
師と本音で話せる関係を構築したり本音で話せるような学級風土を作った
りし，友人関係や学級内の役割等で自分の必要性を感じられるようにする
ことが有効であったかもしれない。

　また，非行集団に所属していたことで同級生や教師から差別的な扱いを
受けたと感じているほど，むしろ非行集団との同一化を高めることがある
ため（中川ら，2019），学外の非行的な集団との付き合いがみられた際に
は，特に教師はその生徒に対して差別的な扱いをしないよう注意が必要で
ある。非行少年ほど教師からの親密な関わりや支援を求めていることもあ
り（平田・大浦，2009），問題行動のみられる生徒に対して厳しい態度で指
導するだけでは事件を防ぐことにはつながらない。もちろん，教師からの
関わりだけではなく，スクールカウンセラーやスクールソーシャルワー
カーとの連携も重要である。今回の事例でいえば，欠席が増えてきた段階
でスクールカウンセラーとの面談を設定したり，スクールソーシャルワー
カーからの情報をもとに支援会議を開いたりといった対応が考えられたで
あろう。

　今回の事例では，学校からの働きかけにもかかわらず，Ｄが学校に復
帰することはかなわなかった。周囲の生徒も事件となってからはこれまで
通りの対応をすることは難しい。事件となってからは学校が本人に対して
できることも多くなく，対応が非常に難しい。このため，他の問題も同様
ではあるが，予防に努めることが非常に重要であるといえる。海外では
Social and Emotional Learning（SEL）[*6] が非行の問題にも有効である
ことが示されている（Durlak et al., 2011）。先述の通り，日常的な学校の
営みが非行の予防としての機能を果たしているとはいえるものの，学校風
土，学級風土の改善や SEL のような予防プログラムの実践などの，より
自覚的で複合的な方法をもって予防に努めることがさらに効果的であると
考えられる[*7]。　　　　　　　　　　　　　　　　　　[石本　雄真]

*5　なお，女子生徒の場合は
家庭や学校で居場所欠乏感をも
つ場合，性搾取を伴う仕事に居
場所を見出すこともあり（仁藤,
2014），やはり注意が必要であ
る。

*6　SEL は自分の気持ち（情動／
感情）とうまく付き合う力や他者
との関係を上手に形成する力を育
むための，科学的根拠に基づいた
学習プログラムの総称である。近
年では，自分の気持ちとうまく付
き合う力や他者との関係を上手に
形成する力といった非認知的能力
（学びに向かう力）が，幸福や成功
をもたらすための重要な要因であ
ることが明らかになっている。ま
た，SEL は学習面での成果につな
がることも明らかになっている。

*7　伊藤（2009）や渡辺（2015）
を参照のこと。

10.3 家庭環境事例

1. 家庭環境が児童生徒に及ぼす影響

　児童生徒の人格形成において，家庭環境がもつ役割が極めて大きいのは言うまでもない。ここでいう家庭環境には，養育のあり方や夫婦関係，あるいはきょうだい関係にとどまらず，祖父母世代との関係性や経済的な背景，文化的な背景などさまざまな要因が含まれる。

　家庭環境に関する心理学的理論は数多く存在しており，それらを概観することは紙面上到底叶わないが，ここでは，家族心理学の概念の一つである，円環的因果律 (circular causality) を紹介する。円環的因果律とは，G. ベイトソンが提唱した概念であり，何らかの心理的問題の原因は，特定の何かのみに求めること (直線的因果律) はできず，家族の成員の円環的な関係にある，という考え方である。"卵が先か，鶏が先か"というような関係に近い。例えば，成績が落ちた後に学校を欠席がちになった児童生徒がいたとして，"成績が落ちたから欠席しているのだ"と，直線的に考えるのが直線的因果律の考え方であるのに対し，円環的因果律では，成績が落ちたことで，両親から厳しく叱責され，親への反発心から学校を欠席し，欠席することでさらに成績が下がり，また両親から叱責される……というような循環として捉えるのが特徴的である。

　家庭環境に関して考えるうえで，虐待の問題を避けて通ることはできないだろう。虐待に関していえば，児童相談所への通報件数は年々増加しており，2018 (平成 30) 年度の全国での通告件数は 15 万 9,850 件にのぼり，その内訳は，心理的虐待 88,389 件 (55.3%)，身体的虐待 40,256 件 (25.2%)，ネグレクト 29,474 件 (18.4%)，性的虐待 1,731 件 (1.1%) であった。相談対応経路別件数は，警察等による通告が最も多く，79,150 件 (50%)，次いで近隣・知人による通告 21,440 件 (13%) であり，学校等からの通告は 11,449 件 (7%) であったとされている (厚生労働省, 2019)。虐待を受けたと思われる児童を発見した際には，速やかに福祉事務所または児童相談所へ通告することが法的に義務づけられており，学校および教職員は，児童虐待の早期発見のための努力義務も課されている。"これは虐待に当たるのか？"といった判断を迫られる場面や，そうした児童生徒への対応を迫られる場面が訪れても全く不思議はないといえる。

　ここでは，一見悩みがなさそうだが，実は家庭内の悩みを抱えていた児童や，福祉施設に入所中の生徒の事例を通して，複雑な家庭環境を背景にもつ児童生徒の理解・対応について考えていきたい。

2. 小学校事例—家庭環境が落ち着かない E さん

　小学 5 年生・男児の E さん（以下，E）は，算数の成績こそふるわないものの，お調子者の性格で，友人も多く，普段は楽しく過ごしている児童である。しかし，週に一度程度欠席することがあり，欠席が数日続くこともある。小児科では特に異常は指摘されていないようであり，登校した際は，本人も至って元気に見える。ある日，本人に欠席の理由を問うてみると，冗談めかした調子で「○○（兄）が学校行ってないんだから，俺だって行かなくて良くない？」と逆に聞き返されてしまった。

　E の家庭状況としては，専業主婦の母と，多忙な会社員の父，兄の 4 人家族である。ペットとして犬を飼っている。自宅のすぐ近くに父方の祖父母が住んでいる。E の兄は，E の言う通り，不登校状態のまま小学校を卒業している。E の兄が不登校になった際に母がスクールカウンセラーと面談していた経緯があるため，スクールカウンセラーに追加の情報を尋ねると，E の兄は，医療機関にて発達の偏りを指摘されており，感覚過敏や，場の読めなさなどの特性を有していた。加えて，当時の担任との相性もあって，不登校状態になっていたようであった。また，家庭状況について，母は産後うつであり，元々父方の祖母（姑）とうまくいっていなかったことに加え，父方の祖父（舅）に認知症の症状が見られ始めていることにも悩んでいる様子であったということであった。

　あなたがもし E の担任だったら，「○○（兄）が学校行ってないんだから，俺だって行かなくて良くない？」という E からの問いに，どのように答えるだろうか。また，今後どのように関わっていったらよいだろうか。

(1) 事例の解説

　このような E からの問いに対する答え方は無数に存在する。"E が来てくれて先生は嬉しい"と伝える，"どうしたの？"と悩みや本人の考えをきく，"難しいけれど，一緒に考えよう"と一緒に悩む姿勢を示すなど，さまざまな対応があり得る。頭ごなしに否定する，一笑に付すといった，明らかに不適切と考えられる対応を除けば，どのような返事も，"正解"になりえる。

　逆に言えば，こうした問いに対しては，"正解"と呼べるような対応は存在せず，極端に言えば，どんな言葉を用いるかは本質的には重要ではない。こうした問いに対して，こちら側が真剣に受け止めている，E の苦しさに思いをはせている，という姿勢が伝わることそのものが大切である。

　E は，学級で過ごす範囲においては，月に数回の欠席を除けば，気になるところの特にない，むしろ学級の雰囲気を盛り上げてくれるタイプの児童であろう。一方で，兄の不登校や母が産後うつであることや，嫁・姑問題，祖父の認知症の問題など，家庭的な背景は複雑な児童でもある。不登校ではないにしても，週に一回程度の欠席が続いていることは，ある種の本人の SOS のサインとも読み取れる。

　こうしたように，一見明るい，あるいは目立った問題が見受けられない児童生徒の背景にも，難しい家庭的な背景が存在している場合がある。"お調子者の E だから，悩んではいないだろう"，"小学生だから，家庭の状況を把握してはいないだろう"等と安易に構えることは避けたい。

　E の言う，兄が不登校なのに，なぜ自分は登校しなければならないのか？という疑問自体はある種自然な疑問である。母の体調のことや兄の特

性のこと，複雑な母と祖母との関係，祖父の認知症症状など，さまざまなことが生じており，家庭での居心地は必ずしも良くはなく，家庭の中に緊張感が走ることも少なくないかもしれない。推測の域は出ないが，居心地の良くない家庭であったからこそ，Eが"お調子者"のように，周囲を笑わせるようになったのかもしれない。そのような状況の中で，家庭内で十分に登校に向けたエネルギーが補充されず，「俺だって行かなくて良くない？」という思いを抱いても，違和感はない。

また，母が産後うつになったのがいけなかった，兄の発達の偏りがあるからEが疲れてしまうのだ……といった風に，家庭内の誰かを責める，誰かに原因を求める，ということは容易ではない。もちろん，母には産後うつの治療の継続が必要であろうし，兄も，発達の偏りを抱えながらどう生きていくのが良いか，模索する必要はある。しかし，家庭環境の問題というのは，"家庭内の誰かを変えれば，Eのストレスが減って，Eの悩みが解決する"といった風に，直線的に考えることはできないものである。家庭内のそれぞれが生きづらさを抱えており，本人にできる最善を尽くしているにもかかわらず上手くいかない，ということもある。すぐには解決しようのない問題を抱えながら歩むことを余儀なくされることもある。

冒頭に述べた通り，「○○（兄）が学校行ってないんだから，俺だって行かなくて良くない？」という問いに対する返答には無数の選択肢がある。ただのわがままだと頭ごなしに否定したり一笑に付したりする，むやみやたらに励ます，家族を咎める，といった対応は，時として安易に取られる場合もあるが，EやEの家族にとっては傷つけられた体験になる可能性が高いため，避けるべきではあるだろう。しかし，繰り返しになるが，こう言えばうまくいく，Eの疑問が解決する，というような魔法の一言は，存在しないのである。

ここで，担任がこうした質問をされる場合というのは，そうした疑問をぶつけられるだけの関係性を築けている，Eが"試しに先生に聞いてみようかな"と思えるような何かが，担任とEとの間に形成されているともいえる。その関係性の中で，担任が真剣に受け止めている，関心を示している，Eの置かれた立場に立っている，ということそのものが大切である。"がんばれよ"，"どうしたの？"という一言も，関係性によっては，Eの支えとなりえるだろう。Eの置かれた状況や，Eとの関係性を見誤らない目が肝要である。養護教諭やスクールカウンセラーとも必要に応じて連携を図り，チームでEを支えていくという姿勢も有益である。

3. 高等学校事例—気持ちが安定しない F さん

> 　高校 1 年生・女子生徒の F さん（以下，F）は，F が 2 歳の頃に，F の目の前での父から母への暴力をきっかけに，母子生活支援施設[*1] に入所している。母はうつ病の治療中で，F は，些細なことでトラブルになってしまいがちであったと中学校から情報が寄せられている。
> 　1 学期の間は，時折体調不良で欠席することはあったものの，大きなトラブルはなく過ごした。部活は吹奏楽部に所属し，概ね参加していた。夏休み中に，同じく吹奏楽部に所属する G と交際を開始したようだが，部活がない日も常に G と一緒にいたがる様子は見られていた。
> 　2 学期に入ると，体調不良で保健室を利用する様子や欠席が増えた。G と喧嘩をした後に体調が悪くなったり，気持ちが不安定になったりしやすい様子が窺われた。成績も下降した。部活には概ね参加していたが，G が，F を負担に感じるような様子も見られ始めていた。
> 　3 学期のある日，G が別れを切り出したことをきっかけに，「捨てないで！」等と，校内で大声をあげて泣き始めた。G に掴みかかろうとする様子があったため，偶然通りかかった教職員が止めに入ったが，激しく抵抗し，教職員にも暴力を振るった。安全を確保しながら様子を見守っていると，徐々に落ち着きを取り戻したため，ひとまず担任が事情を聞くこととなった。

　あなたがもし F の担任であったら，どのように対応するだろうか。

　また，今後どのように F を支援していくとよいだろうか。

(1) 事例のその後の展開

　担任から，怒りたいわけではなく，事情を聞かせて欲しい，どういう気持であったのかを聞きたいということを強調して事情を尋ねると，F は，パニックになってしまった，G や先生に謝りたいと述べたが，保護者への連絡については，強く反対した。母は，些細なことでも大声で叱責し，時に暴力を振るうこともあった。今回のことを聞いたら，母に何をされるかわからない，と涙ながらに理由を話した。

　担任は，管理職に相談のうえ，事実確認の意味でも施設職員と連絡を取った。施設職員によれば，母の暴力は事実であり，施設内でも，最近の F の様子を受け，児童精神科の受診を勧めていたとのことであった。また，校内スクールカウンセラーも，複雑な家庭環境を背景とした精神的な症状と思われるため，児童精神科への通院が望ましいという見解であった。F への対応について職員会議で検討し，児童精神科受診と施設側との密な連携，スクールカウンセラーのカウンセリングを通して，F が精神的に安定して学校生活を送れるよう支援していく方針となった。

　通院の結果，境界性パーソナリティ障害[*2] の可能性もあると説明され，気持ちを落ち着かせる作用のある薬が処方された。その後は，通院とスクールカウンセラーとのカウンセリングを継続し，欠席はみられるものの，暴力的な様子や感情的に著しく不安定になる様子は減少した。施設職員とは定期的に現状を確認し，施設内でも幾分落ち着いて過ごせているという報告を受けた。

(2) 事例の解説

　本事例は，父から母への暴力の目撃（心理的虐待）や，母からの暴力（身

*1　母子生活支援施設とは，「配偶者のない女子又はこれに準ずる事情にある女子及びその者の監護すべき児童を入所させて，これらの者を保護するとともに，これらの者の自立の促進のためにその生活を支援し，あわせて退所した者について相談その他の援助を行うことを目的とする施設とする」と定義されている施設である（児童福祉法 38 条）。

　夫などの暴力，住宅事情，経済事情，入所前の家庭環境の不適切などの理由で，入所に至るケースが多い。

*2　パーソナリティ障害とは，パーソナリティ，すなわち思考，知覚，反応，および対人関係のパターンが，著しく不安定であり，そのことが仕事や学校での生活や，対人関係において著しい不適応と苦痛をきたしている場合をいう。

　パーソナリティ障害には，10 種類のタイプが挙げられており，その内の一つが境界性パーソナリティ障害である。

精神疾患の診断・統計マニュアル (Diagnostic and Statistical Manual of Mental Disorders ; DSM) の第 5 版によれば，境界性パーソナリティ障害の特徴として，

・現実に，または想像の中で見捨てられることを避けようとするなりふりかまわない努力。

（つづく）

*2（つづき）
・理想化と脱価値化との両極端を
揺れ動くことによって特徴づけら
れる不安定で激しい対人関係様
式。
・自己を傷つける可能性のある衝
動性で，少なくとも2つの領域に
わたるもの（浪費，性行為，物質
濫用，無謀な運転，むちゃ食いな
ど）。
・自殺の行為，そぶり，脅し，ま
たは自傷行為の繰り返し。
・不適切で激しい怒り，または怒
りの制御の困難（例：しばしばか
んしゃくを起こす，いつも怒って
いる，取っ組み合いのけんかを繰
り返す）。
といったものが挙げられている。

体的虐待），母の精神疾患に伴う養育困難（ネグレクト様の養育）を背景とした精神的な不安定さを抱えた女子高校生の事例である。

　Fは，幼少期から，「（両親に）捨てられてしまうのではないか」「誰にも愛されていないのではないか」という不安を抱く機会が度々あったことが推測される。事実，父は母に暴力を振るい，その母も，時としてFに暴力を振るうような養育であり，そう感じても致し方ない現実が存在していた。

　一般に，Fのように，対人関係の基礎である養育者との関係が不安定な状態で育つと，養育者以外の対人関係においても不安定になる傾向がある。今回のように，交際関係という親密な関係の別れを切り出されたことで，「捨てられる」不安で一気に精神的に不安定になり，その結果として暴力行為や自傷行為に至ってしまうこともある。

　対応にあたって，まず，暴力行為そのものに対しては，毅然とした態度で対応する必要があると考えられる。しかし，ここで強調しておきたいのは，"Fに罰を与え，反省させれば良い"というような問題ではない，ということである。Fもまた暴力の被害者であり，Fに暴力を振るった母もまた，夫から暴力を受けた被害者でもあるからである。"誰が悪いのか"という，いわば"犯人探し"な発想は不毛に終わることが多い。

　本事例のように，虐待が背景にある事例では，家庭環境や経済的な問題なども含めて，さまざまな要因が複雑に絡み合って，問題が複雑化しやすい。そのため，教育の果たす役割は大きいものの，教育・医療・福祉・心理の多職種で連携体制を速やかに構築し，役割分担を明確にすることが求められる。また，"問題のある生徒をどう指導するか"といった文脈ではなく，暴力行為そのものに対しては毅然と対応しつつも，"健全な心身の成長をどう促せるか"，"困っている生徒とその周囲の人を支援者チームでどう支えられるか"という文脈に立つことが肝要である。

　今回のような事例の場合，担任としては，日々の登校状況や学習状況を見守る，本人の悩みには寄り添うといった対応は行いつつも，一人では抱え込まないことが重要なポイントとなる。一人ですべて受け止めよう，解決してあげようとする中で（時として，そういう思いにさせられることもある），"先生は何でもわかってくれる"というようなある種，非現実的な空想を抱かれ，際限のない要求をされ，こちら側が疲弊してしまう，というケースもないわけではない。そのような場合には，本人に，"ここまでは力になれるが，それ以上はできない"といった，ある種の線引きを明確に示すことも求められる。
　　　　　　　　　　　　　　　　　　　　　　　　　　　　　　［岡本　悠］

コラム　DV と教育相談との関連

　DV（Domestic Violence）とは，パートナー（夫婦・恋人，同性愛パートナーも含む）間の暴力を指す。子どもから見れば，「父から母」または「母から父」への暴力である。従来，残念ながら教育相談においてDVは見過ごされてきた問題であった。しかし近年，家庭背景のチェック項目として，DVは必須になってきている。教育相談の際に扱うべきDVの側面は，以下の2つに集約できる。

① 　若年性DVの問題（いわゆるデートDV（和製英語である），英語：dating violence）
② 　DVの子どもの問題への影響

　本コラムでは②の側面を紹介したい。②の側面が重視されてきているのは，法的に規定された点が見逃せない。「児童虐待防止法」では，「児童が同居する家庭における配偶者に対する暴力」も児童虐待と定義され，心理的虐待の一類型と位置づけられた。近年，主に夫婦間の身体的暴力が子どもに知られる形で悪影響を及ぼす側面を強調するために，「面前DV」という言葉も用いられている。

　DVは子どもにいかなる問題として現れるのであろうか。実は，我が国で最初に実施されたDVの公的調査（東京都，1997年）の際に，早くも子どもへの悪影響も調査されている。

・性格，情緒の歪み(口をきかない，情緒不安定)：21.1%
・不登校：17.3%
・ノイローゼ，自殺を図る：13.5%
・兄弟，友人に暴力：11.5%
・無気力，無感動：7.7%
・その他
（東京都生活文化局『「女性に対する暴力」調査報告書』（平成10年）：DV家庭で育った子ども現れた問題・症状の調査結果）

　ここから導かれる結論は何か。「DVは，あらゆる子どもの問題として現れうる」ということである。注目すべきはDV家庭で育った子どもの17.3%に不登校が見られた，という結果である。教育相談所で扱うケースの約50%が不登校であることは，よく知られている。筆者は1990年代前半を中心に教育相談の現場におり，100件を越える数の不登校の母親面接を担当したはずだが，夫からの暴力のエピソードを聞いた例は皆無だった。いわゆる神経症的不登校と，DVを伴う不登校では，当然，援助方針が異なる。それゆえ（これは自戒をこめて明かす），数は不明だが，筆者が担当した不登校児の母親面接は，潜在的ニーズに沿わない方針で進めたケースが複数あったはずである。

　母親自ら夫からDVを受けていると語ることは，滅多にない。母親面接の場合，子どもの問題のみに目を向けるのでなく，DVが背景にあるか否かのチェックが必要である。母親へは，「実は，このことは皆さんに念のため尋ねていることですが～」と前置きをして，DVの項目をチェックすると抵抗感が少ない。DV被害者支援の視点をもって，トラウマの問題を適切に配慮するノウハウが必要なため，DVを扱う公的相談室（男女共同参画センター，他）のリストを日頃から揃えておいて紹介する，DVに関するわかりやすいパンフレットを用意して，読んでいただく等の工夫が必要である。子どもに対しても，「お母さんから聞いたが，○○というひどいことがずっと続いている中で暮らしていると，元気がなくなってきても，自然なことだ」など，リフレーミング技法（第9章9.3＊2参照）を使ってサポートすることも必要になる。家族だけで閉塞状態に陥っている深刻な問題に，外部からの風を入れるために，本人がサインを出しているという視点が，必要である。

[草柳　和之]

【発展問題】
・面談などの際に，保護者から「先生は男（女）性だから／お若いから／お子さんがいないから　わからないでしょう？」等と言われたら，あなたならどのように返答しますか？なぜ，保護者がそのような質問をするのか，その背景も含めて考えてみましょう。
・「よい家族」とは，どのような家族だと思いますか？子どもの立場から見た「よい家族」，親の立場から見た「よい家族」，教師の立場からみた「よい家族」等，さまざまな視点から考え，他の人とも共有してみましょう。

【推薦文献】
・河合隼雄『大人になることのむずかしさ―青年期の問題―』岩波書店，1996年
　思春期～青年期に位置する青年の内面の揺れ動きや，それに対して大人がどう相対するか，ということについてわかりやすい言葉で書かれた一冊。約25年前に執筆された書籍だが，現代にも通ずる一冊である。

・河合隼雄『Q & A こころの子育て―誕生から思春期までの48章―』朝日新聞社，2001年
　"成績はよい方が，将来の幸せにつながるのではないですか"……など，こちらも，現代社会に通ずる子どもにまつわるさまざまな疑問に関して，臨床心理学者の目からのヒントを，読みやすい言葉で提供してくれる一冊である。

コラム　教育支援センター（適応指導教室）

　適応指導教室は，「不登校児童生徒の集団生活への適応，情緒の安定，基礎学力の補充，基本的生活習慣の改善等のための相談・適応指導（学習指導を含む。以下同じ。）を行うことにより，その学校復帰を支援し，もって不登校児童生徒の社会的自立に資すること」を目的に*，設置されている施設です。その形態は地域によってさまざまですが，一般的には，児童生徒の実態に応じて，相談や適応の指導，学習などを行う場となっています。指導員は，小・中学校の教職経験者や心理臨床の専門家などが担っていることが多く，保護者や在籍校などと連携をしながら，支援を展開していきます。

［A市の取り組み］

　筆者が実際に勤務していたA市においては，上記のような適応指導教室以外に，不登校対策として，以下の2つの事業も展開されています。

　ひとつは，心理臨床の専門家の指導の下，大学生や大学院生が自宅に訪問する事業です。外出がなかなか難しい児童生徒を対象に，"お兄さん"や"お姉さん"が，本人の興味のある活動を一緒にするなどして時間を共にします。もうひとつは，1日に数時間，特定の場所に集まって，個別の作業や集団活動を行う事業です。同世代の，不登校状態にある児童生徒同士が集まり，活動を行うことを通して，自己肯定感や相互の信頼関係を育むのが目的で，社会的自立に向けた相談・指導も行っています。

　不登校の背景は実にさまざまで，いじめや校内でのトラブルといった誰が見ても明らかな理由以外にも，発達障害や，精神疾患，家庭環境，経済的問題，外国人世帯（言葉の壁，文化の違い），虐待の問題などの要因が複雑に絡まっている場合が大半です。そうした多様なニーズ・状態に応えられるように，A市のようにさまざまな環境を用意したり，教育・福祉・医療・心理などの職種が柔軟に連携できる体制を構築したりしておくことがますます求められていく時代になると思われます。（＊文部科学省「教育支援センター（適応指導教室）整備指針（試案）」より）

[岡本　悠]

内容別に事例を検討する（2）
―いじめ問題対応を適正化するために―

> ▶キーワード
>
> いじめ，被害者支援，加害者対応，二次加害，不作為の加害，自殺，
> 被害者ファースト，無力化

　いじめ問題は，教育相談における最重要課題の一つである。本章では，被害者の側に立った解決を根本的な前提とし，いじめの構造，いじめ被害者が追い詰められていくメカニズムを解明する。また，実際の事件をもとに，関係者が気づかぬうちにいじめを後押しする二次加害を引き起こすメカニズムを知り，それを防止する視点を養うために必要な留意点を述べる。さらに，質の高い被害者支援と加害者対応を行うための方針と面接スキルについて紹介する。

11.1 いじめとそのメカニズムの理解

1. 暴力としての「いじめ」

いじめ防止対策推進法（2013）では，いじめの定義を「一定の人的関係にある他の児童等が行う心理的又は物理的な影響を与える行為（インターネットを通じて行われるものを含む。）であって，当該行為の対象となった児童等が心身の苦痛を感じているものをいう。」（第2章）としている。

図11.1は，あくまで学校が把握した数である。グラフでは，平成6年（1994）と18年（2006）に「急増」が見られる。これはこのタイミングで調査方法が変わったことと，平成18年には発生件数から認知件数へと変更があったことによる。「急増」後の減少は，学校現場でのいじめ問題への意欲の高まりが徐々に低下する傾向を表している可能性がある。したがって本当のいじめ発生件数は，不明といえる。

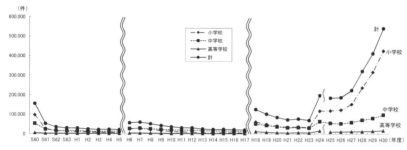

（注）1. 平成5年度までは公立小・中・高等学校を調査。平成6年度からは特殊教育諸学校，平成18年度からは国私立学校を含める。
　　　2. 平成6年度及び平成18年度に調査方法等を改めている。
　　　3. 平成17年度までは発生件数，平成18年度からは認知件数。
　　　4. 平成25年度からは高等学校に通信制課程を含める。
　　　5. 小学校には義務教育学校前期課程，中学校には義務教育学校後期課程及び中等教育学校前期課程，高等学校には中等教育学校後期課程を含める。

図11.1　いじめの認知（発生）件数の推移（文部科学省の統計）

（出所）文部科学省（2019）より作成

いじめは《最も身近な人権侵害》であり，暴力の一類型である。人権とは，相談場面では，「人間としての最低限度の尊重がなされているか否か」であるとシンプルに考えてよいであろう。暴力の性質について以下に列挙するが，これらはいかなる種類の暴力においても共通にみられる。

【暴力の性質】
・何らかのパワーにより，相手を支配する，服従させる，コントロールすることが暴力の本質である。すなわち「自分の思い通りでないと，許さない」という姿勢である。
・加害者は相手の痛みに対する感覚（共感性）がマヒしている。
・加害行為について「正当なこと」「やむをえないこと」などの理由づけをしている。すなわち「相手のことはどうでもいい」という姿勢である。
・加害者は相手の責任や落ち度に注目している（責任転嫁）。
・多くは無自覚の行為である。
・相手を無力化する作用がある。

いじめの個々の出来事が軽微であっても，被害者にどのような影響を与えているか，以上の側面から具体的に理解して，被害側・加害側に対応する必要がある。

2. いじめの分類

　一般に，人間の活動を「目的」「手段」という側面から捉えることができる。「いじめの目的」は先述の「支配する」「服従させる」ことに相当し，それを実現する「手段」は以下の「いじめの加害行為の分類」に相当する。

---

①**身体的攻撃**……殴る，蹴る，首を絞める，火傷させる，など
②**社会的隔離・疎外行為**……噂を広めて困らせる，恥をかかせる，個人の秘密を暴く，仲間外れにする，無視する，など
③**精神的攻撃**……睨みつける，容姿・持ち物等をからかう，バカにする，苦痛なあだ名で呼ぶ，持ち物を隠す・壊す，など
④**脅迫行為**……秘密をばらすと脅す，汚い手口を使う，金・物品を収奪する，盗みなどの触法行為をさせる，など
⑤**性的暴力**……下着を脱がす，無理やり性器を触る，裸体画像をインターネットに掲載する，など

　この中で特に注意を要するのは，性的暴力である。被害者は恥辱であるので，自ら被害を訴えにくく，その傷つきは深い。いじめ報道でしばしば，「下着を降ろされた」等と記される出来事は性的暴力に相当するが，それは正確さに欠ける。実際は「下着を降ろされた」で済まない。多くの場合，周囲を取り囲んだ人間から，本人の戸惑う姿や身体のさまざまな部位について，バカにしてあざけったりする言葉を浴びせられる。すなわち，性的暴力は，相手に屈辱感を与えることが根幹であり，その悪質さを我々はよく理解して被害側・加害側に対応する必要がある。

3. いじめの有害性といじめ対応の根本的前提

　いじめの害は計り知れない。それを被害者・加害者・学校関係者の別に整理したい。

【**被害者にとっての有害性**】
・適切な学習環境を奪われ，成績低下の要因となる。
・精神身体的健康を損なう。最悪，自殺を引き起こす。
・時に，身体的暴力，性暴力，恐喝被害などの人権侵害に発展する。
・いじめのない環境に変わった後も，対人関係のさまざまな困難として爪痕を残す。
【**加害者にとっての有害性**】
・いじめが触法行為に及べば，処分や刑事罰を受け，人生での損失は甚大である。
・他者への共感的姿勢を減退させる。
・社会生活では多様なハラスメント加害，家庭内では子どもやパートナーへの虐待のリスクを高める。
・精神的暴力を含む多様な暴力的言動や行為を亢進させる。
【**学校関係者にとっての有害性**】
・学校関係者にとっての業務負担が増大する。
・学校関係者の自己防衛的な価値観や対応を誘発しやすい。
・その結果，学校関係者と児童生徒および保護者との信頼関係を損ない，児童生徒にとって教職員が対人関係のよきモデルとなる機会を奪う。

　学校現場でのいじめ対応は，無自覚のうちにその場限りのものにとどまる傾向がある。実は，いじめ行為をなくすことを目標にするのは不十分で

ある。教育者は，いじめに上記のごとく広範で深刻な有害性があることを忘れず，生徒同士がよりより関係性を再構築するための重要な教育機会と位置づける必要がある。

いじめ対応にぜひとも必要なのは，被害者の痛みを理解することである。すなわち，いじめの事態に対応する際に，「被害者が安心する／納得できる」方向になっているかを常にチェックする必要がある。

4. いじめの構成要素

いじめには構成要素がある。従来の著作物で使われてきた表現を，筆者は，一層明確な言葉で標記することを提唱しているが，それを以下に紹介する（草柳, 2008）。被害者・加害者以外の言葉には注釈を加える。自覚するか否かに関係なく，教職員・教育相談員・スクールカウンセラーを含め，必ず我々はいずれかの役回りをしている。責任性を逃れられる立場は存在しないわけで，ある意味それは恐ろしいことである。

①被害者
②加害者
③二次加害者……被害者の落ち度を指摘する，重大性をはぐらかす，加害者の立場を理解するように被害者へ促す，などの言動である。被害者は，状況の改善を望み，周囲の人々から理解を得たいものであるが全く逆の体験となる。これらによりいっそう精神的に擦り減らされ，落胆させられ，無力化を促進させられる。
④不作為の加害者……直接の加害や二次加害をせず，何もかかわらない人々で，従来，傍観者と称されてきた。被害者は「自分を理解し，支え，状況改善のために協力してほしい」と他者に願うものである。傍観の姿勢は，このような「本来すべきことをしない」ことであり，被害者にとって，「消極的に加害者の応援をしている」と感じられる。それゆえ，不作為による加害行為として明確に位置づけてよいと考えられる。
⑤いじめのストッパー……従来，仲裁者と表現されることもあった。いじめを止め，被害者を応援しようとする立場である。

5. 二次加害防止の重要性

《二次加害》については説明が必要であろう。セクハラやDVでは，しばしば《二次被害》の問題が注目されている。これは被害者が，職場・親・関係機関の職員等から心ない言葉を言われたり，被害者無視の行動により傷つけられる出来事を指している。セクハラやDV本体の加害行為ではないが，被害者がよりよい現実を作り出すことを妨害し，無自覚に加害者を応援していく。これは被害者の立場では「被害」だが，職場・親・関係機関の職員の立場では「加害」であるため，《二次加害》と呼ぶことが適切である。

これと同じ動きは，いじめでも起こる。いじめ本体ではないが，被害者をくじき加害者を楽にする行為・言動は，すべて「いじめの二次加害」であり，その主体を二次加害者と呼ぶのが適切であろう。この二次加害をい

かに防ぐかは，被害者にとって生きやすくするための必須の条件である。
以下にその具体例を挙げる。

　「学校関係者・教育委員会・加害者親・クラスメート親が公然と二次加害を行い，被害者・家族を窮地に陥れるか」または「被害側にたって公正さを実現する努力をするか」によって，その後の展開の相違は歴然としており，最悪，自殺につながりかねない。二次加害防止の役割は極めて重要である。まずは，さまざまな二次加害者がいかなる言動により，巧みに被害側を無力化するか，主に，『いじめ自殺12人の親の証言』（鎌田，2007）から例を挙げ，若干のコメント（〔→〕）を加えたい。

●部活の先輩
　最近，下駄箱の靴がなくなる，美術の時間に書いた絵にイタズラ書きされるなど，嫌な出来事が続いた。最近，無理やり授業ノートを見せるよう言ってくるクラスメートではないかと思い，どうすべきか部活の先輩に相談した。先輩は，「人のことを疑うのはよくない」「キミのことを好きな人が，そういうことをやるんだ」と言った。〔→「面倒なことに関わりたくない」という防衛的姿勢の言動。「疑うのはよくない」と被害者を責めたり，全く見当違いの理由づけをすれば，本人が落胆して面倒な話をしなくなるので好都合，という無意識の計算が働いている。〕

●在校生親
　親の集会で，ある親が「うちの子は元気がいいし，いじめる側だから安心していられます」と，自殺した子の親に言った。〔→被害者の親が愕然としてパワーを奪うことができれば，加害者の親として責任追及されるリスクが減る，という無意識の計算がある。〕

●加害者親
　バスケット部で，ボールの集中的投げつけや，暴行の末自殺した被害者が遺書を残していた。そこに名前の上がっていた子の親が謝罪に来たが，「うちの子はただ横にいただけ」「たまたまそこにいただけ」「何でうちの子の名前が上がっているか分からない。子どもにきいても自殺につながるようなことはしていない」と言い訳をするだけだった。

●教師
　ある教師が生徒の前で「イジメで死ぬのは本人が弱いからだ」と言った。〔→自殺が本人の責任であれば，教師が解決努力する労力が減るのでラク，という自己防衛である。〕

---

6. 中野富士見中いじめ事件における二次加害

【中野富士見中学いじめ自殺事件（1985-6）】
　世に「葬式ごっこ」で知られる，著名な事件である。被害生徒Aくんは，2年生進級後に使い走りをさせられたことから，プロレスごっこの投げられ役など，日常的に暴行を受けるまでになる。11月，「葬式ごっこ」が行われた。彼の机には飴玉やミカンが並べられ，遺影と見たてた写真，寄せ書き，牛乳ビンにさした花も置かれていた。寄せ書きには「バーカ」「バンザイ」「ざまあみろ」等と書かれており，担任ほか教師4人も加わっていた。Aくんの係の名札は「もう死んだ人だから」と，黒マジックで塗られた。その後も執拗ないじめは続き，3学期初日，10人ほどからひざ蹴りやパンチなどの暴行を加えられた後，欠席がちとなる。1月31日，校庭で歌を歌わせられ，下駄箱の靴を便器の中に投げ込まれた。1986年2月1日深夜，父親の実家のある盛岡市の駅ビルの公衆便所で，首吊り自殺を完遂した姿が警備員に発見された。「このままじゃ生きジゴクになっちゃうよ」と記された遺書が残されていた。

　20数年前のことである。筆者は，中野富士見中いじめ事件で自殺したAくんの父親の講演会に参加し，肉声でその実話を聴く機会を得たが，終

生，その時の出来事を忘れないであろう。父親の声は太く低く，淡々と，そして確信に満ちた話し方であった。話は息子の自殺以降の衝撃的なエピソードが主であった。

事件発覚後しばらくは，近隣の人々・在席校生徒の親から，実態のひどさや学校の対応の冷たさに同情や励ましの声が圧倒的だったという。親を含む加害側と学校の対応に耐え難かった遺族は，やむなく損害賠償請求の訴訟を起こした。その際に公表した声明は「恨みつらみなし，銭金の問題ではない，子どもの訴えているものを踏まえて，二度とこのような犠牲者を出さないために裁判をする」というものであり，これはいじめで自殺した子の親として共通で切実な思いであろう。

その途端に，周囲の人々の反応は見事に逆転したという。「親父も死ね」「裁判をするのは卑怯だ」「金目当てだ」等の脅迫電話，投書，家に動物の死体が投げ込まれる，など，心ない仕打ちが続いた。学校関係者や加害者家族は，それまで認めていたいじめ事実を，ことごとく否定していった一方で，近隣から容赦ない村八分に陥った。これらはすべて，いじめの二次加害に相当する。

当初同情的だった近隣の人々が，裁判後に被害者遺族を攻撃し始めた事実は，ショックであった。人々の中で何が起こって態度を逆転させたのか？……父親の話に引き込まれながら，筆者がハタと気づいたのは以下のことである。

「当初，人々は『自分の子どもがいじめにあったら，どれほどひどい扱いの連鎖に合うか』という側面に注目して，加害者・親・学校関係者を非難した。これは，人々が被害者と自分を同一視したことになる。

しかし裁判の段階になり，『自分の子どもが加害者になった時，どれほどの責任を追及されるか』という側面に人々は気づいた。加害者と自分を同一視したのである。被害者の数より加害者の数の方が何倍も多い。だから自分たちは，被害者の親より加害者の親となる確率の方がずっと多い，ならば『自分たちがつらい思いをしないために，被害者遺族を潰そう』と反応したに違いないのである。」——講演終了後，筆者はAくんの父親のもとへ歩み寄り，以上の発見を伝えたところ，即座に発せられた「その通りです」との静かな響きを，今でも思い起こすことができる。

注意すべき点は次の3点である。

① **あらゆる《加害−被害》の生じる事態において，我々は自覚しないうちに，加害者・被害者，必ずいずれかの立場に同一視する。**

② **加害者への同一視が無自覚であるほど「怒り」と「恐怖」の感情に動かされ，歪んだ判断となる。**

③ **取り返しのつかないほどの責任を問われることは恐怖であり，我々は自覚せずそれに対する自己防衛に駆られ，二次加害を引き起こす。**

我々はこのメカニズムに注意深く気づき，一面的視野から全体的視野へと転換させる努力が必要である[*1]。

7. 二次加害を防止するために

二次加害防止のために，関係者が留意すべき事項について述べたい。

(1) 周囲の人々から被害者がおとしめられること（二次被害）は，場合によっては，加害行為本体よりも，屈辱的で許せないと感じられ，その苦痛は持続的である。被害者には「まわり全体が敵になった」と感じられる。関係者は，「本来は公正に，誠意をもって自分が取り扱われるはずであるのに，不当に取り扱われる悔しさは，計り知れない」という側面を理解する必要がある。そのような被害生徒の立場を理解する言動を伝えることに

*1 加害生徒2名と両親・東京都・中野区を被告とした裁判であるが，1991年3月，東京地裁は葬式ごっこをいじめと認めず，遺族は控訴，1994年5月，東京高裁はいじめと学校の責任を認め，1150万円の賠償命令を下し，判決は確定した。訴訟決着まで8年，この間に遺族が要した労力と待つ忍耐による苦痛も絶大である。「裁判も二次加害には好都合」の場なのである。

より，信頼関係を構築していくことができる。

(2) 周囲の人は，被害者より加害者の言い分を信用しやすい傾向があり，これは事態を深刻化する落とし穴である。人間は無自覚に自分と関係の近い者をかばいたくなるものであり，また，自分の労力を避けるための判断をしがちである。そのような傾向を注意深く修正せねばならない。

例えば「（加害者）本人は，そんなことはやっていない，と言っている。」場合，

    a) 本人がいじめを実際にやっていない→事実であるから「やっていない」と主張
    b) 本人がいじめを実際にやった→過ちを認めると不都合だから，「やっていない」と主張

    a)，b) どちらの場合も，加害者とされた人は「やっていない」と主張するのであるから，本人の弁だけで判断するのは，明らかに不適切である。しかし，加害側の「やっていない」を信じた方が，面倒な労力を使わずにすむので，周囲の人はこちらを優先しやすいのである。セクハラ・DV など，どの暴力の場合も共通だが，「被害者が訴えるのはリスクが高く勇気がいる」という点を見逃してはならない。被害者の訴えに，虚偽の率は少なく，真実である可能性が高い，という基本前提で判断し，例外的な可能性をチェックするのが適切である。加害者の主張は，それに比べ虚偽の率が極めて高く，事実と嘘が併存する，という基本前提で判断し，例外的な可能性をチェックするのが適切である。

---

(3) 我々は誰しも，自分の責任性をつきつけられることへの恐怖がある。「加害者の責任性を見たくない」という部分を刺激される。

　ハーマン(J.L. Herman)は，古典的名著『心的外傷と回復』において，「加害者の側に立つことは楽であり，そうなってしまいがちである。加害者は，見たい，話をききたい，そして悪事に口をつぐんでいたいという万人のもつ欲望に訴える。被害者のほうは，これに対して，第三者に苦痛の重荷をいっしょに背負ってほしいという。被害者は行動を要求する。かかわることを，思い出すことを要求する」と述べる（ハーマン，1996）。ここには，我々にとって，加害側の言葉に魅かれ肩を持ちたくなる誘惑，被害者の要求するものが負担であるために拒否したくなる傾向，この両者が端的に表現されているそれゆえ「被害者の責任性，落ち度，到らない点に着目し，被害者のパワーを減じた方が，ラクである」という誘惑に気づき，関係者が修正しあう努力が必要である。「自分の責任ではない」「自分は悪くない」という精神的な弱さを有しない人間は，存在しないが，その害を減らすことは可能である。それは「自らの責任性を見たくない」という弱さを認めること，さらに「被害者の立場を大切にできているか？」という問いに，要所で立ち返ることによって実現できよう。

8. 不作為の加害者（傍観者）対策の重要性

　国立教育政策研究所（2006）によると，日本では，小学校から中学校にかけて，「仲裁者（いじめのストッパー）」と先生に知らせる「通報者」が減少し，「傍観者（不作為の加害者）」の割合が増えることが，明らかとなっている。「傍観者（不作為の加害者）」が増加することにより，慢性化しが

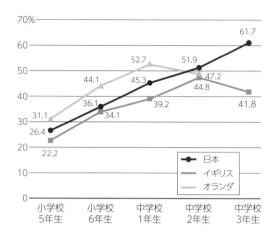

図11.2 「傍観者（不作為の加害者）」の出現率の
　　　 学年別推
（出所）国立教育政策研究所（2006）より作成

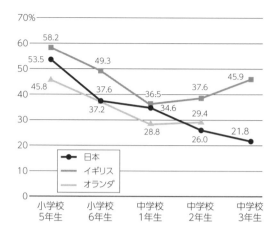

図11.3 「仲裁者（いじめのストッパー）」の出現
　　　 率の学年別推移
（出所）図11.2に同じ

ちないじめを一層深刻にさせる（図11.2）。

　この傾向は国際比較においても顕著である。イギリス・オランダとの比較では，日本以外の2国は，中学生から「傍観者」の数が減少しているのに対し，日本は増加しており，一方で「仲裁者（いじめのストッパー）」は減少していることがわかる（図11.3）。

　公益社団法人子どもの発達科学研究所では，主任研究員・和久田学のチームにより，不作為の加害者（傍観者）をターゲットにした《いじめ予防プログラム TRIPLE-CHANGE》を開発し，実践と研究を行っている。この予防プログラムは，傍観者（不作為の加害者）の多くが「いじめを止めてほしい」と思っていること，傍観者（不作為の加害者）がいじめをやめさせる行動による効果が非常に高いことが研究から明らかになっている事実を，根拠にしている。「いじめの予防を考えたとき，この傍観者のグループを『物言わぬ多数派』から『思いやりのある集団』に変えることが必要である。傍観者のグループに，いじめのない，安全な学校を作る責任を持たせることが，子どもたち全員にとって重要である。」としている（和久田，2019）。

9. 被害体験を当事者の立場で理解する

　筆者は，教育相談所で相談業務に携わっていた際，数々のいじめケースに対応したが，その現場を離れ，筆者主宰の心理相談機関（「メンタルサービスセンター」[*2]）を通じて経験した深刻なケースの中には，いじめ自殺の遺族のケースが，数例含まれる。

　ある日，筆者のもとを訪れた女性は，息子がいじめにより自殺する直前に書いた遺書を取り出した。そして「どう思われますか？」と尋ねた。緊張の一瞬である。筆者が重圧を感じて無難な回答でかわそうとしたら，信頼を失うであろう。遺書の文面を手元に寄せると，すぐさま「この側面を

＊2　メンタルサービスセンター
http://www5e.biglobe.ne.jp/~m-s-c/

伝えればよい」と気づき，それを伝えると，彼女は大きく頷いた。

　このような重要局面では，援助職としての役割よりも，一個人としての率直な気持ちの動きを開示することが大切な時がある。もちろん何でも開示してよいはずはなく，「率直な気持ちの動き」を援助的な言葉に加工する必要がある。筆者が伝えた言葉は何か，「この側面」とは何を指すか，については，専門書か専門職研修にて明かす性質であるため，ここでは伏せたい。いずれにしても，遺族から何を求められているかを察知することの大切さが，わかるであろう。被害側が，目の前にいる専門家と共同作業ができると思えるか否かは，我々が「被害者の立場を理解する質」を磨き続けているかどうかに，かかっている。

　二次加害・不作為の加害を含めて，我々にはとかく「被害側の立場で理解することを避けようとする」認知の歪みが存在する。この落とし穴に自覚的にならずにいると，周囲の人々もいじめを応援することになりかねない。

　以下に被害体験の基本的性質を 3 つ示したい。

---

① 「被害体験＝加害行為×人数倍」の法則
　図 11.4 は，1 対 5 のいじめの場合を示したものである。加害者の一人が被害者の持ち物を隠したとして，それを次々に全員が行ったら，被害者にとって物を隠された苦痛は 5 回分である。一方，個々の加害者は 1 回分の意識しかない。カバン持ち，使い走り，すべて同様であり，一回の使い走りであっても，被害者にとって 5 人分の圧力がある。単純計算では，被害体験は加害行為の人数倍に相当する（実際はそれ以上の体験である）。それゆえ「自分は～ということくらいしかやっていない。彼の言うことは大袈裟だ」という認識は歪んでいると見なすのが適切である。

★＝被害者　　○＝加害者

図 11.4

② 加害行為のない時間も苦痛は継続している
　無視・意地悪・悪質なからかい等，加害行為本体は一定時間が経過すれば終わり，学校から離れれば被害を受けない。しかし，いじめは手を変え品を変え，継続的に発展するものである。被害者は，いつ何が降りかかるかわからない不安の中で，脅え，耐えて過ごす。現実を望ましい方向に変える有効な手立てなど，滅多に思いつくものではないから，ずっと相手への怒り・不信感をかかえ，自身の無力感を味わうことになる。この「加害行為のない期間の苦痛」自体も，被害経験の一つと位置づける必要がある。加害行為のひどさや頻度だけで，いじめの程度を評価するのは不適切であり，この点は見逃しやすい。「加害行為のない期間」に被害者は自分を保つためのいかなる工夫をしたか，どんな気持ちで過ごしたか，について，関係者は当人から丁寧に話を聴き，十分な理解につとめる必要がある。

③ 被害体験は，個々の加害行為のひどさではなく，加害行為による苦しみの経時的総和によって判断すべきである
　我々は個々の加害行為のひどさによって，その深刻度を判断しがちである。加害行為は，個々にバラバラのものと考えた方が，我々にとって「気がラク」である。
　しかし被害者の実感は違う。個々の加害行為以外にも，例えば，加害グループが集まって話をしている様子を見る，チョットしたサインを送る，目をそらす，笑い，微妙に冷淡な表情など，日常起こる何気ない出来事も，軽視してはならない「いじめの文脈」である。加害側の悪意（本人たちが意識するか否かを問わない）が消滅しない限り，いじめは連続体である。連続体であるから，ある時に○○された，また別の時に○○された，「それぞれがどの程度ひどいか」ではなく，被害体験は蓄積され，悔しさ，無念さ，理不尽さは加算されていくのであって，被害とは明確な加害行為がない時期の苦痛も合わせた総和なのである。

---

10. 被害者を孤立させる社会通念

　　被害者を孤立させる社会通念は意外なほど多い。教職員は，それらに対抗する論理を明確にもつ必要がある。その典型を挙げておきたい。

---

①「やられる方にも悪いところがある」

　現在も多くの大人が，この判断軸を是としている。ここで強調しておきたいのだが，
　　　そもそも「加害行為は加害者の選択である（加害行為をやめるのは，加害側の努力）」
　　　すなわち「加害行為は被害者の努力によって止めることはできない」
　　　それゆえ「加害行為をやめさせるために，被害者に努力させてはならない」
以上が，極めて重要な原則である。
　もし被害者に落ち度がある場合でも，加害側がいじめをする以外に適切な選択肢はたくさん存在する。それを発見し，発展させるよう支援するのが，学校関係者による加害者への適切な対応である。

②「やられたら，やり返せばいい」「毅然と相手に対しないのは，情けない」

　親や教師が主張しがちな言い分である。だが，やり返したら，また，毅然と対応したら，その後はどうなるであろうか？　加害側からの報復が行われる，または教師に報告して「被害者が問題だ」とされ，不利な立場に追い込まれる可能性もある。これらの言葉は，被害者を勇気づけるために伝えたかもしれないが，実際には被害者の気力をそぎ，他者からの援助を受けることを諦めさせるのに十分な発言である。

③「いじめを親や教師に報告して対処してもらうのは，卑怯なやり方だ」

　加害者あるいはその親が主張しがちな言い分である。しかし惑わされてはならない。そもそも，いじめは人権侵害であり，人間として最低限の尊重がなされていないのであるから，「何としても防止する」という決意が必要である。被害者は多勢に無勢であり，パワーレスな立場に追いやられるため，よりパワーのある立場からの継続的支援を受けてようやく，事態は改善できる。これを被害者のエンパワメント（力の賦活）という。「いじめを親や教師に報告して対処してもらうのは，正当なやり方である」——これを児童生徒・教職員全体で，常に確認し，共有する必要がある。

④「見解が対立した時，多数派の声が正しいはずだ（多数決）」

　加害側に言い分を聞くと，被害側の語る事実関係と食い違いが多いものであり，我々は，「一体，何が正しいのか？」と混乱しがちである。かくなる時こそ《「被害体験＝加害行為×人数倍」の法則》を思い起こす必要がある。加害側は多数派である。残念ながら，あらゆる種類の加害者には認知の歪みがあり，いじめの場合も例外ではない。事実の否定（あることをないこととする）／加害行為を軽度に見積もる／相手（被害側）の落ち度に注目する／「皆がやっていること」などの一般化／など，さまざまな自己防衛的な思考様式を加害者はもっている。加害者は，自身が不利になるのを避けるために，我々が言い訳したくなる気持ちに訴え，同情をかう言い回しを用い，相手の度が過ぎた点を指摘して《自分の悪事と相殺》しようとし，「仕方がなかった」と諦める方向に誘導するなど，無意識に巧みなスキルを駆使して，周囲を味方につけようと試みる。何ともミモフタもない話であるが，これが現実である。教師がこのような加害者のワザに鋭敏でないと，最初はいじめのストッパーのつもりが，いつの間にか二次加害の役回りに変わっていたりする。
　判断に迷った時，我々は「多数派が正しいはずだ（多数決）」という判断基準を用いたくなる誘惑を断ち切らねばならない。《多数決》で判断するのは，実に便利である。本来ならば，相手の心を開くための丁寧な働きかけ，相手の偽りを見抜く力，入念な情報収集，総合的・多角的な判断，これらを丁寧に進めていくことが本筋である。しかし，その面倒な手間は，《多数決》ならばすべて省略できる。《多数決》により孤立している被害者は必ずや踏みにじられ，加害側の企ては成功する。少数派である被害者の言い分を第一に尊重することの重要性は，ここにある。

---

11. 教育関係者による「いじめに対する否認」

　　教育関係者は，現実に加害行為があっても，いじめと判断することを避けたり，その程度を軽度に見積もる傾向がある。

2018.3.16「毎日新聞」に，次のような調査結果が報じられている。総務省が公立 249 校を抽出して，いじめの定義を調査した結果，29％の 59 校が，「行為が続いている」「集団的」等の基準を加えて，法律の定義より狭く解釈している事実が判明したとされる。法律の定義より狭く「いじめ」を解釈した理由として，「すぐに解消した事案を含めると相当な数となる」などであったとされるが，いじめとしての対応をせずに済まそうとする意図が読み取れる。これは典型的な「いじめに対する否認」である。

　まずは《正常性バイアス》に注意が必要である。正常性バイアスとは，自然災害や火事・事故・事件など，現実に最悪や異常事態のサインが現れていても，「大丈夫，正常の範囲内」と判断してしまい，自分に都合の悪い情報を無視したり，過小評価してしまう認知の偏りのことである。例えば，連絡帳や日記に，たとえふざけた書き方であっても「死」を仄めかす記述があって，教師が「それでも○○だから，大したことはないだろう」と考えたら，これは正常性バイアスである。このような時には，精神的に相当追い詰められているサインと判断し，放置すれば自殺の危険性が増大すると見なして，他職種とチームを組んでの介入を検討すべきである。

　また，「いじめが自殺を引き起こした」と考えたくない傾向もある。これらは「責任を追求されることを恐れる」ことから生じている。要するに「自分は悪くない」という姿勢である。人間は誰しもこのような精神的弱さを持ち合わせている。実は，弱さを「認めない」よりも，「認めた」方が，実際的害悪は少ないものである。

　我々の一般通念では，次のように認識していないだろうか。
「いじめ行為がひどい，ゆえに自殺を引き起こす」，逆に言えば
「いじめ行為がひどくないならば，自殺しない」
　「ひどいいじめ」とは，殴る・蹴るなどの身体的暴力，金銭の多額な収奪など，刑事罰が想定できる行為であろう。
　しかし，残念ながらこれは間違いである。中野富士見中いじめ事件では，《葬式ごっこ》が冷酷だから自殺したのか，またはプロレスごっこの標的になったり殴られたからか，または長期にこれらが続いたからか，という具合に説明を試みても，今一つ説得力に欠けると思えないだろうか？「何らかの原因によって，結果が生じる」はずだ，という単純な因果論に惑わされているのである。では，何が人を自死へと追いやるのだろうか？

12. 何ゆえ，いじめによって人は死ぬのか？

　筆者の回答は……「いじめによる自殺は，直接的な加害によるのではなく，周囲の人間がしかるべき応援をせず，被害者を追い詰め続けることにより起こる」である。これが，いじめによって人が自死に至るメカニズムである。
　図 11.5 をご覧いただきたい。被害者は，いじめの事態に何らかの抵抗や工夫をして，自分の身を守り，生き延びようとするものである。

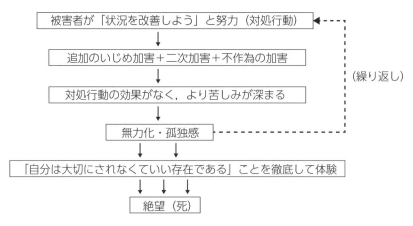

被害者が「状況を改善しよう」と努力（対処行動）

↓

追加のいじめ加害＋二次加害＋不作為の加害

↓

対処行動の効果がなく，より苦しみが深まる

↓

無力化・孤独感

（繰り返し）

↓↓↓

「自分は大切にされなくていい存在である」ことを徹底して体験

↓↓↓

絶望（死）

図 11.5　いじめにより自死に至るメカニズム

　これを対処行動という。例えば「ガマンする」「誰かに相談する」「平気なふりをして笑う」などである。しかし，これらは功を奏さず，場合により加害行動はエスカレート，無力感は深まる。いじめに気づいている人たちも手助けしない不作為の加害，いじめに直接加担せずとも無理解な言動に苦しめられる等の二次加害が周囲を取り巻いており，孤立無援となり，一層無力感は深まる。加害者同士の連帯は，自然発生的に，しかも絶妙に呼応して形成されることが多い。このような繰り返しにより，「自分は大切にされなくてよい存在だ」と，徹底して体験する。そして，いつしか自らを支える力がぷっつり途切れる時が訪れ，人間は絶望し，死を選択する。このようなプロセスを経て，被害者は自死へと至るのである。

　いじめ行為本体を止めることはもちろん重要だが，「二次加害者・不作為の加害者（傍観者）」が「いじめのストッパー」に役割を変えることが極めて重要である。被害者にとって，自分が大切に扱われ，生きる価値があると感じる体験が増え，好循環の展開が実感できれば，おのずと絶望と自死は避けられる。

11.2 対応のガイドライン

1. 被害側に対する方針と関わり

・第一に必要なのは，**事実経過のきめ細かい把握**である。特定の場面で，被害者が加害側といかなるやりとりがあって追い込まれていったか，数カ月〜年単位で加害行為の変化・発展を具体的に，尋問調にならずに，暖かく丁寧に，被害者を支える姿勢で事実を明確に聴く。さらに，それらのエピソードについて，本人がどう思うか，そして気持ち・感情について，丁寧に十分な理解をこめて聴くことも重要である。そして，得られた事実経過をもとに，「被害を受けた立場を大切にすること」，すなわち《被害者ファースト》を一貫させることを前提に，全体を見通しての公正な判断を心掛ける必要がある。

・**一見理解しがたい被害者の反応も，被害者の心理機制を十分に理解し，対応する**ことが必要である。

> 　例えば，中野富士見町のいじめ自殺事件でのAくんは，暴力を受けたり，「葬式ごっこ」の局面の際に「笑っていた」と言われる。加害者グループや教師は，この反応を「本人は，大したことでないから笑っている」と解釈したという。

　これは明らかに「サインの読み違え」であって，この種の出来事は極めて起こりやすい。それでは，このサインの正しい読み取りは何か？　いじめ被害経験がある読者ならば，思い当たることがあろう。これは「ひどいことをされても，自尊心を守ろうとする笑い」である。そして，このような被害者の反応の適切な理解を積極的に活用して，教師は，加害者の認知の歪みを修正するよう働きかけなければならない。

・**いじめ解決の最終目標は「いじめがなくなること」ではなく，「被害者に本来あったはずの快適な学校生活を取り戻すこと」**である。

　いじめが判明した場合，「いじめがなくなること」を目指しがちである。しかし，ここに根本的な過誤がある。加害行為がなくなったとしても，マイナスがゼロになっただけで，プラスではない。いじめは周囲との人間関係も破壊され，「加害行為なし」になっても失われた関係はそのまま残る。学校生活が楽しかったり充実しているわけではない。教職員や他のクラスメート（二次加害者・不作為の加害者）にも問いかけて，被害者が過ごしやすくなるような工夫を重ねていくことが必要である。あらゆる種類のハラスメント・DV・犯罪被害，これらの被害者支援における目標で必要なのは，被害者の原状回復であるとされるが，いじめも同じである。

・**いじめに教師が介入すると，加害側は被害者を一層敵視し，あからさま**

な，または目立たないように巧みな報復をすることが多い。このことをあらかじめ被害者に伝え，それも想定内のこととして，教師が対策を立てたい旨を伝える。これにより被害者は安心できる。

　加害側がそれとなく相手を避ける行動も，決して被害者には好ましく映らない。被害者が望む方向で，加害側が自発的に，相手にとって学校生活をしやすくなるような振る舞いや言動になっているかどうか，本人に定期的に報告してもらう。そのつど報告を丁寧に聴いて，追加の工夫・アイデアを一緒に考えていくことが必要である。

《被害者ファーストのためのスキル》
　次のことを被害者に質問することが大切である。
「君（被害者）にとって，（加害者以外の）クラスメートから，どのように接してほしいだろうか？」
「加害側にどうなってほしいか？」「加害側は，君にどう接してほしいか？」（「○○をしないでほしい」ではないことに，注意。）
「私（教師）に対して何をしてほしいか？　逆に，何をしてほしくないか？」
このような方向づけを行い，粘り強く被害生徒の考えを明確化するよう手助けする。教師は，可能な限り，本人が望んでいることを実現するために努力することを伝える。そして「少しずつ，学校で過ごしやすくすることに協力したい」と伝える必要がある。さらに，
「私（教師）の協力が，キミ（被害生徒）にとって望ましいと感じられるかどうかが大事だと思っている」と伝え，
「私が協力して進めていることが，君の望んでいることと食い違っていると思ったら，伝えてほしい。その場合は，修正して別のやり方を工夫したい」
と伝える。被害者には，不満なこと，納得できないことを安心して語れる関係が必要である。もちろん教師は，自分の落ち度があったら率直にそれを認め，前向きに修正する姿勢が大切である。
被害生徒が「わからない」と言った時，我々は諦めがちである。しかし本人が継続して内なる回答を探すための《種蒔き》をするスキルがあるので，紹介する。
　「『今は，分からない』，そういう時もある。でも後で何か思いつくこともあるから，その時は先生に言ってほしい」と伝える。気力がダウンして考えがわかないことも尊重する働きかけである。その後に，当面の措置を教師が提案するか，「私（教師）も後で何か思いついたら伝えるし，一緒に考えていこう」と伝える。手詰まりの時でも，次への布石となる一手を工夫する必要がある。
　上記に紹介した面接スキルは，被害生徒の反応や対話の流れに応じて，臨機応変に活用する必要があるため，スクールカウンセラーから継続的・具体的な支援を受けつつ用いることが望ましい。以上のように発展する対話によって，被害者のよりよく生きる力が呼び覚まされ，無力な存在から，大切に扱われ得る存在としての実感を取り戻せるよう，援助する。あくまで被害者の感覚に問いかけ，丁寧に確かめつつ支援を行うことが肝要である。そして，学校生活が次第に安心してのびのびとしたものになることを目指す。

---

2. 加害側に対する方針と関わり

・我々は「○○はいじめだから，やめなさい」と，「正しいことを言って，説教をしたくなる」ものである。河合隼雄は「100％正しい忠告は，まず役に立たない」（河合, 1992）と述べるが，至言である。加害側に対しては，**「どの行為がいけなかったか」ではなく，「これまでの加害行為がどのように相手を苦しめたか」を感じ取れるように，援助する**ことが大切である。すなわち，相手への共感性の回復を目指すのである。

　一例を挙げる。しばしば物を隠される被害に悩んでいた生徒が，担任に訴えて解決を頼んだ。担任は，その張本人とされる生徒を呼び，被害生徒の前に座らせ，やったことを話すよう迫った。張本人はキツイ目で，前にいる生徒を睨んだ。担任は，「張本人は被害生徒を前にしたら，正直に話すだろう」と見込んでの設定だった。次の日，被害生徒は学校を休み，親を通じて「相手の前に座らせられたのが，つらかった」との言葉が伝えられた。

　「担任として，加害生徒に事実を語らせたい」――この目的は正当である。しかし，手段に選んだ設定は，残念ながら「目的だけを見て，《当事者無視》」であった。このような出来事は，学校で起こりがちである。いじめは，被害側・加害側，両方の立場を理解して，《複眼思考》で進めるのが基本である。特に加害側にかかわる時，同時に被害側がそれをどう感じるかを常に想像しながら働きかける必要がある。被害生徒は，加害者のキツイ目から，報復を恐れたであろう。もし被害側・加害側を同席させることが必要と判断したら，それが被害生徒にとって苦痛がなく，納得できるか，確かめねばならない。一方，加害生徒は，自分に不利な事実を語るのが辛いという気持ちを，教師が十分尊重する姿勢がないと，心が開かれない。必要なのは，加害行為を語る準備となる手続きであり，相手の状態に即応してこれを工夫すべきである。

・「責められたくない」「非を認めたくない」という**自己防衛的姿勢に陥りたくなることを十分理解する**。そうであっても「行いのひどさ」「相手の気持ちや苦しみ」「相手にどのような影響を与えたか」に向き合うことは，「人間として極めて大切な営み」であることを伝え，励まし，支援する。「自分が次々とそのようにされたら，どんな気持ちで過ごすことになるだろうか？」と問いかけ，間をとりながら，加害生徒に振り返ってもらうことが必要となる。最初から「自分がそうされたら，○○という気持ちになるじゃないか」と結論を伝えて，理解を迫ると，膠着状態に陥りやすい。

・**「被害者が教師や親に応援を求めたことに対して，恨んで仕返ししたくなる」**こと，（本人がそれを否定しても）「そのような気持ちが必ず起こる」こと，「人間にありがちな精神的弱さである」こと，これらを**十分理解する**姿勢で，明確に伝える。しかし，そのままでは典型的な《逆恨み》であり，被害者にとって理不尽で耐え難いことを理解するよう促す。また，「このような逆恨みしたくなる弱さを乗り越えていこう」と提案する。

・**「被害者が快適に学校生活を送れる」**ように，加害者（グループ）に対して**アイデアを出して，実行と努力を継続できるよう，援助する。**

・加害者（グループ）のアイデアと実行が，被害者にとって安心し納得できるものかどうか，被害者に評価してもらい，適さなければ修正する，この努力を積み重ねる。**被害者にとって，「潮目が変わった」と感じられるかどうか**が大切である。たとえ，被害者が完全に満足できるものでなくとも，加害側が誠意をもって事態をよくしようとする姿勢が現れ続けると，安心できるものである。

・加害生徒の背景に，被虐待・DV・夫婦の不和などの家庭の問題が存在する可能性がある。この場合，子どもが「精神的な荒れ」からの歪んだ立て直しとして，「いじめ」を活用していることになる。それゆえ，「精神的な荒れ」から健康的な立て直しを図り，さらに自分自身を支える力となる工夫を教師がともに考え，支援することが必要である。また，このよう

な背景の問題に対して，親等を含めた支援に拡大する必要もある（桜井, 2003）。

・加害者が自身の加害問題を改善することのメリット

筆者は，DV加害者に関する著作で「加害者が総力的な自己防衛に徹することは，自らの尊厳をおとしめる行為である。被害者の尊厳回復の活動と同時に，加害者は被害者に対峙しても恥じない質の生き方を実現し，加害者自身も己れを偽らず深いところで納得できる生き方ができるよう支援していく」と述べた（草柳, 2004）が，これは加害者の変化を促進するための普遍的側面であり，いじめ加害者にも，そのまま当てはまる。

加害者にとって大事なのは，「気に入らなければ，相手をいくらでもゾンザイに扱ってよい」という歪んだ価値観から脱却するプロセスである。その道のりは苦しいはずであるが，相手への共感的姿勢を取り戻し，より適切な人間関係の再構築を体験する，貴重な機会である。この働きかけは，決して「いじめ行為に対する罰」として行うのではなく，「よりよい生き方を支援する」文脈でなされるべきである。そのことにより，成人後，あらゆる種類のハラスメント・DV・子ども虐待などの破壊的関係を防止するための重要な基礎となる。

・被害側・加害側への対応で共通して重要なのは，**教師・学校管理職が，生徒のよきモデルであろうと努める**ことである。そのモデルとは，公正さを実現すること／いかなる時も相手を尊重しながら，よりよきものを探求する姿勢／自らに誤りがあった場合，率直に認めて積極的に修正しようとする柔軟さ／である。これは，成熟した人間の行動様式でもある。

・以上の「加害側－被害側に対する継続的な支援体制」を，教師・スクールカウンセラー・スクールソーシャルワーカーがチームを組んで実施することが望ましい。加害側－被害側，どちらに対応する場合も，それぞれの立場を尊重し，粘り強く接して，常に「被害者にとって望ましいと感じられるか」に立ち戻る，そして望ましくないサインが現れたら，柔軟に修正して進めれば，基本的に奇妙なことは起こらないはずである。もしよからぬことが起こったならば，上記のどの要素が欠けているか検討して工夫すればよい。あるいは被害者に尋ねるとヒントが得られる場合もある。そのような作業を続けることによって，教師と被害生徒との間の信頼関係が回復し，被害者にとって自分が尊重される存在であることを体験できる。

3. 謝罪の本質と「謝罪のガイドライン」

我々がもつ社会通念には，謝罪に関する重大な過誤が存在する。過ちが軽度な場合は，謝罪して許しを求めることが自然でもある。しかし，限度を超えた苦痛や不利益を受けた場合，被害側は，とても「水に流す」気持ちになれないものである。

　我々は，何らかの過ちをした時に謝罪し，許されないと腹が立つもの
である。これは，「謝ったら許されて当然」という前提があるからである。
すなわち，我々は「謝罪とは自分が楽になるために行っている」のである。
この点に気づくのは実にイヤなものであるが，「真に相手のための謝罪に
チャレンジし続ける」側面が大切である。**真の謝罪に近づくために必須の
条件は，「被害側の怒りを正当なものと認めること」**である（草柳，2008）。

　加害生徒から明確で適切な謝罪が伝えられるよう，支援する。ただし
「謝罪がなされたから，被害者は加害生徒を許すべきだ」として，問題の
幕引きを図るのは避けなければならない。謝罪は改善の通過点であって，
あくまで目標は「被害者が学校で過ごしやすくなる」ことである。

　適切な謝罪には，次の4つのステップが含まれる必要がある。

---

①加害行為に相当する言動や行動について，具体的に言及する。
②それらの加害行動によって，被害側をどのような気持ちにさせ，いかなる悪影響を与えたかについて，
　言及する。
③①と②について，現在の時点で加害生徒自身がどう思っているかについて，言及する。
④今後，加害生徒が被害者に対して何をしていきたいかについて，言及する。

　この場合，何に対して謝罪するかが問題である。加害側は自らいじめ行
為について「悪かった」と語りがちだが，被害側はそこに納得を感じない
ものである。本当は，いじめによって生じた苦しみ，やりきれない思い，
どうやっても事態がよくならない悲しみや無力感，誰も理解も支援もして
くれない孤独，このような《いじめから派生した苦痛》に対して謝罪すべ
きなのである。それゆえ，教師は被害側から十分に情報収集して，その立
場や気持ちを感じ取れるまで，加害側が消化できるよう支援した後に，謝
罪の表明が必要である。さもないと，加害側は「こんなに謝ってるのに，
何で相手はまだ怒ってんだ！」と逆ギレに陥る。一方，被害側は，心から
謝罪された気がしないのに，相手を許さないと責められるわけで，これで
はたまったものではない。以上のような本質から外れた謝罪の悪循環は，
いたる所で起こっており，これはぜひとも適正化せねばならない。

　謝罪の言葉の中に，被害側にとって，「言い訳やごまかし」と感じられる
部分があった際に，教師も一緒に修正するアイデアを考えていく。ただし，
加害生徒にとってうわべだけの表現にならないよう，注意する必要がある。

　このような謝罪の段取りが「厳しすぎる」と思う場合には，いじめの構
成要素の何と同一視しているかに気づく必要がある。これは加害者との同
一視のサインである。「自分が同じ立場になったら，辛い」という気持ち
が動いているはずである。これでは被害者ファーストの逆で，被害者が理
不尽と感じる発想になっている。ここは恐れずに視野を広く保ち，被害者
が継続的に失ってきたものの大きさに目をやり，「本来的なものを取り戻
す」というフェアな視点が必要である。　　　　　　　　　　　[草柳 和之]

【発展問題】

・「いじめ加害者を助け，被害者をくじく」ような我々の価値観・思い込みと思われるものを，できる限り多く箇条書きにしてみましょう。
・あなたの勤務校で，いじめによる自殺未遂事件が起こりました。教職員・学校管理者は，一刻も早く信頼回復のための動きが必要となっています。さて，このような厳しい局面で，教職員・学校管理者が自己防衛的にならずに，被害生徒とその親にとって納得でき，安心できる方策はどのようなものでしょうか。できる限り具体的に箇条書きしてみましょう。

【推薦文献】

・(映画) 中西健二監督「青い鳥」2008 年
　　一見平穏な新学期を迎えた中学校，しかしその内実は大きく揺れていた。家がコンビニを経営する野口をクラスの生徒は「コンビニ君」と呼び，店の商品を万引きするよう強要し続けたのだった。そして野口は自殺未遂を起こし，転校していった。教師は生徒たちに反省文を書かせては書き直させ，事態の収拾がなされたかに見えた。新学期初日，当該学級に，極度の吃音のある教師・村内 (阿部寛) が赴任してきた。彼は，転校した野口の机を教室に戻し，毎日「野口君，おはよう」と机に声をかける。やがてその行動は，保護者や他の教師で問題視され，さまざまな波紋を呼んでいく。

・(映画) 大林宣彦監督「ふたり」1991 年
　　主人公のミカが中学 2 年の時，3 歳上の姉が登校中に交通事故に巻き込まれ，突然，亡くなってしまう。その後，ミカが男に襲われた時，死んだ姉の幻影が現れて手助けをしたおかげで，危うく難を逃れた。娘の死で精神的に病んだ母，単身赴任した父の浮気，親友の父の死など，ミカの周りでさまざまな事件が起こり，そのたびに姉との対話で乗り切っていく。クラス中からいじめを受け，恋人・教師・親が本人の側に立たずに奇妙な言動を次々に重ねていくエピソードは見ごたえがある。ミカはそれらの困難に遭遇して精神的に成長するのか，それともすべてを諦める方向に向かうのか。

コラム　いじめにおける転校という選択をどう考えるか

　中野富士見中いじめ事件の被害者 A くんは学校から転校を勧められたが，彼は拒否した。これを不思議に思う読者もいるかもしれないが，彼の思いはしごく当然である。なぜなら，A くんに落ち度がないのに，転校で今までの学習環境を失うという不利益では，納得いかないからである。被害者が転校すれば，加害側と教師にとって，問題が手っ取り早く解消する，そのような協力を被害者がしたいはずはない。「転校という選択をする側は，被害者の学習環境やクラスメートとの関係を破壊した加害者」と考えるのが本筋であろう。アメリカでは「加害者のほうが『転校』という精神的にもストレスなことを，自分の犯した過ちに責任をとるという理由で課せられる」とされる (桜井，2003)。被害者にとっての転校の選択は，教師が通りいっぺんでなく，加害者側の改善努力を精一杯尽くして後も苦痛の度合いが減じない，という段階になって検討すべきであろう。
[草柳和之]

第12章 発達障害傾向のある子どもと その保護者に対する理解と関わり

▶キーワード
特性理解，医療受診，服薬，環境調整，ソーシャル・スキル・トレーニング，応用行動分析学，保護者との関わり

　本章では発達障害の特性のみられる子どもについての考え方の基盤として，発達障害という語をラベルとしての意味づけではなく，特性と捉えることで子どもの理解を深めるために使用する。そのような特性を理解したうえで，教育相談における発達特性をもつ子どもおよび保護者支援の方法を検討する。ただし，発達特性は子どもの性格や環境によりその行動には多様性があるため，そのような特性をもつ子どもは一人ひとり違うということを念頭に置きながら，多角的に理解を深め段階的に対応することが求められる。

12.1　発達障害の理解

*1　発達障害とは，2016年に改正された発達障害者支援法によると「自閉症，アスペルガー症候群その他の広汎性発達障害，学習障害，注意欠陥多動性障害その他これに類する脳機能の障害であってその症状が通常低年齢において発現するものとして政令で定めるもの」と定義されている。

近年，通常学級において**発達障害**[*1]の可能性のある児童生徒の割合は約6.5%（文部科学省，2012）であり，1学級に約2～3名在籍するといえる。そのような現状のもと，特別支援教育が教職課程で必修科目となり（文部科学省，2019），教師にとって必須の知識となった。以下では，発達障害に関する教育相談について，発達障害と医療，専門的理論，事例の検討，保護者の理解と対応，発達障害における教師の専門性の観点からみていく。

1. 発達障害の特性[*2] 理解

*2　本章では発達障害をその子ども固有の性質と捉え，「特性」「傾向」という語を用いて解説する。

発達障害は医療受診の継続や服薬により完治する疾病ではない。さらに，発達障害を特定する生物学的指標は未だ見つかっておらず，現在その発現は遺伝と環境の相互作用（中西・飯田，2014）であるという考えが広く支持されている。その視点に立つと，目指すのは治療による完治ではなく，子どもの特性を理解したうえで**環境調整**[*3]や特性に応じた関わりだと考えられる。

*3　**環境調整**とは，生活全般にわたる教育的指導や施設・制度利用を含めた配慮を示す。

発達障害傾向がみられる子どもについて，**表12.1**のような特徴が挙げられる。それは短気や気難しさ等とある意味同様に，子どもがもっている性質として理解していく必要があるだろう。ただし，医学的に治癒しないことは改善に向かわないということではない。周囲がその子に合った関わり（理解と環境調整）をすることで変化がみられることも多い（次節12.2参照）。

表 12.1　発達障害の特徴

・脳機能の特性として生得的なものである
・得意と不得意の差が大きい
・一見しただけではわかりにくい
・本人の努力だけでは改善しにくい

（1）可能性の段階からの支援の必要性

発達障害傾向をもつ子どもの大半は通常学級に在籍している（加藤，2004；Kim et al., 2011）。そこで，発達障害における**スペクトラム**（連続体）の観点が重要となる。具体的には，**図12.1**の対人応答性尺度得点分布図により示されているように発達障害の診断の有無による境界は明確ではない（神尾，2017）。つまり，診断を受けていない子どもの中にも多数の発達障害傾向をもつ子どもが存在することが示唆される。そして，診断を受けていない閾値下の子どもの予後[*4]はよくないため，早期発見と支援が重要になる（神尾，2017）。そのためには，各発達障害の特性傾向を教師が十分理解しておく

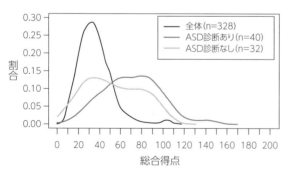

図 12.1　ASD 診断児と未診断児の対人応答性尺度未就学児童版得点分布図
（出所）Stickley, et al. (2017) より一部改変

*4　医学用語でその後の経過状態を示す。

必要がある。

(2) 各特性の理解

　診断の有無にかかわらず特性のみられる子どものニーズを拾い上げ適切な関わりを行うために，**DSM-5**[*5]を参考に各特性の傾向を整理する。

①注意欠如・多動性障害／ ADHD（Attention-Deficit/Hyperactivity Disorder）：12 歳以前に発現し，**不注意**（課題から気が逸れる，忍耐の欠如，集中の持続困難），**多動性**（過剰な運動活動性，しゃべりすぎること等），**衝動性**（見通しのない即時的行動，害のある性急な行動，即時的報酬要求[*6]）が特徴である。その他，行動抑制の低下，欲求不満耐性の低さ，易怒性，気分の不安定性，高い新奇探索性も指摘される。

　このような傾向がみられる子どもは，授業中の課題が取り組みにくく友だち関係において困難を抱えやすい（DuPaul & Weyandt, 2006）。また，切り替えの悪さや他児へのちょっかい，唐突な発言等もみられる（宮尾，2019）。そのため，学校生活全般にわたり困難さが想定される。**二次障害**[*7]について，**反抗挑戦性障害**[*8]に代表される外在化問題とうつ病等の疾患を含む内在化問題（齊藤，2015）が存在する。

②自閉症スペクトラム障害／ ASD（Autism Spectrum Disorder）：幼児期早期からみられる基本的特徴は，**相互的な社会的コミュニケーションや対人関係相互反応**の障害を中核とする。対人的相互作用の欠如は，自己表出が要求や分類に偏り，会話への参加，不適切な発言への配慮，多数の人が直感的に理解する内容の把握に困難を示す。また，**限定された反復的な行動興味，活動**様式の特徴を併せもつ。変化への抵抗や感覚の過敏さあるいは鈍麻もみられる。

　社会性に課題があることは，集団活動の場である学校生活において，活動の参加や友だち関係に困難が生じやすくなる（Chamberlain et al., 2007）。二次障害として，うつ病が頻度の高い精神疾患であることが指摘されている（Klin et al., 2005）。

③限局性学習障害／ SLD（Specific Learning Disorder）[*9]：知的な遅れがないにもかかわらず，認知レベルにおける生物学的起源をもつ神経発達症である。具体的には，学習持続の困難を基盤に基本的学業機能として**読字障害**（正確さ，流暢性，読解力），**書字表出障害**（綴字，文法と句読点，明確さと構成力），**算数障害**（数の感覚，数学的事実の記憶，正確さと流暢性，数学的推理の正確さ）に分類される。本人が努力しても課題の達成や定着が困難であるにもかかわらず周囲から理解されないことも多く，問題が学習以外の生活上に移行することもある。二次障害に関し，上記のような状態が続くと学習性無力感[*10]（Miller & Seligman, 1975）や抑うつ状態，不登校やひきこもりにつながることも指摘されている（立花，2014）。

　以下では，医療機関での受診と学校における留意点について解説する。

*5　DSM-5 とは，「DSM-5 精神疾患の診断・統計マニュアル」の略で，米国精神医学会（American Psychiatric Association，以下 APA，2013＝2014）の精神疾患の診断分類，改訂第 5 版である。DSM-IV 発表の 1994 年以来，19 年ぶりの改訂となった。

*6　すぐに報酬を欲しがり，満足を先延ばしできないこと。

*7　二次障害：障害特性を一次障害とすれば，環境や関わりなどの二次的な適応困難から引き起こされた精神疾患や不適応状態。

*8　反抗挑戦性障害：怒りっぽく，口論好きで挑発的な行動，執念深さなどが持続する状態を指す。（9.2 も参照）

*9　医学用語の学習障害は Specific Learning Disorder であり，学業的技能としての学習持続の困難さが挙げられている。教育用語の学習障害は LD（Learning Disabilities）であり，「基本的には全般的な知的発達に遅れはないが聞く，話す，読む，書く，計算する，推論するなどの特定の能力の習得と利用に著しい困難を示す様々な障害を指すもの」とされる。

*10　詳しくは第 2 章 2.1*9 を参照。

2. 発達障害と医療

発達障害は脳機能性の生得的な特性傾向であり，医療受診により診断が確定される。以下では最初に名称説明，次に医療機関における診断方法例，服薬の種類と学校で留意すべき事柄，併存しやすい疾患についてみていく。

(1) 名称の変遷

発達障害の教育的定義は側注＊1に示したように発達障害者支援法に基づくが，医療機関による診断はDSM-5（APA，2013＝2014）により行われることが多い。そのため，DSMの改訂により用語に変遷がみられる。**表12.2**に示したように，ASDに関する名称が大きく異なっている。

表12.2　DSM改訂前後の名称の相違

DSM-Ⅳ-TR（改訂前）	DSM-5（改訂後）
ADHD（注意欠陥／多動性障害）	ADHD（注意欠如／多動性障害）
広汎性発達障害　自閉性障害　アスペルガー症候群	ASD（自閉症スペクトラム障害）
LD（学習障害）	SLD（限局性学習障害）

これまで複数の名称で示されていた障害名を境界が明確でない「スペクトラム（連続体）」と捉えたことにより包括的枠組みで扱われるようになった。なお，ASDの特徴の一つである限定的／反復的な行動を除いた症状を「**社会的 (語用論的) コミュニケーション障害**」として診断されることも理解しておく必要がある。

(2) 診断の流れと服薬

診断は，専門医のいるクリニックや病院（小児科や児童精神科，思春期以降は精神科）を受診し，医師の問診や各種検査により行われる。その流れは医師により相違はあるものの，幼少期からのエピソード，各種検査結果（後述），現状の困難状況（家庭，学校等複数場面での様子），DSM-5（アメリカ精神医学会）あるいはICD-10＊11（世界保健機関）による診断基準の検討等から総合的に判断されることが多い。

服薬について，発達障害（特にADHD）において最近処方されることの多い薬の種類と学校で留意するとよい点を**表12.3**に整理した。服薬には**効果**とともに**副作用**が生じる。そのため，服薬時期と状況を保護者と連携しながら把握したうえで，普段と違う子どもの様子が怠惰や意欲低下との関連ではないことを十分理解した対応が必要となるだろう。具体的には，食欲不振の場合は給食の量の調整と体調に配慮した声かけ，頭痛の場合は保健室との連携，授業中に眠気がみられる場合には注意ではなく「これから～するよ」，あるいは「今，～してるよ。ここを見てごらん」といった穏やかな声かけができるとよい。その場合，折に

＊11　ICD-10（World Health Organization, (1992＝2009) の改訂版 ICD-11 は，2019 年世界保健総会で承認され，日本での発効は 2022 年の予定。現在厚生労働省で翻訳が進んでいる。

表12.3　発達障害に使用される主な薬

	コンサータ	ストラテラ	インチュニブ	ビバンセ
発売年	2007 年	2009 年	2017 年	2019 年
剤型	錠剤	カプセル，内服液	錠剤	カプセル
効果の発現	即効性	2 週間	1-2 週間	即効性
中枢神経	刺激	非刺激	刺激	非刺激
効果の持続	約 12 時間	終日	終日	約 12 時間
服薬回数	1 日 1 回（朝）	1 日 2 回（朝・夕）	1 日 1 回（朝）	1 日 1 回（朝）
適応年齢	6 歳以上	6 歳以上	6 歳以上	6 歳～18 歳
副作用	食欲減退・不眠・体重減少・チック等	頭痛・食欲減退・傾眠等	傾眠・血圧低下・頭痛等	食欲減退・不眠・体重減少・頭痛等
依存性／耐性	有	無	無	有

（出所）新薬情報オンライン（2019），LITALICO発達ナビ（2019）をもとに筆者作成

触れ保護者に薬の効果
による子どもの様子や
変化について伝えなが
ら，薬の副作用に伴う
保護者の不安な思いを
聞くことも大切だと考
えられる。

（3）各種検査の概要

　ここでは，医療機関
で実施されることの多
い心理検査 WISC-Ⅳ

表 12.4　WISC-Ⅳの群指数および支援例

群指数	解釈	検査項目	苦手の支援例
言語理解（VCI）	言語的な理解や言葉を使った推論能力	類似，単語，理解，知識，（語の推理）	• 事前に説明する，振り仮名をつける • 言葉を補う視覚情報を提示する • 辞書の引き方や ICT の使い方を教える
知覚推理（PRI）	目で見た情報の推論や課題処理能力	積木模様絵の概念行列推理（絵の完成）	• 視覚情報はシンプルにし説明を追加 • 目標の明示により見通しを持たせる • 手続きや活動の順序を示す
ワーキングメモリー（WMI）	聞いた情報を一時的にとどめ，その情報を操作する能力	数唱，語音整列（算数）	• 指示は短く，簡潔にし繰り返す • 注意を教師に向けさせてから指示や説明を行う • 刺激を減らすため机の整理をする
処理速度（PSI）	単純な視覚情報を素早く処理，識別する能力	符号，記号探し（絵の抹消）	• 取り組みに十分な時間を与える • 課題の量を調節する • ICT を活用する

（出所）上野ら（2015）を参考に筆者作成

について解説する。検査の主な目的として，発達障害特性の把握の他，子どもの得意と不得意の領域を特定することも含まれる。

　WISC-Ⅳでは，結果が 4 つの群指数により表される（**表 12.4**）。言語理解は言語能力全般，知覚推理は視覚的な推論や処理，ワーキングメモリーは短期記憶とその操作，処理速度は視覚情報の処理スピード等を査定している。全検査 IQ（FSIQ）の平均は 99-109 であり，その前後で 10 ごとに分けられている（**表 12.5**）。発達障害の場合，結果の群指数の数値に差がありグラフが凹凸になることが多い。このことは，できることとできないことの差が大きいことを示す。すなわち，できることが多いのに，なぜこんな簡単なことができないのか，何度言ってもわからないのか等の疑問に答えることにもなるだろう。そのギャップこそが特性であり，診断を受ける由来であり，子どもの辛さが生じる要因であると考えられる。

　この結果は，検査所見として医師や検査者から保護者に示され，子どもの苦手さが特性によることを十分理解したうえで，苦手な部分について今後どのような関わりや支援が必要かを検討する手がかりとなる（**表 12.4**）。

（4）並存しやすい疾患

　各発達障害に並存しやすい疾患について，DSM-5 を参考に以下で示す。
ASD：ADHD，不安症群，抑うつ症候群，てんかん[*12]，睡眠障害，回避・制限性食物摂食障害[*13]，発達性協調運動障害[*14]
ADHD：ASD，SLD，反抗挑戦性障害[*15]（詳細は 9.2），強迫症[*16]，チック症群[*17]，発達性協調運動障害
SLD：ASD，ADHD，コミュニケーション障害，発達性協調運動障害，不安症群，抑うつ障害群，双極性障害群

　上記のように，各発達障害は併存することが多く，その場合症状が強くみられる（APA, 2013=2014）。また，単一診断後に年齢が上がったとき別の発達障害の特徴が顕著に現れることもあり（山室，2017），日頃の様子から対応を検討していく必要があるだろう。

表 12.5　WISC-Ⅳの全検査 IQ

全検査 IQ（FSIQ）	分類
130 以上	非常に高い
120〜129	高い
110〜119	平均の上
90〜109	平均
80〜89	平均の下
70〜79	低い（境界域）
69 以下	非常に低い

＊12　**てんかん**：慢性の脳の病気で，突然の発作により普通とは異なる身体症状や意識，運動，感覚の変化が生じる。

＊13　**回避的・限定的摂食障害**：極端に狭い食事の嗜好を維持する。

＊14　**発達性協調運動障害**：不器用，運動技能の緩慢さがみられる。集団遊びに入れず，低い自尊感情や，情緒的問題，学業成績の低下，身体活動の減少，肥満等が生じる。

＊15　側注＊8 を参照。

＊16　**強迫症**：顕著な強迫観念，強迫行為，外見へのとらわれ，溜め込み，抜毛，皮膚むしり，体に焦点化した反復行動が含まれる。

＊17　**チック**：突発的，急速，反復性，非律動性の運動または発生である。

専門的対応の基盤となる理論

12.2

発達障害の治療には，上述した**薬物療法**と，環境調整などの心理社会的治療による**非薬物療法**があるが，教育で行われるのは後者であり，効果のある方法として**ソーシャル・スキル・トレーニング** (Social Skills Training：以下，SST)，**応用行動分析学**などが挙げられる。

1. ソーシャル・スキル・トレーニング（SST）

（1）小学校：クラス単位の SST（以下，CSST）

多動傾向のある小学2年生男児 A の立ち歩き，衝動的な行動，奇声等の行動改善を目指した5回の CSST を紹介する[*1]。目標スキルは，挨拶の仕方，上手な聴き方，質問の仕方，仲間の入り方，あたたかい言葉かけの5つ[*2]で，1週間に1度紙芝居やゲームを使用し実施された。適切な行動を増やすため，トークンカードとトークン（シール）が使用された[*3]。CSSTの前に，「挨拶の仕方」等について事前練習を行い，できたら A を誉め，その後学級で A が実演し，同級生に受容的な雰囲気が生じた。A は CSST 終了後も授業参加，切り替えができるようになった。さらに約3ヵ月後も，A の友だち関係の改善と不適切な行動が減少した。発達障害傾向のある子どもが集団で楽しく過ごせるためには，明確なルールや方法を守り，それを認める方法（今回はトークン等）のルーティン化も必要だと考えられる。

（2）中学校：クラス単位の SST（CSST）

中学校通常学級の生徒に対する CSST を紹介する[*4]。ASD 特性を測定する質問紙調査を実施し，数値が高かった生徒（以下，高群）と低かった生徒（以下，低群）それぞれに，全3回の ASD 児に必要な基本的スキルとしての CSST プログラムが実施された（**表 12.6**）。その結果，高群では社会的スキルの向上，低群では学校適応感の向上が示された。以上より，発達障害傾向がある生徒は社会的スキルそのものを獲得していない可能性が高く，低群を含め CSST は学級全体に効果があると考えられる。

*1 詳しくは，小泉令三・若杉大輔 (2006) 多動傾向のある児童の社会的スキル教育 教育心理学研究, 54 (4), 546-557 参照。

*2 詳しくは，國分康孝 (監修) 小林正幸・相川充 (1999) ソーシャルスキル教育で子どもが変わる 小学校, 図書文化社, 参照。

*3 **トークン強化法**：トークンカードとトークン（シール）を用意し，各 CSST 終了後から毎日，帰りの会の時間に CSST で目標としたスキルができたかどうかを本人に自己評定させ，できていれば補助者からトークン（シール）を与えるという方法。トークンを貼るスペース（基本的に5箇所）がいっぱいになると，合格シールを与えられた。

*4 詳しくは，中西陽・石川信一・神尾陽子 (2016) 自閉スペクトラム症的特性の高い中学生に対する通常学級での社会的スキル訓練の効果 教育心理学研究, 64 (4), 544-554 参照。

表 12.6　CSST におけるターゲットスキルと指導内容

回	ターゲットスキル	ねらい	指導内容
第1回	聞くスキル	相手が気持ちよく話ができるような聞き方を身につける	話し相手が気持ちの良い聞き方と不快な気持ちになる聞き方のモデリングを見せ両者の違いについて考える。その後ロールプレイを実施する。
第2回	主張スキル	相手と自分の気持ちを大切にした伝え方を知る	アニメのキャラクターを用いて攻撃的・非主張的・主張的な伝え方のモデリングを見せ，自分と相手の両者にとって気持ちの良い伝え方について考える。その後ロールプレイを実施する。
第3回	感情コントロールスキル	怒り喚起場面で感情をコントロールし，自分の思いを上手に伝える	アニメのキャラクターを用いて怒り喚起場面における適切な感情のコントロール方法と伝え方のモデリングを見せ全員でコントロール方法の練習をする。その後ロールプレイを実施する。

（出所）中西・石川・神尾 (2016) より引用

2. 応用行動分析学（Applied Behavior Analysis）

　問題行動の変容を目指す行動に着目した理論である。すなわち，応用行動分析学は子育ての方法や過去の体験に原因を求めず，現在の問題行動に着目し，それを改善することを目標とする。そのための方法を以下に示す。

（1）行動に着目する

　行動に着目するために，具体的な行動を他者がイメージできるように表す。例えば，「B くんはやる気がない」という様子を行動として表すときは「B は国語の時間に教師の指示を聞かず，その時間中ノートに絵を描いている」等他者が具体的にイメージできるように表すことが大切である。

（2）行動を事前 - 問題行動 - 事後に 3 分割する

　行動を 3 分割するには，問題行動の前後を分析する必要がある（図 12.2）。例えば，B が「算数プリントを破った（行動）」，その前には「B の苦手な算数のプリントが配られた（事前）」というきっかけがあり，その後「算数プリントをしなかった（事後）」という分析ができる（図 12.3）。

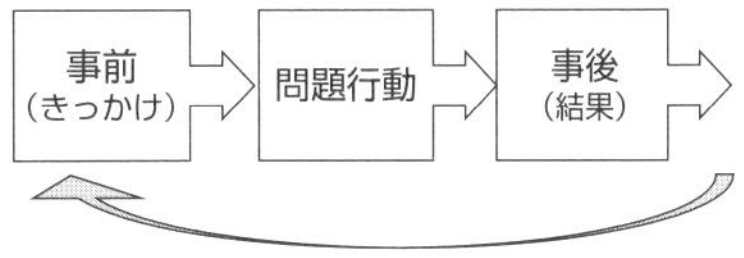

図 12.2　応用行動分析学における行動分割

図 12.3　応用行動分析学における対応

（3）行動の事前か事後を調整する

　この場合，どのような対応が考えられるだろうか。事前を操作する場合，例えば「苦手な計算を少し練習し自信をつけてから行う」。事後を操作する場合は，「プリントをしなかった」という結果を変えるために，落ち着いてから[*5]「破ったプリントをテープで張って」から「もう一度プリントをする」等も考えられる。

（4）スモールステップにより課題を細分化する

　上記のように，B の苦手な算数プリントをするという設定の場合，例えば**分量を減らす**（プリントを半分に折って分量を半分にする），**難易度を下げる**（B ができそうな問題を出す）等になる。

（5）達成できたら肯定的なフィードバックを行う

　B が苦手な算数プリントに頑張って「取り組んだ」時には，たとえ不正解が多かったとしても，まず"努力したこと，取り組んだこと"を認める・褒めることで，次回への動機づけにつながっていく。

（6）成功体験を重ねる良循環を目指す

　良循環を維持するために成功体験を増やしていくことが重要になる。発達特性のみられる子どもは指導を厳しくしても悪循環を変えられないことが多いため，問題行動の前後を操作し，上記（5）を増やすことで成功体験と良循環を獲得していくという考え方である。

　応用行動分析学は問題が生じる要因を過去に求めないため，子どもや親を否定することなく，子どもが"今"できることを増やし，同時に問題行動を維持している循環を変える環境調整が行われる方法といえるだろう。

*5　Motivation Assessment Scale（Durand, 1988）では，行動を増やす（強化する）要因として，「注目」「逃避」「要求」「感覚」を挙げている。この場合，プリントを破っている途中で対応すると教師の「注目」を得ることになり，問題行動が維持されると考えられる。緊急の場合を除き，問題行動が落ち着いてから，対応することがよいと考えられる。

12.3 発達障害における理解と対応

　発達障害傾向をもつ子どもに対する教師の困難感は大きい。それは，発達障害が脳機能に関連しており，これまでと異なる対応が求められることによると考えられる。以下では，小学校の不登校事例と中学校における専門機関との連携事例について教育相談の観点から検討を行う。

1. 小学校事例—学習に取り組めない ADHD 児 A さん

　小学 3 年生・男児の A さん（以下，A）は，授業中教室を歩き回り友だちの頭を次々にたたいたり，机の上の学習道具を落としながら話しかけたりする。それを教師が注意すると，怒りだして教室を飛び出していった。その後，別の教師が授業中廊下を走っている A を注意し，教室に戻るように指導し手を引っ張って連れて行こうとしたところ，抵抗して教師の手を振りほどき，追いかけてきた教師に偶然 A の足元にあったほうきを投げ，それが窓ガラスに当たりガラスが割れてしまった。
　担任は母親に連絡し，今日のことを伝えた。すると，母親から「先生が無理に教室に連れて行こうとしたからじゃないですか?!」との言葉が伝えられた。小さい頃から元気で友だちとけんかも多かったが元気がない方が心配であること，いじめはよくないがけんかはしてもいいと思っていること，今は勉強が面白くないから席に座っていられないが高学年になったらいろいろわかってきて落ち着くはずであること，勉強ができなくても家では気にしていないこと，学校はすぐうちの子のせいにして，うちの子が友だちから何かされたときには何も言ってこない，等について一気に話された。また，父親も「男の子は小さい頃はこんなもんだ，自分もそうだった」と言っているという。保育所で先生に医療受診を勧められたが，それを聞いて父親も父方の祖父母も非常に憤慨していたことが怒りとともに語られた。

　A は学習に取り組めない多動な様子と衝動性がみられていた。教師は発達障害の特性を感じていたが，今回はまず学校で起こったことを母親に伝えることを目的とした。しかし，母親の方から学校への不信感とともに，家族全体が発達障害や医療受診に対する否定的考えをもっていることが語られた。このような場合，教師は自身の指導や対応が否定されたと感じ辛い思いになることもあると思われるが，発達障害傾向をもつ子どもは幼少期から何らかの行動特性を現し，保育所や幼稚園からすでに注意や指導を親子で受けている可能性が高いと考えられる。ここで教師は，今後についてどのように考えていけばよいだろうか。

　その後，校内ケース会議が開かれた。そこでは，医療受診を勧めること，感情がコントロールできるようになるため通級による指導教室（以下，通級指導教室）の入級を検討すること，今のままだと学習が身につかないため必要なら次年度に特別支援学級も検討すること等も話し合われたが，結局母親に伝えることは難しいということになった。後日，校内ケース会議で，校長，学年主任，担任，特別支援教育コーディネーターが再度話し合い，母親は学校に対し不信感をもっており，父親とその祖父母は医療受診に反対していることから，両親に来校してもらい学校での様子を伝えながら，特別支援教育コーディネーターとスクールカウンセラーも同席し専門的な視点から助言をしてもらうことになった。

　　2 週間後に両親が来校し話し合いが行われた。担任からは A の様子とともに「本人も苦しいのではないか」，特別支援教育コーディネーターとスクールカウンセラーからは短気な性格や学習のやる気のなさによる困難感ではなく，もしかしたら発達障害の可能性があるかもしれず，その場合は専門的な関わりが必要であることを伝えた。父親はその場で怒ることはなく，「少し考えてみます」と言って帰った。
　　数日後母親から連絡があり，医療機関を受診してみることが伝えられた。1 ヵ月後に受診の予約が取れ，その 3 週間後に心理検査が行われた。4 週間後に検査結果が伝えられ，A は ADHD との診断を受けた。医師から服薬を勧められたが，保護者の意向で服薬はしないことになった。

　医療機関を受診するまでにいくつも手続きが必要となることも多い。本事例では，数回校内ケース会議を開き，専門家の助言も加えて保護者に検討してもらうといった校内体制で関わることにより受診に至った。診断を受け，母親は子どもの行動が自身の子育てによるものではないとわかり，少しほっとしたようだった。
　受診後に診断を受けても服薬しないことは保護者の意向により多々みられる。その場合，これから行うことができるのは教育的関与になる。ただし，発達障害は環境との相互作用であるため複数の連携が必要とされる。

　　その後，たまたま空きができて A は通級指導教室に入級できることになり，感情のコントロールを中心に 1 週間に 1 回通うことになった。そこでは，イライラしたら席を立ってしまうこと，授業中思ったことを大声で発言してしまうこと等に対して，学校のルールや発言の仕方なども学んでいった。通級指導教室担当から，A は少しのことをやってみてできたら次に進みやすいこと，イライラしたときは深呼吸して 10 数えること等を練習していると担任に伝えられた。担任はその内容を教室で生かし，A がイライラしそうなときには「深呼吸して 10 数えてみようか」と穏やかに声をかけるようになった。そして，ほんの少しでも落ち着いた様子がみられると褒める声かけをし，母親にも伝えるよう努めた。
　　その後，少しずつ着席の時間が増えたこともあり，できたことを母親に連絡することで，家で怒られる回数が減るとともに褒められることも少しずつ増えてきた。そして，年度末には以前より落ち着いた様子がみられるようになった。

　この事例について重要だと思われる点を 3 点挙げる。ひとつは，学校に不信感をもっている保護者に対し，校内体制で両親を含めた検討を行ったことである。これにより，発達障害に対する否定的な受け止めから，現在の子どもの状態を踏まえたうえでよりよい検討を行うことへ焦点が移行したと考えられる。2 つ目は，医療受診による特性把握，最後に通級指導教室担当との連携により“現状をみながら少しずつできることを増やす”，その後“できたことを認める”という応用行動分析学に基づいた関わりに移行したことである。保護者も少しずつ A を認めるような関わりが増え，A にとって家庭が安定した場所になってきた影響もあると考えられる。
　このように悪循環を変えるような環境へと調整するためには，発達障害の観点に基づく子ども理解と複数の専門職との連携が求められるだろう。

2. 中学校事例—不登校状態の ASD 児 B さん

　中学 2 年生・男子生徒の B さん（以下，B）は，小学 1 年生の時に ASD の診断を受け医療受診を継続していた。小学 1 年生当時，理科の授業で中庭に出た後，次の授業になっても好きな虫を見ていた。担任が何度呼んでも教室に入らず，やっと戻ってきても立ち歩いて中庭を見ているため，担任が「今は国語の時間だよ，勉強するの？それとも一人で中庭に行くの？」と言うと「中庭！」と喜んで出て行ったり，友だちとの関わりが苦手で一人でいることが多いことから担任により医療受診を勧められた。以降，学習は好きでよくでき，休憩時間は図書室に行って過ごし，周囲の理解もあったため大きなトラブルはなく中学に進学した。夏休み明けに，同級生から B の好きなポケモンのことをけなされ顔を真っ赤にして怒った。その様子を周囲の同級生にからかわれそのまま教室を飛び出し家に帰った。翌日から学校に行きたくないと言い始め，欠席が続いた。2 週間後に，放課後に母親と一緒に手紙を取りに行くことから始めることになったが，部活動をしている生徒に会うのを嫌がり 1 週間で行けなくなった。その後学校からスクールカウンセラーを紹介され，月に 2 回放課後遅い時間にカウンセリングに来るようになった。

　　　　　　　　すでに ASD の診断を受けている B の事例である。小学校では周囲の理解のもと落ち着いて過ごしていたが，中学に進学すると複数の小学校から来た生徒で学級が構成されるため，すぐに十分な理解が得られずその間に不適応が生じることもある。また，自己理解の発達に伴い自分の状況に意識が向くようになり，ASD 特性から努力しても対人関係がうまくいかず，悩みが深まることも多い。このような辛い経験が重なり，処理しきれなくなると学校に足が向きにくくなることもあるだろう。B は今回きっかけがあったが，原因として上記内容等の蓄積も考えられるため，同級生が謝ったらすべてが解決するわけではない場合も多い。

　その後，B はスクールカウンセラーに，教室に入ることを目標にしたいと語った。しかし，現状は学校に来ること自体が難しいため，スクールカウンセラーと担任が連携を取り，最初は別室登校を目指すことを B と保護者に提案したところ，その方向で進めたいとのことだった。その内容は職員会議で共有され，職員室近くの教材室を別室とすること，B が別室にいる間の対応は教育相談担当（不登校担当兼務）と担任により行われることになった。以降 B は，授業中生徒が廊下を通らない時間帯に職員室に声をかけてから，別室でプリントに取り組んでから帰るようになった。この状態が続き 2 学期が終わった。

　3 学期になり，別室の滞在時間が増えると B は時間を持て余し，別室に置いてあった箱から教材を出して勝手に使うなどの行動が見られ，産休代理で 3 学期から勤務していた教師に偶然見つかり厳しく指導された。これを機に B は再び学校に足が向かなくなった。それを受け，校長，担任，特別支援教育コーディネーター，教育相談担当による校内ケース会議が開かれ，居場所を確保するという観点から来年度の特別支援学級の入級が検討された。その後両親が来校し，担任，特別支援教育コーディネーターと話し合いが行われ，本人の意向を聞いたうえで検討されることになった。

　　　　　　　　B は，前述のように自分自身が否定されたと感じることや厳しい指導が苦痛となり学校に足が向きにくくなってしまった。このように直接的ではなくても，発達特性により対人関係がうまくいかず日々の学校生活の中で本人にとっての嫌な体験が積み重なった結果，何らかの事柄がきっかけとなり不登校状態が引き起こされることもある。そのため，問題が生じていないときでも，教師が日頃から少しずつ本人の思いを聴くことは重要であると考えられる。

　通常学級に在籍している子どもに対し特別支援学級の入級が検討される場合，中学校では進路を見据えた選択がなされる。本事例のＢは，学習に関心があり希望する進学先があったことから，その点を踏まえた今後の方向性が検討されることになった。

> 　その後，次年度の検討のため，校内で数回のケース会議と保護者を交えた話し合いが行われた。その結果，本人が進学を希望する高校があるため，このまま通常学級に在籍し 3 年生になったら少しずつ時間をかけながら教室復帰を目指すことになった。
> 　中学 3 年生になり，4 月から別室登校を再開することにした。教師間の連携を図るため，Ｂの様子を担任が毎週の職員会議で報告することになった。別室登校が軌道に乗ってきた頃，進学を見据えた本人の希望で学級が静かになるテストを教室で受けることになった。テストを受けた後に，以前同じ小学校で仲の良かった同級生から声を掛けられたことが嬉しく，また担任がＢの好きな理科の担当であったことから話が合い，少しずつ教室に入室する時間が増えた。担任を中心に教育相談担当，継続して話をしていたスクールカウンセラーが連携しながら，Ｂの様子と思いを聴くこと，平行してできることを段階的に増やすための提案と検討が行われた。その内容を，Ｂや保護者と共有しながら，進めていった。
> 　3 学期は教室にいる時間が増え，受験も無事終えることができた。第一志望には合格しなかったが，迷っていた第二志望の高校に通うことになり最後は卒業式に参加することができた。

　発達特性のある子どもは，対人関係で傷つきやすく情緒的な問題をもちやすい（岡田ら，2005）。一方，発達障害は本人の努力によって改善するものではないため，環境調整という立場から周囲の理解と支援が必要となる。本事例では，職員会議でＢに関する共通理解，スモールステップによる段階的な教室への入室，教室と別室をつなぐために担任と教育相談担当，スクールカウンセラーとの連携，さらにこの三者により心理的なサポートが行われた。このように，発達特性のある子どもの支援は心理的サポートに加え，教師間における共通理解と環境調整という視点も必要となるだろう。

　また，個別の指導計画や個別の教育支援計画（第 7 章も参照）を充実させ，PDCA（Plan：計画・Do：実行・Check：評価・Action：改善）サイクルを繰り返すことも有用である。このことは，子どもに適した対応と子どもの行動や特徴も踏まえた次年度への引継ぎとともに，資料が増えることで新たな対応のきっかけにもなるだろう。特に，新奇場面が苦手なタイプの子どもにとって，このような情報伝達があることで学校生活に適応するまでの困難な時間が短くなると考えられる。

　発達特性のある子どもの支援は，担任だけでは難しい場合も多々あり，校内だけでなく，専門機関との連携が必要になることも多い。その中で教師は，日々の実践において発達特性のある子どもの教育に直接関与していくことができる大切な立場にある。

12.4 保護者とのよりよい関わりのために

発達特性をもつ子どもの保護者との関わりに困難感を抱える教師は多い。本節ではそのような保護者との関係を構築する手がかりをみていく。

1. 保護者の発達特性に対する理解状況を知る

保護者に発達障害の特性傾向を理解し協力してもらうことは，環境調整として有用な連携となる。しかし，保護者によってはさまざまな理由で**障害受容**が難しい場合があるだろう。中田（1995）は障害受容の「螺旋モデル」を提唱した（**図12.4**）。このモデルは保護者の我が子の障害を受け入れがたい思いと，受け入れざるを得ない現状とが，時期により交差する複雑な心情を表している。教師は，最初に保護者の現状における心理状態を理解し，そのうえで保護者に子どもの発達障害の傾向をわかってもらうというより，現状の我が子の特性傾向を受け入れがたい保護者の気持ちにいかに寄り添いながら関わることができるかが，今後の関係性に影響を及ぼすと考えられる。

図12.4 障害受容の過程
(出所) 中田（1995）より引用

2. 保護者との関係性を築く

発達特性をもつ子どもの保護者との関わりにおいては，以下の点を重視することも大切である。

①**共通理解を目指す**：学校の状況を理解してもらう前に，まずは保護者から子どもの家庭での様子や保護者の状況理解について丁寧に聴くことにより，初めて保護者が教師の意見を聴こうという思いになることが多い。この段階が共通理解のスタート地点と考えられる。そのための一つの方法として，**オープン・ダイアローグ**[*1] がある。当事者（保護者）と対話する専門職（教師）が同等な立場である安心した雰囲気の中で，考えを言葉にしてもらい共有することで次第に変化が起きるというものである。

②**具体的な支援を検討する**：発達障害は脳器質的な特性であるため，心理面での理解とともに，具体的にどのようなことをどのような方向や方法で行うのかを保護者とともに検討してみることも大切だと思われる。

③**スモールステップで少しずつ取り組む**：発達特性のみられる子どもは学級の他の子どもたちと活動のペースが異なることも多いが，できることを少しずつ増やすという視点をもち，できたことを認めて褒めることで先述の応用行動分析学に近い流れを目指すことも必要とされる。

*1 「開かれた対話によるアプローチ」とも呼ばれ，統合失調症，うつ病，家庭内暴力，小学校教育等多様な分野で使用されている。（斎藤，2015）。第13章コラムも参照。

12.5　発達障害における教師の専門性

発達障害における教師の専門性について以下の 3 点からみていく。

1. 長期的視点

発達特性をもつ子どもの発達過程において，例えば就学前の園では好きなことができる時間や低年齢における対応の違いから，特性が目立ちにくい場合でも，小学校入学後や高学年以降に顕在化してくることも多い。年齢が上がると思春期特有の自己分析が深まり，周囲と違う自分に悩むことが増える傾向がある。高等学校では授業に一定時間出席できなければ原級留置（留年）となり，大学入学後も同級生や先輩との関わりが苦手な場合，情報量が少なく試験勉強や課題に他学生より多くの時間や労力を費やす可能性がある。また，就職後もわからないことを同僚や上司に尋ねなければならない。このような長期的視点をもつとき，現段階での問題行動を減少することと同時に，どのようなことが少しでもできると将来に役立つかという観点から自尊感情も含めて多様な視点で検討することも重要だろう。

2. 子どもの居場所感

教師として子どものできることを増やすため尽力しても変化がみられない場合でも，発達特性をもつ子どもに対してできることはいくつもある。例えば，学級の中で，すぐに周囲の同級生とうまくいかなくても，教師と日常会話ができる，わからないことを教師に尋ねることができる，困ったことが生じたときに教師に相談できる等が挙げられる。このようなことも社会性の発達と捉え，大人である教師との関係性を築くことで学級に居場所感が生じる場合もあると考えられる。また，そこから発達特性をもつ子ども自身が感じる困難感が見えてくることもあるだろう。

3. 保護者連携

発達特性をもつ子どもの支援を考えるとき，保護者との連携は特に重要である。一方で，保護者の考えや意向に理解・同意できない状況も生じる。なぜなら，保護者自身に発達特性がみられる場合を含め，教師からみるといくら説明してもわかってもらえないこともあるだろう。しかし，子どもの環境調整の重要な内容の一つに保護者連携があり，教育相談では保護者も支援対象であることを考えると，保護者の傾向や障害受容の段階および考えの背景にある思いを聞き取りながら，ともに考えていく姿勢を示すことから子ども支援の基盤が作られると考えられる。　　　　　　　[角南なおみ]

【発展問題】

・事例検討後に，各自が担当専門職から離れて当事者の子どもとその保護者の立場から事例の状況をどのように感じ，学校やそのほかの専門機関にどのような関わりをしてほしいと思うかを伝え合ってみましょう。また，その違いについても検討してみましょう。

・TV や映画，書籍等を含めて，これまで見たり聞いたりした話の中から事例を作成し，多様な立場から検討してみましょう。

【推薦文献】

・テンプル・グランディン『自閉症の脳を読み解く』NHK 出版，2017 年

　　自らが自閉症のグランディン博士による自閉症の解説書。ただし，最初に断っておくが平易ではない。しかし，最新のデータによる根拠を示し，当事者だからこその説得力ある分析により，自閉症の脳の正体が読み手に迫ってくる。自閉症の理解を深めるために一読していただきたい書。

・河合隼雄・谷川浩司『あるがままを受け入れる技術』PHP 研究所，2008 年

　　「あるがまま」を受け入れるのに技術があるのか，とタイトルに一瞬驚くが，内容は心理療法家の河合隼雄と将棋界の重鎮谷川浩司との対談形式になっており読みやすい。発達障害の子どもの「あるがまま」をどのように受け止めるのかについてのヒントも得ることができるだろう。

コラム　教育支援委員会

　近年，発達障害の子どもの増加を受けて，子どもに適した学びの場の選択として特別支援学校・学級の入級を検討することが増えてきています。その具体的な検討は各都道府県に設置された「教育支援委員会」が行います。以下では，その内容と流れについて A 市を参考に解説します。

　入級について，学校と保護者が検討する場合，保護者と本人の意向を十分聞きながら，教育的ニーズと必要な支援について合意形成を図っていくことが重要になります。入級を検討する会は地域により異なりますが，例えば A 市では，校内で特別教育主任が中心となり特別支援委員会等で検討が行われます（参加者は管理職，担任，学年主任，特別支援学級担任等）。その後，教育委員会が中心となり「教育支援委員会」が開かれます。ここでは，障害特性に関連した子どもの状態，教育的ニーズ，子どもと保護者の意見，教育学，医学，心理学等の専門的見地からの意見と，学校や地域の状況等を踏まえた総合的な観点から議論が行われます。参加者は学校長（小中 2 名ずつ），特別支援学校教師（代表），特別支援学級担当（代表），LD 等専門員（代表），通級指導教室担当（代表），特別支援教育コーディネーター，医師（脳神経小児科，耳鼻科，眼科等），教育委員会（学校教育課課長，進行担当）等，子どもの現状検討に必要なメンバーで構成されます。そのときに参考資料（診断書，観察票，個人調査書，保護者の同意書等）が提出され，次年度の子どもの就学・進級先が総合的に判断されます。時期は地域によって異なりますが，年に複数回開催され，最終的には市町村教育委員会により判断されます。以前は「就学指導委員会」という名称でしたが，早期からの教育相談・支援や就学先決定時のみならず，その後の一貫した支援についても助言を行うという観点から，「教育支援委員会」に名称が変更されました。また，就学時に決定した「学びの場」は，子どもの発達の程度，適応の状況等に応じて柔軟に転学ができることも理解しておくことが大切です。それに基づいて，就学先を検討する当初より本人，保護者と暫定的にでも今後の「学びの場」の見通しを話し合うことで，その後の進路や将来を見据えて子どもにより適した教育機会を模索することができると考えられます。このとき，保護者が特別支援学校・学級の検討に関して積極的でなかったり，否定的である場合は特に慎重に話し合いを行うことが必要になります。ここでも教育相談という観点が重要になるでしょう。

[角南なおみ]

第13章 専門職連携の グループワーク

▶キーワード

グループワーク，ロールプレイ，要保護児童対策地域協議会，専門職による視点

　本章では，小学校と高等学校の2事例を提示し各専門職の役割を担当することによるグループワーク（ロールプレイ）を行う。

　事例を読んでから，グループで役割を担当し，各専門職の立場からケース検討会形式による話し合いを行う。その際，第6章の内容等も参照しながら，各専門職の視点による解釈や意見をできるだけ多く出し合ってほしい。

　事例検討では，一つの正解を求めるのでなく，多角的な検討を共有することを目指してもらいたい。その一方で，専門職連携の難しさもあり，グループワークではそれらも体験できると考えられる。このワークを丁寧に行うことにより，今後各専門職に対する理解や，より深い事例検討を行う手がかりとなり得るだろう。

グループワークの進め方

1. 専門職連携の事例をロールプレイにより検討することの意味

　子どもに必要な教育相談は，問題の程度に応じて個別支援や校内外の連携が必要となる（第7-9章）。専門職連携はその有効性とともに，専門職種間の協働という形式だからこそ生じる阻害要因も指摘されている（箕口，2016）。具体的には，専門性の違いによる価値観や理論的基盤の違い，グループ内に生じる問題の解決方法の曖昧さ，情報共有機会の少なさ等があり，それらの対応として専門職の"理論的基盤と方法論についての教育"の必要性が示されている。これを理論だけではなく，実践的に理解し学ぶために，事例を各専門職の視点からケース検討会形式で議論することは有用だろう。

*1　第6章6.2側注*12および第9章9.1 (p.95) 参照。要保護児童対策地域協議会は学校現場では略して「要対協」と呼ばれることが多い。

*2　現職の先生方は，ご自身がこの職種であればどのような考えをもつのかを考えたり，校内研修等に使用することで各専門職の理解が深まると考えられる。

2. グループワークの手続き

　本事例で協働するのは第6章で解説した9専門職である。これからグループで専門職連携による要保護児童対策地域協議会[*1]における個別ケース検討会議を想定して下記ステップで実施する[*2]。

個人で行うこと
1) 本章第2節（小学校事例）／第3節（高等学校事例）の「事例の概要」を読む。
2) グループで役割の担当を決める。その他，意見を言わずにその場で議論の様子を見守っている当事者の子どもや保護者の役割を割り当ててもよい。その場合，個別ケース検討会議の最後に，両者はその内容を聴いて感じた印象や思いを全体に伝える。（第13章コラムを参照）
3) 自身が担当した役割について第6章を参考に再度理解する。時間があれば，インターネットや文献等で調べる。
4) 担当専門職の立場では，どのような理解に基づき提案や対応を行うのかを考える。

グループによる要保護児童対策地域協議会で行うこと
1) グループワークの参加者の中から司会，記録を取る役割を決める（スクールソーシャルワーカーが担当することも多い）。
2) 担任役が，事例の概要，子どもの特徴，最近の様子等を全体に伝える。
3) 各専門職役が，それぞれ質問をする（答える立場の専門職が，イメージを加え質問に答える）。
4) 全体で今回の会議の目標を決める。
5) このような事例に対し今後どのように子どもや状況を理解し，関わっていけばよいのかを，各専門職の立場から意見を出し合い議論する。
6) 全体で状況把握，子ども理解，今後の対応を検討する。
7) 各専門職で今後の役割の分担について検討する。
8) 振り返り：各専門職の立場からのどのような方向性や対応を考えることができたか，今後の課題，その他の感想を全体で共有する。
9) 次回の会議で話し合う内容を検討する。
10) 最後に当事者である子ども・保護者を割り当てた場合，それぞれの立場から意見と感想を述べる。

グループワーク後の振り返り
1) 各専門職の立場からの子ども理解と支援の視点を整理し，各自がどのような方向性や対応を考えることができたかを述べる。
2) 専門職間で意見交換をする意義や難しさについて，その理由とともに伝え合う。

13.2 各役割による事例検討：小学校

　本節では，要保護児童への対応として，要保護児童対策地域協議会の
ロールプレイを行う。以下の事例を読んだ後に，グループで役割分担を行
い，次に各専門職の立場から子ども理解と支援について考えてみよう。

1. 事例概要の提示

事例の背景

対象：小学 3 年生男児（タクト：仮名）

対象児の臨床像：おとなしく自分の意見を伝えることが得意ではない。友だちはいるが，強引で言葉の悪
　い同級生に遊ぼうと誘われ断れずストレスを溜めている。学力は低く宿題も苦手。

家族構成：父母，4 歳年上の中学 1 年生の姉，10 ヵ月の弟と父方の祖父母との 7 人暮らし。父親は 2 年前に
　再婚した義父。中学生の姉とタクトは前夫の子どもで，10 ヵ月の弟は義父の子ども。母親は特におとなしい
　タクトの友だち関係を心配しており，担任に相談している。その後，担任がスクールカウンセラーを紹介した。

状況

　ゴールデンウィークが明けてから母親から担任に希望があり，タクトはカウンセリングを受けることに
なった。カウンセリングでは，友だちとの関係について以下のような話があった。タクトは友だちに下校
前に一緒に帰ろうと言われ，玄関で待っても来なかったこと，帰り道に同級生の男子 2 名と女子 1 名か
ら嫌なことを言われること，別の時には遊びに誘われたのに集合場所に行くと誰もいなかったこと等，同
じ 3 名の同級生から意地悪をされることをスクールカウンセラーに訴えた。保護者の了解のもと担任と情
報共有し，担任が下校時間にタクトの様子をみることになった。ただし，この 3 名の児童はそれぞれ家庭
環境的な別の問題を抱えており，指導してもなかなか改善がみられない状況であった。

　夏休み前の 7 月に，中学 1 年生の姉から担任に「父親がタクトに暴力を振るうのでかわいそうで見て
いるのが辛い」という内容が話された。その後，中学校の担任から小学校に連絡があった。

　放課後に急遽，校内の関係者によるケース会議が開かれた。翌日スクールカウンセラーの来校日であっ
たため，校長からスクールカウンセラーに「できれば，このことについて本人に聞いてみてほしい」と依
頼があった。以下はタクトがスクールカウンセラーに話した内容である。

　義父はタクトに対し宿題ができないときは夜中まで正座をさせて，できるまで何度もやらせ，間違った
ときには頭を叩く。眠くても寝させてもらえない。母親はこのことを知っているが，ときどき「もうやめ
てあげて」とはいうもののそれ以上のことは言わない。タクトは家のことはなかなか言わなかったが，ス
クールカウンセラーの「誰にも言わないから安心して話していいよ」という言葉を聞き上述の内容を伝え
た。小学校では管理職，担任，学年主任，教育相談担当，スクールカウンセラーにより改めてケース会議
が開かれ，校内守秘のもと上記の情報共有を行った。スクールカウンセラーから補足として，家族の話の
際に，「赤ちゃんかわいい？」と尋ねると，タクトは反応を示さなかったことが伝えられた。ケース会議
ではタクトの様子をみながら対応を検討していくことになった。

　この頃タクトは学校で居眠りが増え，学習がより難しくなっていた。休日に家に友だちを連れてくると
義父が嫌な顔をし，後でどうして連れてきたかと頭を叩かれること等を少しずつ担任にも話すようになっ
た。同じ頃，夜中に 10 ヵ月の弟が救急で父母とともに総合病院を受診した。肋骨を骨折しており，時間
帯と骨折場所が不自然であったことから，医療機関より児童相談所に通報があり，児童相談所から学校に
連絡があった。その結果，タクトの家庭であることがわかった。

　小学校では再び管理職，担任，学年主任，教育相談担当，養護教諭を含めたケース会議が開かれた。ス
クールカウンセラーは引き続きタクトのカウンセリングを継続することとなった。その後，改めて校長か
らスクールソーシャルワーカーに連絡をし，要保護児童対策地域協議会が開かれることになった。

2. 各専門職役割の分担

この事例に関する要保護児童対策地域協議会に参加した専門職は以下のメンバーである[*1]。

*1 要保護児童対策地域協議会や家庭児童相談室等が要保護児童対策地域協議会の事務局になることがあるが，本節では学校と直接やり取りの多い専門職を中心に役割を分担する。

・担任・管理職・教育相談担当・スクールカウンセラー・スクールソーシャルワーカー・児童相談所職員（その他：タクト・母親）

表13.1　各専門職役割による検討内容の例

役割	検討内容の例
担任	虐待の疑いがある場合，担任はどのような対応を求められるだろうか？またタクトに対し，どのような声かけをするとよいだろうか。タクトを心配している母親とはどのように関係を形成していけばよいだろうか？
管理職	虐待の疑いがある場合，タクトの安全を守るために校内でどのようなリーダーシップを取り，どのような機関と連携をとっていくのか？
教育相談担当	タクトと母親をどのように理解すればよいか？また，関係者をつなぐ存在として，担任，管理職，スクールカウンセラー，児童相談所職員とどのように関わっていけばよいだろうか？
スクールカウンセラー	タクトと母親の心理面をどのように理解し，この状況をどのように考えればよいか？今後の心配とそれを予防するためにできることは何か？
スクールソーシャルワーカー	母親とタクトの生活環境はどのようなものか？今後，どのような役割が必要か？
児童相談所職員	タクトの環境をどのように調整していけばよいだろうか？

各役割の担当を決め，その後第6章の内容に加え自身で調べたり，担当専門職の職務や特徴，視点について考えてみよう（表13.1）。そして，自分がその専門職であれば，この事例に対しどのような捉え方や考え方で，子どもや保護者を理解し，どのように関わっていくだろうか。13.1の「進め方」を参考にして，グループで要保護児童対策地域協議会を進めてもらいたい。

3. 要保護児童対策地域協議会：ロールプレイの実際

（1）第1回要保護児童対策地域協議会の実施

上記の状況において，専門職による協議会が開かれることになった。13.1の「進め方」を参考に，議論を進めてみよう[*2]。

*2 事例の細かい内容についてはイメージを加え補ってもらいたい。

（2）その後の状況

その後，児童相談所から保護者に呼び出しがあり，母親が出向いた。父親の暴力の事実は認めたものの，頻繁ではなくタクトの学習を心配してのことだと語られた。弟の事故については，夜泣きをし，あやしている途中，夫に交代してもらうため渡そうとしたときあまりに暴れて泣き叫び床に落ちてしまったという。母親は以前からタクトを心配していることからその負担と父親の暴力を軽減するために，新たな対策としてタクトの宿題を別の場所で行うことが学校でも検討された。タクトは学童保育を利用していたため，学校から依頼し，そこで宿題をみてもらうことになった。

10月に行われたスクールカウンセラーとのカウンセリングで，理由は明確ではなかったが，母親が翌週から2週間入院することがわかった。タクトから父親と一緒に家にいることが嫌だと語られた。この内容をスクールカウンセラーと管理職，担任，養護教諭，スクールソーシャルワーカーが共有し，普段の様子をよく見ること，体育の着替えのときには担任が身体状況を確認すること，なにか気になることがあれば管理職に伝え，養護教諭や児童相談所と連携を取ることを確認した。担任もタクトに機会をみて自然な感じで話しかけ，心配事がないかを確認した。その後，母親が退院するまでに大きな変化なく過ごすことができた。

学習の遅れを気にした母親が医療機関を受診したところ，医師から個別対応をしてもらえる環境がよいということで，次年度からの特別支援学級への入級を勧められた。

その後，保護者の意向と本人の試し入級により，次年度の特別支援学級入級の方向が固まり，教育支援委員会[*3]で検討された。その会で，家庭状況を含めた検討も行われ，次年度の入級が決まった。

（3）第 2 回要保護児童対策地域協議会の実施

時間に余裕があれば，前回の協議会とその後の経過を受けて，グループで第 2 回要保護児童対策地域協議会を実施してみよう。

＊3　医療，心理，教育の多方面から特別支援学級・学校を含めた学びの場を検討する会（詳細は第 12 章末のコラムを参照）。

4. 解説

タクトは内向的で優しい性格のため，3 名の児童から嫌なことをされてもなかなか言い返せなかった。家では，時に激しい怒りを表す義父の顔色をうかがいながら生活していたと思われる。

また，10 ヵ月の弟にも不自然な事故が起こり，医療機関から児童相談所に通報があった。このようなとき，学校としては，管理職を中心に児童相談所職員等と話し合いながら，タクトが安心して家で暮らせることを第一優先に考え対応する必要があるだろう。そのため児童相談所職員により，保護者に対して子どもの養育に関する心理教育やカウンセリングが行われることもある。保護者の来談が継続しないときは，校内外で，継続的な状況把握や今後の方針等の情報共有・検討が必要となる。

本事例では，スクールカウンセラーを通して，タクトが友だちから度々嫌な思いをさせられていたことがわかる。タクトへの義父からの暴力は姉から中学校担任に語られたことで明らかになった。このように，対象児に大きな問題がみられないときは，家庭内で起こっていることに気づきにくい。その後居眠りも増え心配な状況が続くが，家庭内のことは関与が難しい場合も多い。子どもへの理解には，そうした側面も視野に入れながら，担任が変わってもその状況を引き継ぎ，変化を見逃さないよう見守り続けることが必要である。そして，このような状況であっても子どもにとって学校が安心で楽しい場として過ごせるよう教師が意識して関わることは，子どもの心を育み守るために非常に重要であると考えられる。

本事例で担任は母親と連絡を取り合える状況であるため，子どものことを心配している母親との連携を密にしていくことも大切である。その際，母親の心情を十分察したうえで関係を形成していかなければ，子どもの環境の改善は望めないだろう。父親の行動を聞き出し，子どもにとって絶対によくないことだと断言するのは容易である。しかし，母親は 2 人の連れ子とともに再婚している状況から，父親との関係を維持するために正面から対立することは難しいと考えられる。そのような事情も想定し，母親を支えながら，タクトの同級生に対する思いを受け止め母親と共有し，学級作りの中で同級生の指導を行うことも大切である。そして虐待に関しては，注意深く子どもの様子を観察し，他機関と連携を取り，経過を共有し合いながら進めることが必要である。

☞ 振り返りのポイント
①各専門職の立場からの子ども理解と支援の視点を整理し，各自がどのような方向性や対応を考えることができたかを述べる。
②専門職間で意見交換をする意義や難しさについて，その理由とともに伝え合う。

13.3 各役割による事例検討：高等学校

本節では，要保護生徒への対応として，要保護児童対策地域協議会の
ロールプレイを行う。

1. 事例概要の提示

事例の背景

対象：高校2年生・女子生徒ユキ（仮名）

家族構成：母親と二人暮らし。母親は在宅勤務。大学卒業後に就職してすぐうつ病の診断を受けており，
　　以降在宅勤務を継続。父親はユキが幼少期に離婚し，会っていない。

家庭環境：ユキが小学4年生の時に母親は気に入らないことがあると暴力を振るうようになり，当時の担
　　任に相談したところ児童相談所の介入があった。児童相談所から連絡のあった母親はユキが自分の言う
　　ことを聞かずしつけをしていると主張し激怒。その後，児童相談所職員と顔を合わせることはなかった。
　　母親は学校が児童相談所に通報したことを根にもっていたが，心療内科に継続して通院しており病状は
　　少しずつ落ち着いていった。中学2年生の時にも母親の様子が変わり，小さなことでユキに暴力を振る
　　うようになった。母親の状態が悪く食事も作れないことが多く，それ以降ユキが家事全般をしていた。
　　前回の経過から，その時は誰にも相談しなかった。その後，ユキは高校受験を経て志望校である普通科
　　に合格した。入学後は卓球部に入り友だちもでき，落ち着いて過ごしていた。

状況

　高校2年生の2学期途中から母親の様子が再び急変。母親からのLINEに返信をすぐにしない，返信
をしても内容が気に入らない，部活で帰りが遅い等何かにつけて帰宅後のユキに批判や暴言を浴びせ続け
た。自宅に帰りたくないため帰宅が遅くなるとさらに罵声を浴びせ，その後ユキに対する暴力も再開した。
　ユキは耐えられず友だちに相談した。しかし，友だちには理解できず「そんな親本当にいるの？」と言わ
れ傷つくが，「普通じゃないから，先生に相談してみた方がいいよ」と勧められる。ユキは悩んだ末，担任
に相談した。その頃ユキは登校するが保健室への来室が増え，養護教諭からスクールカウンセラーを紹介
される。ユキは夜寝られない状態が続いたため，医療機関を受診し睡眠導入剤，精神安定剤が処方される。
放課後は図書館で時間をつぶし，部活動を休む日が続いた。心配した部活動顧問が担任に相談した。担任
も話を聞いた直後であり，ユキから小学校時の児童相談所への相談のことや他機関との連携の了承も得て
いたことから，急遽，教育相談担当が日程を調整し，校長，担任，部活動顧問，養護教諭，スクールカウン
セラー等により現状の共有と今後の対応についてのケース会議を行った。経済状況や母親の養育能力，精
神状態等がよくないことから，校長が児童相談所，スクールソーシャルワーカーに連絡を取ることになった。
さらにスクールソーシャルワーカーを通して，緊急の要保護児童対策地域協議会が開かれることになった。

2. 各専門職役割の分担

この事例に関する要保護児童対策地域協議会に参加した専門職は以下の
メンバーである。

> ・担任・管理職・部活動顧問・教育相談担当・養護教諭・スクールカウンセラー・
> スクールソーシャルワーカー・児童相談所職員・医師（その他：ユキ・母親）

各役割の検討点の例示

このような状況について，①各専門職の立場からのユキの気持ちの多角

的検討，②各専門職の立場から必要
だと思われるユキへのサポート，と
いった点や**表 13.2** を参考に検討す
ることもできる。

　児童相談所の介入について，保護
者が拒否的な場合もあるが，児童相
談所との情報共有機会をもつことで，
迅速な対応や過去に遡ったうえでの
理解と支援につながる可能性がある。

　本人の支援について，心理面，身
体面と生活面，学習面，対人面に分
けて考えることも有効である。その
場合でも，現状および今後想定され
るユキの様子を共有していきながら，
理解と役割分担を行っていく必要が
あるだろう。

表 13.2　各専門職役割による検討内容の例

役割	検討内容の例
担任	ユキにどのような声をかけや，今後どのような対応が必要だと考えられるか？教室への入室や登校を促した方がよいか？それはどのような理由からか？その場合の配慮はどのような内容か？次年度の引き継ぎはどのように行うか？
管理職	校内だけで解決の方向が見出しにくいとき，どのようなリーダーシップを取り，どのような機関と連携をとっていくのか？
部活動顧問	ユキが話しやすい存在として，どのように関わっていけばよいだろうか？担任，養護教諭，スクールカウンセラー等との連携は？
教育相談担当	ユキをどのように理解するのか？また，関係者をつなぐ存在として，担任，養護教諭，校長，スクールカウンセラー，児童相談所職員とどのように関わっていけばよいだろうか？
養護教諭	ユキが保健室に来たときは，どのように対応したらよいだろうか？ユキの心身の状況はどのような感じだろうか？
スクールカウンセラー	この状況をどのように考えるのか？ユキの今後の心理面での心配はどのようなものがあるだろうか？それを予防するためにできることは何だろうか？
スクールソーシャルワーカー	母親とユキの生活環境はどのようなものか？今後，どのような役割が必要か？
児童相談所職員	ユキの環境をどのように調整していけばよいだろうか？具体的提案は何が考えられるか？
医師	精神面でどのような状態が心配され，どのような医療的ケアを行っていけばよいのか？

3. 要保護児童対策地域協議会：ロールプレイの実際

（1）要保護児童対策地域協議会の実施

　上記の状況を踏まえて，専門職による協議会が開かれることになった。
13.1 の「進め方」を参考に，議論を進めてみよう[*1]。

*1　事例の細かい内容についてはイメージを加え補ってもらいたい。

（2）その後の状況

　今後の方針として，当面は保健室を最大限に利用しながらまずはできるだけ登校できるようにすること，
単位認定のための最低条件を確認しながら教室での授業も無理のない範囲で受けること，スクールカウン
セラーによる心理的サポート，経済状況や母親の養育能力と精神状態の関係から，母子分離の案が出され
児童相談所を中心に本人の気持ちを確認しながら早急に検討を進めることになった。

　その後，夜中に母親が暴れだしたことから，近所の人が警察に通報。母親は精神科に緊急入院となる。
スクールカウンセラーは定期的にカウンセリングを継続し，ユキの母親への恐怖と今後の不安を共有し，
ユキの気持ちの理解を図りながら，本人の意思を確認した。そのうえで母子分離の意向が学校に伝えられ，
児童相談所と共有される。担当医師からの診断書，以前からの母親の暴力，ネグレクトの事実により，母
親の退院前にユキは児童相談所職員の協力を得て別の場所に住むことになった。

　ユキは 2 学期途中の母親の急変により，心身の状態を崩し欠席も増え，登校時は保健室に頻繁に行くよ
うになった。そのため部活は休部していたが，部活動顧問のことを信頼しており継続的に関わっていたた
め，部活動顧問はユキの体調を見ながら少しずつ部活に来るよう声をかけた。それに先立ち部員を集め，
ユキはまだ本来の体調ではないが少しずつ活動を再開する予定なので，休部中のことや理由などを聞かず
にこれまで通り自然に振舞ってほしいこと，大会も迫っているがユキはまず体力をつけることから始める
予定であるため見守ってほしいこと等を伝えた。児童相談所職員も定期的にユキを訪問していた。

　3 ヵ月後，母親は退院したが，ユキについての学校への問い合わせはなかった。ユキは，母親と出会う
恐怖を抱えていたが，母親の姉である伯母がユキを心配し，母親に内緒で何度もユキの家に足を運び，話
を聞いてくれた。その後，ユキは周囲のサポートを受けながら少しずつ落ち着きを取り戻すが，母親は精
神的に安定せず，入退院を繰り返していた。

4. 解説

☞振り返りのポイント
①各専門職の立場からの子ども理解と支援の視点を整理し，各自がどのような方向性や対応を考えることができたかを述べる。
②専門職間で意見交換をする意義や難しさについて，その理由とともに伝え合う。

　虐待事例の対応はいくつもあると思われるが，本事例の場合，ユキが高校2年であり自立した生活ができたこと，一人っ子，保護者の緊急入院，本人の希望，多方面からの協力と支えが得られたこと等が重なり，環境を変えるに至った。このような厳しい環境において，学校内外で関われる大人の存在は重要である。複雑な背景と心理状態をもつ子どもには，安易な慰めや励ましより，十分な連携のもとでの支援が重要な場合がある。それらが不十分だと，心身ともに疲れ切っている子どもにとってさらに辛い状況が生じてしまう。虐待の対応は連携のスタートから迅速に，本人の安全と意思の折り合いをつけながらその後のケアを確立して進めていく必要がある。このような状態でさえ，居場所や心の支えになるのは学校という場であり，教師という存在だろう。

> **旅立ち**：進路を決める時期になると，ユキは再び精神的に辛い状況になった。しかし，自身の辛さを少しずつ表出できるようになっていたため，保健室の在室時間が増え，抑うつ的ではあったが，落ち着くと教室に戻ることができるようになり欠席はほとんどなかった。進学や将来の不安を抱えていたが，担任や部活動顧問と何度も相談しながら志望校を決めた。目標が定まると少しずつ学習に集中できるようになっていった。
> 　歯科衛生士を目指し専門学校を受験。合格し他県への引っ越しが決まると，今までの母親との関係が思い出され，優しいときもあったとの思いから，これからも一緒に暮らすことはないと思うが，今の母親の気持ちを知りたいこと，引っ越しの前に一度会いたいことをスクールカウンセラーに伝えた。その後，相談していた伯母とともに1年以上ぶりに母親の家を訪れた。
> 　母親は穏やかになっていたが，このような状況になったのは在宅勤務のストレスと，通報した近所の人のせいであること等を一方的に話した。しかし，ユキが来たことを喜び，またいつでも来るように話して別れた。ユキは出発前に高校に挨拶に来て，担任，部活動顧問，養護教諭，スクールカウンセラーにお礼を言い新たな地へと旅立っていった。

　教育相談で大切な視点の一つに"教師から見て問題があると思われる子ども"と"問題を抱えている子ども"とは違うという点が挙げられる。ユキも比較的成績がよく友だち関係も良好で笑顔もかわいらしく，教師からみて何も問題がなかった。しかし，時に子どもの心の底には自身ではどうにもならない状況や誰にも言えない辛さが存在する場合もある。他者に気を遣うタイプの子どもは周囲に心配をかけないために明るく振舞うことで一種の仮面状態で耐えていたり，幼少期から自身の感情を抑え込み続けてそれを表現することさえ難しい状態になっている可能性もあることを，教師は意識のどこかに留めておく必要があるだろう。

　問題が大きくなるほど，心理的な関わりだけでは子どもの困難感に対応できないことが増えていく。教師は子どもの心理的苦痛や心情について，その背景を十分考慮したうえで理解する必要があるだろう。また，学期に1度の協議会開催の場合，その間にスクールソーシャルワーカーや養護教諭が専門職とつなぐ役割を果たすこともある。それを受けて，教師が本人の気持ちに寄り添って将来を見据えた関わりを行うことは，子どものその後の人生にとって大きな意義をもつと考えられる。

13.4　教師にできること・教師にしかできないこと

1. 目に見えない心の栄養を意識して関わる

　理由は明確ではないが登校し難い状態の子どもを，なんとか登校できるように働きかける方がいいのか，今は無理をさせずに見守る方がいいのか等の判断は難しい。その結果は，時間が経過した後にしかわからず，子どもと保護者と教師でも捉え方が違うだろう。このようなとき，例えば 2 つの観点が挙げられる。ひとつは，子どもの様子をみながら臨機応変に検討していくこと，もうひとつは，明らかな行動変容がみられなくても周囲が十分に関わることで，目に見えない心の栄養がその後身体にも補給される（元気になる）という視点をもって粘り強く関わることである。このような意識も，教育相談としての大切な関わりにつながるだろう。

2. 子どもと直接関わることで新たな対応が生まれる

　子どもが困難感を抱えたときに大切なことは，誰か一人でも大人に相談できることである。家庭環境を含め何らかの対応を求められる場合には大人の力が必要となる。その一人に教師の存在がある。"この先生ならわかってくれるかもしれない" という気持ちをもてるかが問われる。普段から子どもの様子を気にかけ，さりげなく声をかけている場合には，仮にいつもの「最近どう？」という声かけであっても，辛い思いを抱えていたら言葉に詰まったり，話がある……と小さな声で呟くかもしれない。このような声かけは子どもの心の扉をノックするためのものである。日ごろと違う様子に気づき，そのときに話ができるのは普段関わりのある教師だけだろう。

3. 関係者をつないで子どもを支える

　複雑な状況や子どもが大きい問題を抱えている場合に，校内外の関係者をつなぐことも教師の重要な役割だろう。例えば，校内の教師で子どもの対応や考え方が一義的にみえる場合，"子どもの理解が乏しい" と感じられる一方で，情報共有の不十分さや関与の薄さ，これまでの経験等から生じる認識の相違が存在する可能性もあるだろう。このようなとき，ケース会議等で理解が深まったり，子どもがこのような捉え方をする傾向があるためこのような対応をしてくれると有り難い等伝えることもできるかもしれない。校内連携を基盤に専門職との連携が積み上がっていくという認識も重要である。そして，その根底には子どもの困難感が存在している。そのことを理解し保護者を含めたすべての関係機関と関わることができるのは，教師という立場だけである。　　　　　　　　　　　　　　　［角南なおみ］

【発展問題】
・グループワーク実施後に，各自が当事者の子どもとその保護者の立場から事例の状況をどのように感じ，どのようになると気持ちが少しでも軽くなったり，少し安心できるかを伝え合ってみましょう。
・TV や映画，書籍を含め，これまで見たり聞いたりした話の中で困難な状況だと感じた事例として挙げ，多様な立場から検討してみましょう。

【推薦文献】
・川島隆太『脳を育て，夢をかなえる』くもん出版，2003 年
　　脳科学の観点から，どのように脳を育てることができるのかを脳画像により解説。例えば，黙読より音読，言葉の想起より相手に向かって話すことの他，著者のお勧めはお母さんと話をすること，おおぜいの友だちと遊ぶことである。科学的な根拠による説明に納得させられる。

・秋田喜代美『学びの心理学』左右社，2012 年
　　授業観が変わる一冊。子どもとの関わりにおいて，学校で最も時間を費やすのは授業である。それを踏まえ教師が授業を少し変えることで，子どもの環境は大きく変わると考えられる。授業そのものや教材を多面的に捉え直すことができるようになる書。

＊ 斎藤 (2019) では「ほめる」であるが，コラムでは文脈に合わせて「承認」とした。具体的な内容として，この場にいてくれたこと，治療チームの前で率直に自己開示を示してくれたこと，日々の生活の中で苦痛や葛藤に耐えていること，それを耐えるだけの健康度の高さがあること等が挙げられている。

コラム　オープン・ダイアローグとリフレクティング

　フィンランドが発祥のオープン・ダイアローグは，チームで行う治療方法の一つで「開かれた対話によるアプローチ」とも呼ばれており，その効果は実証されています。統合失調症，うつ病，家庭内暴力，小学校教育等多様な分野で使用されています。この方法の独自性は，当事者や患者さんがチームに参加し，今後の方向性や治療方針についての決定を行うこと，チーム内の専門職が対等な関係で当事者を含めて対話をしていくこと等にあります。また，チームのゴールは合意ではなく，それぞれの異なった理解をうまくつなぎ合わせ共有することにあります。結果的にそのことが変化を促すという考え方に基づいています。そのための方法として以下が挙げられています（斎藤，2015）。
　1. 不確実性への耐性：最終的な結論が出されるまで曖昧な状況に耐えながら当事者を支える
　2. 対話主義：言語化されにくい経験を対話の中で言語化する
　3. 社会ネットワークのポリフォニー：複数の主体の複数の声がポリフォニー（複数の対話が並存している状態）を形成しており，そのこと自体が治療（あるいは変化）の資源となる
　齋藤 (2015) では，事例として，ADHD 児（12歳）のケースミーティング半年後の父親の言葉が紹介されています。"前のセラピストは娘に対する私たちの接し方を変えようとしましたが，（中略）あなたがたは私たちのすべてを丸ごと聞こうとしてくれました。（中略）今（私）は娘の話を聞こうとしています"。オープン・ダイアローグは本当の意味での「聴くことの力」を引き出す在り方だと感じます。
　リフレクティング（振り返り）とは，当事者や家族が自分たちの訴えについて自分たちの目の前で専門職間で対話を行ってもらい，その内容に対して当事者たちが感想を述べる一連の流れのことです（斎藤，2019）。そこで重要なことの一つは，参加してくれた当事者たちに対して現状承認の言葉＊を伝えることです。具体的な方法を以下に示します。
　1. 当事者の話を一通り聴く
　2.「われわれだけでやりとりしたいのでそこで聴いていただけますか」と断り，メンバー同士でケースミーティングを行う（当事者を批判し過ぎず，苦労や努力を肯定的に評価する）
　3. 上記 2 の対話が一段落したら，その内容について聴いていた当事者の感想を尋ねる
　本章のグループワークも，当事者の立場に立つことを体験してもらいたいと考え，設定しました。このようなワークは他者視点とともに共感性を育む効果もあると思います。
　　　　　　　　　　　　　　　　　　　　　　　　　　　　　　　　　　[角南なおみ]

特論　教師自身のメンタルヘルスケア

　近年，教師の働く環境が「ブラック」であるといわれている。その大きな理由の一つに，教師の長時間労働の問題がある。本論では，まず教師の働く環境の現状について述べ，さらに一般企業においても働く人のメンタルヘルス対策にとって重要であるとされる「ラインケア」について説明し，最後に自分自身がメンタルヘルス不調に陥らないようにするため，陥ったとしても早期に発見し早期に対処することで深刻な状況まで至らないようにするための「セルフケア」について説明する。

　働くための根本に心身の健康がある。本論で学んだことを生かして，教師になりたいという初心を貫徹し，働くことを楽しみ（もちろん大変なこともあるだろうが），実り豊かな人生を歩んでもらいたい。

1. 教師のメンタルヘルスの現状

　全国公立学校教師の精神疾患による病気休職者数は，2018 年度は 5,212 名（全教師の 0.57％）であった（文部科学省，2019）。全国公立学校教師の精神疾患による病気休職者数は，2007 年以降，年間 5,000 名前後で推移しており，2001 年度の 2,504 名と比べると倍以上となっている。

　「平成 29 年労働安全衛生調査（実態調査）」（厚生労働省，2018）によると，2017 年度に**メンタルヘルス不調**[*1] により連続 1 ヵ月以上休業した労働者数は全産業平均 0.4％であり，上記の文科省の教師調査の数字が 3 ヵ月以上の精神疾患による病気休職者であることを鑑みると，公立学校教師の精神疾患による病気休職者は，全労働者の中でも全体的に高い水準にある。教師のメンタルヘルスの悪化は，その教えを受ける将来の社会を担う児童・生徒にとって悪影響を及ぼす可能性があり，教師のメンタルヘルスの問題は，早急に改善すべき社会的問題であるといえよう。

　では，どういった要因が教師のメンタルヘルスを悪化させているのであろうか。宮下ら（2009）は，教師養成系大学の学生を対象に 23 年間にわたるメンタルヘルスに関する経年変化を検討したが，教師を目指す学生のメンタルヘルスは悪化しているとはいえず，むしろ教育関係に就職している学生のメンタルヘルスは良い可能性があると報告している。この結果から考えると，近年の教師のメンタルヘルスの悪化は，教師個人の資質の問題ではなく，教師の働いている環境にその要因があるといえるであろう。

[*1] 「メンタルヘルス不調」とは，厚生労働省が事業場におけるメンタルヘルス対策の適切かつ有効な実施を推進するために 2006 年に策定した「労働者の心の健康の保持増進のための指針」において，「精神および行動の障害に分類される精神障害や自殺のみならず，ストレスや強い悩み，不安など，労働者の心身の健康，社会生活および生活の質に影響を与える可能性のある精神的および行動上の問題を幅広く含むものをいう。」と定義されている。

2. 教師の働く環境

2019年度の小学校教師採用試験の倍率は2.8倍と過去最低であった。近年，教師の働く環境が「ブラック*2」であるという認識がメディア等を通して広まったことがこの理由の一つと言われている。教師の採用倍率が低いと，教師の数の確保だけでなく，質の担保も難しくなる可能性が高まり，教育全体の質の低下が危ぶまれる。教師の働く環境の改善は急務である。

教師の働く環境に関しては，事務量の増加や業務の質の困難化等さまざまな問題が指摘されているが（教職員のメンタルヘルス対策検討会議，2013），特に長時間労働の問題が深刻である。

2018年に行われたOECDの**TALIS**（Teaching and Learning International Survey：国際教員指導環境調査）によれば，小中学校ともに，日本の教員の1週間あたりの仕事時間の合計は，48カ国・地域の中で最長であった（国立教育政策研究所，2018）。特に日本の中学校教員は，課外活動（スポーツ・文化活動）の指導時間が長く，日本の小中学校教員が自分の職能開発活動に使った時間は，参加国の中で最短であった。また，文科省が2016年に発表した「教員勤務実態調査」によると，小中学校教員の平均勤務時間は10年前の2006年度に比べ増加しており，小学教員の約3割，中学教員の約6割が，厚生労働省が決めている1ヵ月80時間以上の時間外勤務を行っているという「**過労死ライン***3」を超えて働いていることが明らかとなっている。

3. 学校における働き方改革

上記のような教師の状況を踏まえ，教師の働き方について中央教育審議会で議論が行われ，2019年1月に「新しい時代の教育に向けた持続可能な学校指導・運営体制の構築のための学校における働き方改革に関する総合的な方策について」という答申が取りまとめられ，文部科学省はこの答申も踏まえ，学校における働き方改革のための取り組みを進め始めている。また，2019年12月に公立学校教師の労働時間を年単位で調整できる「変形労働時間制」の導入を盛り込んだ改正教職員給与特別措置法が参議院で可決，成立した。これには，原則残業時間を月45時間以内とする指針を法的に位置づけることが含まれている。ただし，この「変形労働時間制」が長時間の時間外勤務の有効な解消法であるかに関しては疑問がもたれている。今後，さまざまな学校における働き方改革が進められていくと考えられるが，それらが有効な対策となっていくのかどうか，教育全体の質の担保のためにも，その推移を注意深く見守っていかなくてはならない。

4. 教師のメンタルヘルスケア

1998年以降，日本の自殺者数が3万人を超えたこともあり，1990年代

*2　インターネット上で，長時間残業やサービス残業・パワハラ等が横行して，従業員をメンタル不調に追い込むような働き方をさせている企業を「ブラック（企業・職場）」と呼んでおり，2000年代に入り，この言葉がネットニュース等を通して一般に広まった。学生は「ブラック」な働き方を避けて教師になることを敬遠したと考えられる。

*3　業務における過重な負荷による脳血管疾患・心臓疾患を原因とする死亡や，業務における強い心理的負荷による精神障害を原因とする自殺による死亡を「過労死」と呼ぶ。
労災認定基準において，週40時間を超える時間外労働が月45時間を超えて長くなるほど業務と過労死との関連性が強まり，発症前1ヵ月間に100時間または発症前2～6ヵ月にわたって1ヵ月あたり80時間以上の時間外労働が認められる場合は，業務と発症との関連が強いと評価される。このことを踏まえ，過労死に至るリスクが高まる1月あたり80時間以上の時間外労働を「過労死ライン」と呼ぶ。

後半から労働者のメンタルヘルス対策が企業において進められている。厚生労働省は，労働者のメンタルヘルス対策を推進するために 2006 年に，労働安全衛生法第 70 条に基づく指針として「労働者の心の健康の保持増進のための指針」を策定した。この指針では，「セルフケア」「ラインケア」「事業場内産業保健スタッフ等によるケア」「事業場外資源によるケア」の 4 つのケア[*4] を継続的かつ計画的に推進するよう求めている。現在の企業におけるメンタルヘルス対策はおおむねこの指針に沿って実施されている。

　学校においてもこの 4 つのケアを進めることが望まれる。本論 1. で述べたように長時間労働はメンタルヘルス不調・過労死に関連する問題であり，学校においてはまず職場環境の改善が必須であるが，学校において取り組みやすいこととして「ラインケア」「セルフケア」がある。

(1) 教師による「ラインケア」

　労働者のメンタルヘルス対策において「ラインケア」が重視されている。メンタルヘルス不調は，不調を感じている本人は自覚しづらく，また自覚できたとしても誰かに助けを求めることは難しい。そのため，管理監督者が普段から部下の様子に気を配り，部下にいつもと違う様子が見られた場合には必要な対応を取ることが管理監督者に求められている（厚生労働省・独立行政法人労働者健康安全機構，2019）。企業は従業員の心身の健康を守る義務（「**安全配慮義務**[*5]」と呼ばれる）を負っているが，実際に日常業務の中でこの安全配慮義務を実行するのは管理監督者であるとされる。

　学校という職場における管理監督者は，校長や副校長である。校長や副校長が，その学校に勤めている教師の普段の様子をよく観察し，いつもと違う様子が見られたら，労務管理上何らかの対応を行い[*6]，必要に応じて本人を産業医やスクールカウンセラーといった専門職に相談に行かせる，あるいは管理監督者自身がメンタルヘルス不調が疑われる者への対応に関して専門職に相談に行くといった仕組みとその仕組みを利用しやすい雰囲気を普段から職場内に作っておくことが望まれる。

　また，労務管理において基本となるのが，従業員の労働時間の把握である。タイムカード等を用いて教師の労働時間を把握することが有用である。ただし，教師が残業をしないように管理職が声をかけたとしても，業務量自体が減らなければ，教師は家に仕事を持ち帰り，見かけ上の労働時間を減らすだけであり，それでは問題が解決しない。管理職は「**チームとしての学校**」が機能するよう，一般教師が管理監督者である自分に相談しやすい雰囲気を醸成したり，教師同士の関係の風通しを良くしたりするとともに，教師とスクールカウンセラーや部活動指導者等の専門スタッフや印刷補助・授業補助等を担うサポートスタッフとの関係がうまくいくよう働きかけ，より効率的な学校運営がなされるよう尽力することが望まれる。

　このように，管理職をうまく機能させることが学校という職場を働きや

*4　4 つのケアとは，労働者自身がストレスや心の健康について理解し，自らのストレスを予防，軽減あるいはこれに対処する「セルフケア」，労働者と日常的に接する管理監督者（部長や課長等の管理職）が，心の健康に関して職場環境等の改善や労働者に対する相談対応を行う「ラインケア」，事業場内の産業医等事業場内産業保健スタッフ等が，事業場の心の健康づくり対策の提言を行うとともに，その推進を担い，また，労働者および管理監督者を支援する「事業場内産業保健スタッフ等によるケア」および事業場外の機関および専門家を活用し，その支援を受ける「事業場外資源によるケア」を指す。

*5　「安全配慮義務」は，2008 年に施行された労働契約に関する基本事項を定めた「労働契約法」第 5 条で使用者の義務として定義されている。企業等は従業員が心身ともに健康に働くことができるよう対策を取らなければならない。

*6　学校における管理監督者がどういった労務管理上の対応を行うことができるかという例については，文部科学省の学校における働き方改革のホームページ（https://www.mext.go.jp/a_menu/shotou/hatarakikata/index.htm）が参考になるだろう。

*7 厚生労働省が働く人のためのメンタルヘルス・ポータルサイトとして開設している「こころの耳」(http://kokoro.mhlw.go.jp/) では、"e-ラーニングで学ぶ「15分でわかるセルフケア」"(http://kokoro.mhlw.go.jp/e-learning/selfcare/) を提供している。教師によるセルフケアにおいてもこのサイトの知識を得ることが役立つだろう。

厚生労働省
「こころの耳　働く人のメンタルヘルス・ポータルサイト」
(2020.08.30 最終閲覧)

*8 ストレスが過剰となっているときは、胃や頭が痛くなったり、イライラしたり不安になったり、仕事上のミスをしたり、遅刻するなど、さまざまな面にストレス反応が出る可能性がある。
　人によって出やすいストレス反応があるので、自分の傾向をよく理解しておくと、症状が重篤になる前に対処できる。年1回行われる「ストレスチェック」を通して、自分の心の状態について把握するとよいだろう。

*9 ストレスコーピングは大きく2種類に分けられる。一つは、ストレスの元に働きかける「問題焦点コーピング」であり、もう一つはストレス反応として生じた自分のネガティブ感情を低減させる「情動焦点コーピング」である。いわゆる「ストレス発散」は後者のコーピングの一種である。そのときの自分の状態に合わせて、複数のストレスコーピングを取ることができるようになっておくと良いだろう。

すい場にする「要」である。しかしながら、現状、副校長の勤務時間は一般教師に比べ長時間になっている。副校長の勤務時間を減らす対策については、国としての対応が必要な事項であろう。まずは、管理職自体も以下に述べるセルフケアを行い、自らがメンタルヘルス不調に陥らないように気をつけるとよいだろう。

(2) 教師による「セルフケア」 *7

　メンタルヘルス不調が生じるきっかけとして**ストレス**がある。そのため、セルフケアにおいては、まずはストレスについて理解し、自分の抱えているストレスの状況について気づくことが有用であると考えられている (厚生労働省・独立行政法人労働者健康安全機構, 2019)。

　セルフケアでは、①ストレスが過度になった場合に生じる可能性のある身体面・心理面・行動面の反応 (これらの反応は「**ストレス反応**」*8 と呼ばれる) を知り、そういった反応が自分に出たときにより早く気づき、②そういった反応が出た場合には、ストレスの元を解消するよう働きかけたり、適度な運動や親しい人たちと交流したりする等の具体的な行動をとる (これらのストレスに対処する方法を「**ストレスコーピング**」*9 と呼ぶ)。

　ストレスコーピングを行ってもストレスによる影響が低減しないときや、ストレス反応が深刻なときは、メンタルヘルスの専門の相談窓口に相談することが必要となる。メンタルヘルスの専門の相談窓口としては、精神科や心療内科といった医療機関や、各都道府県・政令指定都市が実施している公的電話相談事業である「こころの健康相談統一ダイヤル (0570-064-556)」を利用することができる。また、地方ごとに教員専用専門相談窓口が設置されているので、普段から相談窓口を調べておくとよい。

　教師に限らず多くの人にとって「相談」することは難しい。「こんなことで相談してもよいのか」とか、「相談するほど自分の状態は深刻ではない」などと考え、症状が深刻になるまで相談しないことが多い。相談が遅れると、回復にも時間がかかる。気軽に相談できる環境を作ることが有効なセルフケアにつながる。校外のメンタルヘルスの専門家やスクールカウンセラー等に「教員のセルフケア」という題目で研修を依頼し、気軽に相談できる雰囲気を学校内に醸成することが望まれる。　　　　　　[榊原佐和子]

【推薦文献】
・厚生労働省「こころのケア―学校の先生へ―」
　(http://kokoro.mhlw.go.jp/teacher/)
　　厚生労働省のポータルサイト「こころの耳」の学校の教師を対象とした専用ページである。事例の紹介もあるので一読すると良いだろう。

引用・参考文献

序論

保坂一己 (1994). スクールカウンセラーの在り方について―その2　教師との関わりについて―　東京大学教育学部心理教育相談室紀要, *16*, 93-105.

國分康孝 (1981). 教職課程とカウンセリング　教育心理学年報, *20*, 104-107.

近藤邦夫 (1997). クライエント中心療法と教育臨床　こころの科学, *74*, 64-68.

文部科学省 (2010). 生徒指導提要.

角南なおみ (2013). 子どもに肯定的変化を促す教師の関わりの特徴　教育心理学研究, *61* (3), 323-339.

浦野裕司 (2001). 学級の荒れへの支援の在り方に関する事例研究：TT による指導体制とコンサルテーションによる教師と子どものこじれた関係の改善　教育心理学研究, *49*, 112-122.

第1章

Bayet, L., & Nelson, C. A. (2019). The perception of facial emotion in typical and atypical development. In *Handbook of emotional development* (pp.105-138). Springer, Cham.

Carlson, S. M., & Moses, L. J. (2001). Individual differences in inhibitory control and children's theory of mind. *Child development*, *72* (4), 1032-1053.

Chronaki, G., Hadwin, J. A., Garner, M., Maurage, P., & Sonuga-Barke, E. J. (2015). The development of emotion recognition from facial expressions and non-linguistic vocalizations during childhood. *British Journal of Developmental Psychology*, *33* (2), 218-236.

Cole, P. M. (1986). Children's spontaneous control of facial expression. *Child development*, 1309-1321.

Cole, P. M., Dennis, T. A., Smith-Simon, K. E., & Cohen, L. H. (2009). Preschoolers' emotion regulation strategy understanding: Relations with emotion socialization and child self-regulation. *Social Development*, *18* (2), 324-352.

傳田健三 (2008). 児童青年期の気分障害の診断学―MINI-KID を用いた疫学調査から　児童青年精神医学とその近接領域, *49*, 60-66.

傳田健三 (2016).「子どものうつ病」再考　児童青年精神医学とその近接領域, *57* (3), 415-424.

Denham, S. A. (2019). Emotional Competence During Childhood and Adolescence. In *Handbook of Emotional Development* (pp.493-541). Springer, Cham.

Erikson, E. (1950/1963). *Childhood and society (2nd ed.)*. New York, NY: W. W. Norton

Hagenauer, M. H., & Lee, T. M. (2013). Adolescent sleep patterns in humans and laboratory animals. *Hormones and behavior*, *64* (2), 270-279.

浜名真以・針生悦子 (2015). 幼児期における感情語の意味範囲の発達的変化　発達心理学研究, *26* (1), 46-55.

原田新 (2013). 青年期から成人期における自己愛と対人関係との関連性の変化　発達心理学研究, *24* (3), 371-379.

原田新 (2017). 新入社員の自己愛人格および自我同一性が早期離職に及ぼす影響　岡山大学学生総合支援センター生活支援部門年報, *1*, 20-26.

Hayashi, H., & Shiomi, Y. (2015). Do children understand that people selectively conceal or express emotion?. *International Journal of Behavioral Development*, *39* (1), 1-8.

池田慎之介（2018）．幼児期から児童期における感情表出の調整の発達　心理学評論, *61*（2）, 169-190.

池田慎之介・針生悦子（2018）．幼児期から児童期の子どもにおける発話からの感情判断の発達　心理学研究, 89（3）, 302-308.

池田幸恭（2017）．青年期の友人関係　髙坂康雅・池田幸恭・三好昭子（編著）　レクチャー青年心理学（pp.95-111）　風間書房.

石川茜恵（2017）．認知と感情の発達　髙坂康雅・池田幸恭・三好昭子（編著）　レクチャー青年心理学（pp.29-44）　風間書房.

Jensen, F. E., & Nutt, A. E. (2015). *The Teenage Brain: A Neuroscientist's Survival Guide to Raising Adolescents and Young Adults.* New York, NY: Harper Collins. （ジェンセン, F. E. & エイミー, A. E.（著）, 野中香方子（訳）, 渡辺久子（監訳）(2015). 10代の脳：反抗期と思春期の子どもにどう対処するか　文藝春秋）

上長然（2007a）．思春期の身体発育と摂食障害傾向　発達心理学研究, *18*（3）, 206-215.

上長然（2007b）．思春期の身体発育のタイミングと抑うつ傾向　教育心理学研究, *55*（3）, 370-381.

上長然（2008）．思春期の身体発育のタイミングと学校適応との関連　神戸大学大学院人間発達環境学研究科研究紀要, *1*（2）, 23-28.

加用文男（2002）．幼児のプライドに関する研究　心理科学, *23*（2）, 17-29.

Kessler, R. C., Angermeyer, M., Anthony, J. C., De Graaf, R. O. N., Demyttenaere, K., Gasquet, I., ... & Kawakami, N. (2007). Lifetime prevalence and age-of-onset distributions of mental disorders in the World Health Organization's World Mental Health Survey Initiative. *World psychiatry*, *6*（3）, 168.

木下孝司（2013）．幼児期の「心の理論」：心を理解するということが, "問題" となるとき　発達, *34*（135）, 16-22.

近藤龍彰（2014）．幼児期の情動理解の発達研究における現状と課題　神戸大学大学院人間発達環境学研究科研究紀要, *7*（2）, 97-111.

近藤龍彰（2016）．幼児期における具体的な他者と一般的な他者の情動推測の発達的関連性　心理科学, *37*（2）, 22-37.

厚生労働省（2019）．令和元年版自殺対策白書.（https://www.mhlw.go.jp/wp/hakusyo/jisatsu/19/index.html　最終アクセス日 2020/07/03）

久保ゆかり（2007）．幼児期における感情表出についての認識の発達：5 歳から 6 歳への変化　東洋大学社会学部紀要, *44*（2）, 89-105.

久保ゆかり（2016）．幼児の感情語りの世界—何に支えられ何を支えるのか　エモーション・スタディーズ, *2*（1）, 10-15.

Margoni, F., & Surian, L. (2017). Children's intention-based moral judgments of helping agents. *Cognitive Development*, *41*, 46-64.

Midlarsky, E., & Hannah, M. E. (1985). Competence, reticence, and helping by children and adolescents. *Developmental Psychology*, *21*（3）, 534.

溝上慎一（2008）．自己形成の心理学：他者の森を駆け抜けて自己になる　世界思想社.

溝川藍（2007）．幼児期における他者の偽りの悲しみ表出の理解　発達心理学研究, *18*（3）, 174-184.

文部科学省（2019a）．学校保健統計調査：令和元年度（速報値）の結果の概要.（https://www.mext.go.jp/b_menu/toukei/chousa05/hoken/kekka/k_detail/1411711_00003.htm　最終アクセス日 2020/07/03）

文部科学省（2019b）．平成 30 年度児童生徒の問題行動・不登校等生徒指導上の諸課題に関する調査結果.（https://www.mext.go.jp/a_menu/shotou/seitoshidou/1302902.htm　最終アクセス日 2020/07/03）

森口佑介（2012）．わたしを律するわたし：子どもの抑制機能の発達　京都大学学術出版会.

森野美央（2010）．幼児期における感情理解　心理学評論, *53*（1）, 20-32.

向井隆代 (2010). 思春期の身体的発達と心理的適応　カウンセリング研究, *43* (3), 202-211.

長濱成未・高井直美 (2011). 物の取り合い場面における幼児の自己調整機能の発達　発達心理学研究, *22* (3), 251-260.

内閣府 (2014). 平成 25 年度 我が国と諸外国の若者の意識に関する調査 (https://www8.cao. go.jp/youth/kenkyu/thinking/h25/pdf_index.html　最終アクセス日 2020/07/03).

内閣府 (2019). 我が国と諸外国の若者の意識に関する調査 (平成 30 年度) (https://www8.cao. go.jp/youth/kenkyu/ishiki/h30/pdf-index.html　最終アクセス日 2020/07/03).

中村俊 (2015). 感情の脳科学：いま, 子どもの育ちを考える　リーダーズノート.

中山留美子・中谷素之 (2006). 青年期における自己愛の構造と発達的変化の検討　教育心理学研究, *54* (2), 188-198.

西平直喜 (1990). 成人になること：生育史心理学から　東京大学出版会.

小川絢子 (2013).「心の理論」と保育：保育の中の子どもたちにみる心の理解　発達, *34* (135), 42-47.

Pons, F., & Harris, P. L. (2019). Children's Understanding of Emotions or Pascal's "Error": Review and Prospects. In *Handbook of emotional development* (pp.431-449). Springer, Cham.

Pons, F., Harris, P. L., & de Rosnay, M. (2004). Emotion comprehension between 3 and 11 years: Developmental periods and hierarchical organization. *European journal of developmental psychology, 1* (2), 127-152.

Roenneberg, T. (2010). *Wie wir ticken: die Bedeutung der Chronobiologie für unser Leben*. Dumont-Verlag, Köln. (レネベルク, T. (著), 渡会圭子 (訳) (2014). なぜ生物時計は、あなたの生き方まで操っているのか？　インターシフト)

Roenneberg, T., Kuehnle, T., Pramstaller, P. P., Ricken, J., Havel, M., Guth, A., & Merrow, M. (2004). A marker for the end of adolescence. *Current biology, 14* (24), R1038-R1039.

Saarni, C. (1984). An observational study of children's attempts to monitor their expressive behavior. *Child development*, 1504-1513.

齊藤誠一 (2015). 変わりゆく体との出会い　児童心理, *69* (3), 22-26.

佐藤有耕 (2015). 自分がダメに見えてくる　児童心理, *69* (3), 27-31.

瀬沼文彰 (2009). なぜ若い世代は「キャラ」化するのか　春日出版.

Shablack, H., & Lindquist, K. A. (2019). The role of language in emotional development. In *Handbook of Emotional Development* (pp.451-478). Springer, Cham.

鈴木亜由美 (2006). 幼児の日常場面に見られる自己調整機能の発達：エピソードからの考察　京都大学大学院教育学研究科紀要, *52*, 373-385.

東京都幼・小・中・高・心性教育研究会 (2014). 児童・生徒の性に関する調査　現代性教育研究ジャーナル, *45*, 1-6.

渡辺弥生 (1986). 分配における公正観の発達　教育心理学研究, *34* (1), 84-90.

渡辺弥生 (2019). 感情の正体：発達心理学で気持ちをマネジメントする　筑摩書房.

Widen, S. C. (2013). Children's interpretation of facial expressions: The long path from valence-based to specific discrete categories. *Emotion Review*, 5(1), 72-77.

第2章

American Psychiatric Association (2014). DSM-5 精神疾患の分類と診断の手引. (高橋三郎・大野裕 (監訳), 染矢俊幸・神庭重信・尾崎紀夫・三村　將・村井俊哉 (訳) 医学書院. (American Psychiatric Association. (2013). *Diagnostic and statistical manual of mental disorders. text revision DSM-5*. (5th ed.). Washington, DC: American Psychiatric Pub.)

Clarke-Stewart, K. A. (1973). Interactions between mothers and their young children: Characteristics and consequences. *Monographs of the society for research in child development*, 1-109.

Damon, W., & Hart, D. (1982). The development of self-understanding from infancy through adolescence. *Child development, 53* (4), 841-864.

遠藤利彦 (2010). アタッチメント理論の現在 教育心理学年報, *49*, 150-161.

遠藤利彦・田中亜希子 (2005). アタッチメントの個人差とそれを規定する諸要因 数井みゆき・遠藤利彦 (編) アタッチメント―生涯にわたる絆― (pp.49-69) ミネルヴァ書房.

加藤哲文・小林重雄・山中貴子 (1985). 軽度精神遅滞児の選択性緘黙反応への行動療法的アプローチ：刺激フェイディング法と社会的スキルトレーニングの併用による効果 特殊教育学研究, *23*, 12-20.

河合隼雄 (1987). 子どもの宇宙 岩波書店.

近藤卓 (2010). 自尊感情と共有体験の心理学―理論・測定・実践― 金子書房.

近藤卓 (2013). 子どもの自尊心をどう育てるか―そばセット (SOBA-SET) で自尊感情を測る― ほんの森出版.

Main, M., Kaplan, N., & Cassidy, J. (1985). Security in infancy, childhood, and adulthood: A move to the level of representation. *Monographs of the Society for Research in Child Development, 50* (1-2), 66-104.

Matas, L., Arend, R. A., & Sroufe, L. A. (1978). Continuity of adaptation in the second year: The relationship between quality of attachment and later competence. *Child development*, 547-556.

Miller, W. R., & Seligman, M. E. (1975). Depression and learned helplessness in man. *Journal of abnormal psychology, 84* (3), 228.

宮本信也 (2020). 愛着障害とは何か：親と子のこころのつながりから考える 神奈川 LD 協会.

中島義明・安藤清志・子安増生・坂野雄二・繁枡算男・立花正夫・箱田裕司 (編集) (1999). 心理学辞典. 有斐閣.

岡山県教育委員会 (2019). 知っていますか？起立性調節障害. (https://www.pref.okayama.jp/uploaded/life/604493_5061359_misc.pdf 最終アクセス日 2020/1/9)

Prior, V. & D. Glaser (2006). Understanding attachment and attachment disorders. (加藤和生 (監訳) (2008). 愛着と愛着障害：理論と証拠にもとづいた理解・臨床・介入のためのガイドブック 北大路書房)

佐久間 (保崎) 路子・遠藤利彦・無藤隆 (2000). 幼児期・児童期における自己理解の発達：内容的側面と評価的側面に着目して 発達心理学研究, *11* (3), 176-187.

Stayton, D. J., & Ainsworth, M. D. (1973). Individual differences in infant responses to brief, everyday separations as related to other infant and maternal behaviors. *Developmental Psychology, 9* (2), 226. ?

角南なおみ. (2018). 教室への入室が困難な選択性緘黙児への面接過程：「持ち込んだ」同一の媒介物を継続的に使用することの意味 心理臨床学研究, 35 (6), 584-595.

高垣忠一郎 (1999). 心の浮き輪の探し方―子ども再生の心理学― 柏書房.

高垣忠一郎 (2004). 長きることと自己肯定感 新日本出版社.

東京都教育委員会 (2018). SOS の出し方に関する教育を推進するための指導資料. (http://www.kyoiku.metro.tokyo.jp/school/content/sos_sing.html 最終アクセス日 2019/12/30)

Rosenberg, M. (1965). Society and the adolescent self-image. Princeton University Press.

Van Ijzendoorn, M. H. (1995). Adult attachment representations, parental responsiveness, and infant attachment: a meta-analysis on the predictive validity of the Adult Attachment Interview. *Psychological bulletin*, 117 (3), 387.

山村淳一・内山幹夫・加藤大典 (2014). 選択性緘黙への治療―特集 子ども臨床トピックス そだちの科学, *22*, 63-67.

第3章

穴水ゆかり・加藤弘通 (2017). 「教育現場における自傷児童生徒の課題について：文献レビュー」北海道大学大学院教育学研究院紀要, 129, 17-35.

千島雄太 (2014)．大学生における自己変容に対する志向性の諸側面―人格発達，心理的適応との関連に注目して―　青年心理学研究, *25*, 85-103.

警察庁 (2018)．平成 30 年中における自殺の状況. (https://www.npa.go.jp/safetylife/seianki/jisatsu/H30/H30_jisatunojoukyou.pdf　最終アクセス日 :2019/12/28)

国立社会保障・人口問題研究所 (2015)．第 15 回出生動向基本調査. (http://www.ipss.go.jp/ps-doukou/j/doukou15/doukou15_gaiyo.asp　最終アクセス日 2020/07/01)

厚生労働省 (2019)．令和元年自殺対策白書. (https://www.mhlw.go.jp/wp/hakusyo/jisatsu/19/dl/1-3.pdf　最終アクセス日 2019/12/28)

LGBT 総合研究所 (2019)．LGBT 意識行動調査 2019. (https://www.daiko.co.jp/dwp/wp-content/uploads/2019/11/191126_Release.pdf　最終アクセス日 2019/12/28)

松本俊彦 (2009)．自傷行為の理解と援助　日本評論社.

Matsumoto, T., Yamaguchi, A., Chiba, Y., Asami, T., Iseki, E., & Hirayasu, Y. (2004). Patterns of self-cutting: A preliminary study on differences in clinical implications between wrist-and arm-cutting using a Japanese juvenile detention center sample. *Psychiatry Clinical Neuroscience*, *58*, 377-382.

Matsumoto, T. & Imamura, F. (2008). Self-injury in Japanese junior and senior high-school students: Prevalence and association with substance use, *Psychiatry Clinical Neurosciences*, *2*, 123-125.

文部科学省 (2009)．教師がしっておきたい子どもの自殺予防. (https://www.mext.go.jp/component/b_menu/shingi/toushin/__icsFiles/afieldfile/2009/04/13/1259190_1.pdf　最終アクセス日 2019/12/28)

内閣府男女共同参画局 (2018)．男女間における暴力に関する報告書. (http://www.gender.go.jp/policy/no_violence/e-vaw/chousa/pdf/h29danjokan-1.pdf　最終アクセス日 2020/07/01)

日本精神医学会精神保健に関する委員会 (2013)．日常臨床における自殺予防の手引き. (https://www.jspn.or.jp/uploads/uploads/files/journal/suicide_prevention_guide_booklet.pdf　最終アクセス日 2019/12/28)

落合良行・佐藤有耕 (1996)．親子関係の変化からみた心理的離乳への過程の分析　教育心理学研究, *44*, 11-22.

岡田斉 (2005)．自傷行為に関する質問紙作成の試みⅢ―刃物による自傷行為に着目して―　人間科学研究, *27*, 39-50.

岡本百合・三宅典恵・神人蘭・永澤一恵・矢式寿子・吉原正治 (2015)．青年期の発達障害における心身医学的症状の変遷について　総合保健科学, *31*, 1-6.

Owens, D., Horrocks, J., & House, A. (2002). Fatal and non-fatal repetition of self-harm: Systematic review. *British Journal of Psychiatry*, *181*, 193-199.

坂口由佳 (2013)．自傷行為をする生徒たちに対して学校はどのような対応をしているのか―自傷行為経験者のブログから―　教育心理学研究, *61*, 290-310.

杉原保史 (2001)．「平穏な青年期」を生きる青年の諸相　京都カウンセリングセンター紀要, *30*, 23-36. (https://repository.kulib.kyoto-u.ac.jp/dspace/bitstream/2433/156320/1/30009_KUCC_030_23_36_Sugihara.pdf　最終アクセス日 2019/12/28)

杉浦菜実・武田鉄郎・尾崎由美子・増田伸江 (2019)．発達障害のある児童生徒の二次障害に関する研究―通級指導教室の教師への聞き取りを通した質的分析―　和歌山大学教育学部紀要, *69*, 1-6.

種村文孝・佐藤有耕 (2017)．青年期を中心に年齢段階別に検討した親友の有無と人数―2006 年の調査結果から―　筑波大学心理学研究 (筑波大学人間系心理学域), *54*, 77-84.

第 4 章

浅井健史 (2016)．アドラー心理学の中核概念と心理モデル　箕口雅博 (編)　コミュニティ・アプローチの実践―連携と協働とアドラー心理学―　(pp.45-57)　遠見書房.

河合隼雄 (1970). ユング心理学入門　培風館.

福島哲夫 (2011). ユング心理学でわかる8つの性格　PHP研究所.

前田重治 (2014). 新図説精神分析的面接入門　誠信書房.

野田俊作 (2017). アドラー心理学を語る4　勇気づけの方法　創元社.

鈴木義也 (2015). アドラーの臨床知　鈴木義也・八巻秀・深沢孝之　アドラー心理学入門 (pp.13-29)　アルテ.

リーヒイ, R.L. (著), 伊藤絵美・佐藤美奈子 (訳) (2006). 認知療法全技法ガイド―対話とツールによる臨床実践のために―　星和書店.

ワイスハー, M, E. (著), 大野裕 (監訳), 岩坂彰・定延由紀 (訳) (2009). アーロン・T・ベック　創元社.

ウィリアムズ, M.・ペンマン, D. (著), 佐藤充洋・大野裕 (監訳) (2016). 自分でできるマインドフルネス―安らぎへと導かれる8週間のプログラム―　創元社.

第5章

Gendlin, E. T. (1978). *focusing*. Bandam Books. (村山正治・都留春夫・村瀬孝雄 (訳) (1982) フォーカシング　福村出版)

平木典子 (2004). 新版 カウンセリングの話　朝日新聞出版.

井上孝代 (2004). 共感性を育てるカウンセリング：援助的人間関係の基礎　川島書店.

井上孝代・いとうたけひこ・福本敬子・エイタン・オレン (2016). トラウマケアとPTSD予防のためのグループ表現セラピーと語りのちから：国際連携専門家養成プログラム開発と苦労体験学の構築　風間書房.

Lewis, J. A., Lewis, M. D., Daniels, J. A. and D'Andrea, M. J. (2011). *Community Counseling : A Multicultural-Social Justice Perspective*, 4th ed., Brooks / Cole.

神田橋條治 (2015). コトバ・イメージ・実体験　村瀬孝雄・村瀬嘉代子 (編集) [全訂] ロジャーズ：クライアント中心療法の現在 (pp.23-24)　日本評論社.

小野京子 (2005). 表現アートセラピー入門：絵画・粘土・音楽・ドラマ・ダンスなどを通して　誠信書房.

Rogers, C. R. (1957). The necessary and sufficient conditions of therapeutic personality change. *Journal of Consulting Psychology*, *21*, 95-103.

Rogers, C.R. (1951). *Client-Centered Therapy*. Houghton Mifflin. (保坂亨・諸富祥彦・末武康弘 (訳) (2005). クライアント中心療法 [ロジャーズ主要著作集第2巻]　岩崎学術出版社)

佐治守夫・岡村達也・保坂亨 (1996). カウンセリングを学ぶ：理論・体験・実習　東京大学出版会.

Stapert, M. & Velliefde, E. (2008) *FOCUSING WITH CHILDREN: The Art of Communicating with Children at School and at Home*. Ross-on-Wye, UK: PCCS Books. (天羽和子 (監訳), 矢野キエ・酒井久美代 (訳) (2010) 子ども達とフォーカシング：家庭・学校での豊かなコミュケーション　コスモス・ライブラリー)

第6章

厚生労働省 (2005). 児童相談所の運営指針について. (https://www.mhlw.go.jp/bunya/kodomo/dv-soudanjo-kaisei.html　最終アクセス日 2020/5/10)

文部科学省 (2017). 児童生徒の教育相談の充実について―学校の教育力を高める組織的な教育相談体制づくり―. (https://www.mext.go.jp/component/b_menu/shingi/toushin/__icsFiles/afieldfile/2017/07/27/1381051_2.pdf　最終アクセス日 2020/7/3)

野田正人 (2011). スクールソーシャルワーカーとスクールカウンセラーの共通性と独自性　春日井敏之・伊藤美奈子 (編著)　よくわかる教育相談 (pp.174-175)　ミネルヴァ書房

曽山いづみ (2014). 新任小学校教師の経験過程―1年間の経時的インタビューを通して―　日本教育心理学研究, *62*, 305-321.

第7章

本田真大（2015）．援助要請のカウンセリング：「助けて」と言えない子どもと親への援助　金子書房.

石隈利紀（1999）．学校心理学：教師・スクールカウンセラー・保護者のチームによる心理教育的援助サービス　誠信書房.

亀岡智美（2019）．トラウマインフォームドケアと小児期逆境体験　精神医学, *61*（10）, 1109-1115.

國分康孝（1980）．カウンセリングの理論　誠信書房.

野坂祐子（2019）．トラウマインフォームドケア：“問題行動”を捉えなおす援助の視点　日本評論社.

菅原健介（1984）．自意識尺度（self-consciousness scale）日本語版作成の試み　心理学研究, *55*, 184-188.

鈴木義也・八巻秀・深沢孝之（2015）．アドラー臨床心理学入門　アルテ.

田村節子（2013）．パートナーとしての保護者　水野治久・石隈利紀・田村節子・田村修一・飯田順子（編著）　よくわかる学校心理学（pp.74-75）　ミネルヴァ書房.

辻村英夫（1999）．カウンセリングとコンサルテーション　Educare, *20*, 35-41.

上野行良・上瀬由美子・松井豊・福富護（1994）．青年期の交友関係における同調と心理的距離. 教育心理学研究, *42*, 21-28.

第8章

中央教育審議会（2015）．チームとしての学校の在り方と今後の改善方策について（答申）.（https://www.mext.go.jp/b_menu/shingi/chukyo/chukyo0/toushin/__icsFiles/afieldfile/2016/02/05/1365657_00.pdf　最終アクセス日 2020/6/1）

藤原忠雄（2011）．ケース・カンファレンス（事例検討会）　春日井敏之・伊藤美奈子（編）　よくわかる教育相談（pp.158-159）　ミネルヴァ書房.

国立特殊教育総合研究所（現・国立特別支援教育総合研究所）（2006）小・中学校における個別の指導計画　小・中学校に在籍する特別な配慮を必要とする児童生徒の指導の指導に関する研究（pp.78-98）.（https://www.nise.go.jp/kenshuka/josa/kankobutsu/pub_c/c-57/c-57_05.pdf　最終アクセス日 2020/6/1）

文部科学省（2007）．児童生徒の教育相談の充実について—生き生きとした子どもを育てる相談体制づくり—（報告）.（https://www.mext.go.jp/b_menu/shingi/chousa/shotou/066/gaiyou/1369810.htm　最終アクセス日 2020/8/10）

文部科学省（2017）．学校における働き方改革特別部会資料5－2.（https://www.mext.go.jp/b_menu/shingi/chukyo/chukyo3/079/siryo/__icsFiles/afieldfile/2017/11/08/1397673_5-2.pdf　最終アクセス日 2020/6/1）

第9章

American Psychiatric Association. (2013). Diagnostic and statistical manual of mental disorders. text revision DSM-5. (5th ed.). Washington, DC: American Psychiatric Pub. (American Psychiatric Association（著），高橋三郎・大野　裕（監訳），染矢俊幸・神庭重信・尾崎紀夫・三村　將・村井俊哉（訳）（2014）．DSM-5 精神疾患の分類と診断の手引　医学書院）

石隈利紀（1999）．学校心理学：教師・スクールカウンセラー・保護者のチームによる心理教育的援助サービス　誠信書房.

厚生労働省（2007）．市町村児童家庭相談援助指針（別添1）第5章 関係機関との連携（https://www.mhlw.go.jp/bunya/kodomo/dv11/03-05.html　最終アクセス日 2020/1/11）

文部科学省（2010）．生徒指導提要.

中釜洋子（2008）．家族のための心理援助　金剛出版.

Shipon-Blum, E. (2007). When the words just won't come out: Understanding selective mutism. Retrieved March, 11, 1-8.

角南なおみ（2018）．教室への入室が困難な選択性緘黙児への面接過程：「持ち込んだ」同一の媒介物を継続的に使用することの意味　心理臨床学研究, *35*（6）, 584-595.

Turnell A. & T. Murphy (2017). *Signs of Safety® Comprehensive Briefing Paper* (4th edition). Resolutions Consultancy Pty Ltd.

上野永子 (2010). 選択性緘黙症男児に対する同一セラピストによる母子並行面接過程：DW ウィニコット理論からの検討　心理臨床学研究, *28*, 631-642.

World Health Organization. (2010). Framework for action on interprofessional education & collaborative practice. (https://www.who.int/hrh/resources/framework_action/en/ 最終アクセス日 2020/1/11)

第 10 章

Aron, Elaine, N. (2002). *The highly sensitive child : Helping Our Children Thrive When the World Overwhelms Them.* Broadway Books. (アーロン, E.N.（著）, 明橋大二（訳）(2015). ひといちばい敏感な子　1 万年堂出版)

Duralk, J. A., Weissberg, R. P., Dymnicki, A. B., Taylor, R., D., & Schellinger, K. B. (2011). The impact of enhancing students' social and emotional learning: A meta-analysis of school-based universal interventions. *Child development*, *82*(1), 405-432.

法務省 (2019). 令和元年版犯罪白書：平成の刑事政策. (http://hakusyo1.moj.go.jp/jp/66/nfm/mokuji.html　最終アクセス日 2020/07/03)

加藤弘通・太田正義 (2016). 学級の荒れと規範意識および他者の規範意識の認知の関係　教育心理学研究, *64*（2）, 147-155.

厚生労働省 (2019) 子ども虐待による死亡事例等の検証結果等について（第 15 次報告）, 平成 30 年度の児童相談所での児童虐待相談対応件数及び「通告受理後 48 時間以内の安全確認ルール」の実施状況の緊急点検の結果. (https://www.mhlw.go.jp/stf/houdou/0000190801_00001.html　最終アクセス日 2020/6/2)

平田乃美・大浦宏 (20009). 非行少年の学級環境認知における現実と選好の乖離について　犯罪心理学研究, *47*（1）, 47-57.

石本雄真 (2009). 居場所概念の普及およびその研究と課題　神戸大学大学院人間発達環境学研究科研究紀要, *3*（1）, 93-100.

伊藤亜矢子 (2009). 学校でのコミュニティ・アプローチ　伊藤亜矢子（編著）改訂版　学校臨床心理学：学校という場を生かした支援 (pp.12-26)　北樹出版.

松浦直己・橋本俊顕 (2007). 発達特性と, 不適切養育の相互作用に関する検討：女子少年院在院者と一般高校生との比較調査より　鳴門教育大学情報教育ジャーナル, *4*, 29-40.

松浦直己・橋本俊顕・十一元三 (2007). 非行と小児期逆境体験及び不適切養育との関連についての検討：少年院における ACE 質問紙を使用した実証的調査　兵庫教育大学研究紀要, *30*, 215-223.

McGowan, A., Hahn, R., Liberman, A., Crosby, A., Fullilove, M., Johnson, R., ... & Lowy, J. (2007). Effects on violence of laws and policies facilitating the transfer of juveniles from the juvenile justice system to the adult justice system: A systematic review. *American Journal of Preventive Medicine*, *32*（4）, 7-28.

文部科学省 (2019). 平成 30 年度 児童生徒の問題行動・不登校等生徒指導上の諸課題に関する調査結果について. (https://www.mext.go.jp/component/a_menu/education/detail/__icsFiles/afieldfile/2019/10/25/1412082-30.pdf　最終アクセス日 2020/8/20)

中川知宏・仲本尚史・國吉真弥・森丈弓・山入端津由・大渕憲一 (2019). なぜ非行集団に同一化するのか　心理学研究, *90*（3）, 252-262.

仁藤夢乃 (2014). 女子高生の裏社会：「関係性の貧困」に生きる少女たち　光文社

Pluess, M., Assary, E., Lionetti, F., Lester, K. J., Krapohl, E., Aron, E. N., & Aron, A. (2018). Environmental sensitivity in children: Development of the Highly Sensitive Child Scale and identification of sensitivity groups. *Developmental psychology, 54*（1）, 51.

渡辺弥生 (2015). 健全な学校風土をめざすユニヴァーサルな学校予防教育　教育心理学年報, *54*, 126-141.

第11章

ハーマン, J. L.（著）, 中井久夫（訳）(1996). 心的外傷と回復　みすず書房.

鎌田慧 (2007). いじめ自殺―12人の親の証言―　岩波書店.

河合隼雄 (1992). こころの処方箋　新潮社.

草柳和之 (1999). 心の危機管理を考える④：いじめ―加害・被害関係に対する反応の錯覚―　げんき, 55, エイデル研究所.

草柳和之 (2004). ＤＶ加害男性の心理臨床の試み―脱暴力プログラムの新展開―　新水社.

草柳和之 (2008). いじめ防止を他人事としないために　NPO法人・生と死を考える会（編）いのちに寄り添う道　一橋出版.

草柳和之 (2013). ＤＶ加害者更生プログラム―体系化された加害者への心理療法序説― こころの科学, 172, 金剛出版.

国立教育政策研究所（編）(2006). 平成17年度教育改革国際シンポジウム「子どもを問題行動に向かわせないために～いじめに関する追跡調査と国際比較を踏まえて」報告書.

文部科学省(2019). 平成30年度 児童生徒の問題行動・不登校等生徒指導上の諸課題に関する調査結果について. (https://www.mext.go.jp/component/a_menu/education/detail/__icsFiles/afieldfile/2019/10/25/1412082-30.pdf　最終アクセス日 2020/8/20)

桜井美加 (2003). いじめ加害者へのカウンセリング―アメリカでの臨床経験から―　こころの科学, 108, 金剛出版.

和久田学 (2019) 公益社団法人子どもの発達科学研究所主催：いじめ予防プログラム TRIPLE-CHANGE ADVANCE コース　資料, 26-27.

第12章

American Psychiatric Association. (2013). *Diagnostic and statistical manual of mental disorders. text revision DSM-5.* (5th ed.). Washington, DC: American Psychiatric Pub.（American Psychiatric Association（著）, 高橋三郎・大野　裕（監訳）, 染矢俊幸・神庭重信・尾崎紀夫・三村　将・村井俊哉（訳）(2014). DSM-5 精神疾患の分類と診断の手引　医学書院）

Chamberlain, B., Kasari, C., & Rotheram-Fuller, E. (2007). Involvement or isolation? The social networks of children with autism in regular classrooms. *Journal of autism and developmental disorders*, 37 (2), 230-242.

DuPaul, G. J., & Weyandt, L. L. (2006). School–based intervention for children with attention deficit hyperactivity disorder: effects on academic, social, and behavioural functioning. *International journal of disability, development and education, 53*, 161-176.

Durand, V. M. (1988). The motivation assessment scale. In M. Hersen & A. S. Bellack ed., *Dictionary of behavioral assessment techniques* (pp.309-310). Pergamon.

神尾陽子 (2017). 自閉スペクトラム症の疫学：早期診断・支援に向けて　精神科臨床, 3, 132-136.

加藤哲文 (2004). 特別支援教育における「行動コンサルテーション」の必要性　加藤哲文・大石幸二（編）特別支援教育を支える行動コンサルテーション―連携と協働を実現するためのシステムと技法―(pp.1-15)　学苑社.

Kim, Y. S., Leventhal, B. L., Koh, Y. J., Fombonne, E., Laska, E., Lim, E. C., Cheon, K. A., Kim, S. J., Kim, Y. K., Lee, H. K., Song, D. H., & Grinker, R. R. (2011). Prevalence of autism spectrum disorders in a total population sample. *American Journal of Psychiatry, 168*, 904-912.

Klin, A., Saulnier, C., Tsatsanis, K., & Volkmar, F. R. (2005). Clinical Evaluation in Autism Spectrum Disorders: Psychological Assessment within a Transdisciplinary Framework. *Handbook of Autism and Pervasive Developmental Disorders, 2*, 772-798.

LITALICO 発達ナビ (2019). ビバンセとはどんな薬？ (https://h-navi.jp/column/article/35027521　最終アクセス日 2020/3/3)

Miller, W. R., & Seligman, M. E. (1975). Depression and learned helplessness in man. *Journal of abnormal psychology, 84* (3), 228.

宮尾益知 (2019). 発達障害と不登校 *The Japanese Journal of Rehabilitation Medicine, 56* (6), 455-462.

文部科学省 (2012). 通常の学級に在籍する発達障害の可能性のある特別な教育的支援を必要とする児童生徒に関する調査. (http://www.mext.go.jp/a_menu/shotou/tokubetu/material/1328729.htm 最終アクセス日 2017/8/6)

文部科学省 (2019). 法令改正及び教職課程の認定の概要. (https://www.mext.go.jp/component/a_menu/education/detail/__icsFiles/afieldfile/2019/08/09/1415122_1_1.pdf 最終アクセス日：2020/1/2)

中西葉子・飯田順三 (2014). 注意欠如・多動症 / 注意欠如・多動性障害 神庭重信 (総編集) 神尾陽子 (編集) DSM-5 を読み解く 1：伝統的精神病理 DSM-IV, ICD-10 をふまえた新時代の精神科診断 (pp.75-85) 中山書店.

中西陽・石川信一・神尾陽子 (2016). 自閉スペクトラム症的特性の高い中学生に対する通常学級での社会的スキル訓練の効果 教育心理学研究, *64* (4), 544-554.

中田洋二郎 (1995). 親の障害の認識と受容に関する考察―受容の段階説と慢性的悲哀 (親と子の発達臨床〈特集〉) ― 早稲田心理学年報, *27*, 83-92.

岡田智・後藤大士・上野一彦 (2005). ゲームを取り入れたソーシャルスキルの指導に関する事例研究 教育心理学研究, *53* (4), 565-578.

斎藤環 (2015). オープンダイアログとは何か 医学書院.

齊藤彩 (2015). 中学生の不注意および多動性・衝動性と内在化問題との関連 教育心理学研究, *63*, 217-227.

新薬情報オンライン (2019). ビバンセ (リスデキサンフェタミン) の作用機序・特徴：類薬との違い / 比較【ADHD】(https://medicalcampus.jp/di/archives/656 最終アクセス日 2020/3/3)

Stickley, A., Tachibana, Y., Hashimoto, K., Haraguchi, H., Miyake, A., Morokuma, S., Nitta, H., Oda, M., Ohya, Y., Senju, Takahashi, H., Yamagata, T., & Kamio, Y. (2017). Assessment of Autistic Traits in Children Aged 2 to 4½ Years With the Preschool Version of the Social Responsiveness Scale (SRS-P): Findings from Japan. *Autism Research, 10* (5), 852-865.

立花良之 (2014). 限局性学習症 / 限局性学習障害 神庭重信 (総編集), 神尾陽子 (編集) DSM-5 を読み解く 1：伝統的精神病理 DSM-IV, ICD-10 をふまえた新時代の精神科診断 (pp.86-99) 中山書店.

上野一彦・松田修・小林玄・木下智子 (2015). 日本版 WISC-IV による発達障害のアセスメント 日本文化科学社.

World Health Organization. (1992). *The ICD-10 classification of mental and behavioral disorders: clinical descriptions and diagnostic guidelines.* World Health Organization. (融道男・中根允文・小見山実・岡崎祐士・大久保善朗 (監訳) (2009). ICD-10 精神および行動の障害：臨床記述と診断ガイドライン (新訂版第 7 版) 医学書院)

山室和彦 (2017). ADHD と ASD の併存症例の診断と薬物治療 児童青年精神医学とその近接領域, *58* (5), 609-614.

第 13 章

箕口雅博 (2016). 連携と協働にもとづく心理援助サービスとは？ 箕口雅博 (編) コミュニティー・アプローチの実践：連携と協働とアドラー心理学 (pp.29-44) 遠見書房.

斎藤環 (2015). オープンダイアローグとは何か 医学書院.

斎藤環 (2019). オープンダイアローグがひらく精神医療 日本評論社.

特論

中央教育審議会 (2019). 新しい時代の教育に向けた持続可能な学校指導・運営体制の構築のため

の学校における働き方改革に関する総合的な方策について（答申）（第 213 号）. (https://www.mext.go.jp/b_menu/shingi/chukyo/chukyo3/079/sonota/1412985.htm 最終アクセス日 2019/12/28)

国立教育政策研究所 (2018). TALIS2018 報告書―学び続ける教員と校長―の要約. (https://www.nier.go.jp/kenkyukikaku/talis/index.html 最終アクセス日 2019/12/28)

厚生労働省 (2018). 平成 29 年労働安全衛生調査（実態調査）結果の概況. (https://www.mhlw.go.jp/toukei/list/h29-46-50b.html 最終アクセス日 2019/12/28)

厚生労働省・独立行政法人労働者健康安全機構 (2019). 職場における心の健康づくり~労働者の心の健康の保持増進のための指針~. (https://www.mhlw.go.jp/content/000560416.pdf 最終アクセス日 2019/12/28)

教職員のメンタルヘルス対策検討会議 (2013). 教職員のメンタルヘルス対策について（最終まとめ）. (https://www.mext.go.jp/b_menu/shingi/chousa/shotou/088/houkoku/1332639.htm 最終アクセス日 2019/12/28)

宮下敏恵・五十嵐透子・増井晃 (2009). 教員養成大学新入生の 23 年間にわたるメンタルヘルスの変化－UPI の調査を通して 学校メンタルヘルス, *14*, 139-141.

文部科学省 (2018). 教員勤務実態調査（平成 28 年度）の分析結果及び確定値の公表について（概要）. (https://www.mext.go.jp/b_menu/houdou/30/09/__icsFiles/afieldfile/2018/09/27/1409224_001_3.pdf 最終アクセス日 2019/12/28)

文部科学省 (2019). 平成 30 年度公立学校教職員の人事行政状況調査について. (https://www.mext.go.jp/a_menu/shotou/jinji/1411820_00001.htm 最終アクセス日 2019/12/28)

索　引

[編著者紹介]

角南　なおみ（すなみ・なおみ）

2019 年　東京大学大学院教育学研究科学校教育高度化専攻博士課程修了
　　　　博士（教育学）
現　在　帝京大学文学部心理学科准教授
専　攻　教育心理学（学校臨床，発達障害）・臨床心理学
主　著　『発達障害における教師の専門性』（学文社，2022 年），『発達障害傾向
　　　　のある子どもの居場所感と自己肯定感を育む関わり』（今井出版，2022
　　　　年），『子どもとのより良いかかわりを育むための一人で学べる体験型
　　　　ワークショップ—困難状況で自分と子どもを大切にするために—』（今
　　　　井出版，2023 年），『これからの教師研究—20 の事例にみる教師研究
　　　　方法論』（分担執筆，東京図書，2021 年），『自己理解の心理学』（分担
　　　　執筆，北樹出版，2022 年）他

やさしく学ぶ教職課程　教育相談

2020 年 9 月 30 日　第 1 版第 1 刷発行
2023 年 10 月 20 日　第 1 版第 2 刷発行

編著者　角南なおみ

発行者　田中　千津子

発行所　株式会社 学文社

〒153-0064　東京都目黒区下目黒3-6-1
電話　03(3715)1501 ㈹
FAX 03(3715)2012
https://www.gakubunsha.com

印刷　新灯印刷
Printed in Japan

ISBN978-4-7620-2973-8